四川师范大学学术著作出版基金资助出版

四川师范大学教育科学学院著作出版基金资助出版

四川省教育厅人文社科项目"清末民初基础教育课程政策研究（1902-1913年）"成果

清末基础教育课程政策决策研究

——以《钦定学堂章程》为例

邓　璐◎著

人民出版社

序　言

邓璐博士的新作马上就要付梓问世了，作为她的导师，内心充满了祝贺与喜悦之情。教育是崇尚美和善的事业，同时也是通向未来的桥梁与路径。人们总是对未来有着许多梦想，而通过教育改革来实现梦想则是大多数人的期待。因为这个期待往往寄托着国家与民族的未来，同时亦关系到千家万户和每一个人的当下生活。那么再就当前的教育改革来看，其不仅呈现出推陈出新的特征，而且更鲜明的亮点则是在改革中不断前行，同时也在前行中不断反思。比如对改革开放40年以来的教育改革应如何评价的问题；对教育的本质到底是关乎"人"的成长还是"才"的培养的争论问题等等。毋容置疑，教育承载着中国民众对未来的美好期许，但它同时也是从"过去"的脱胎换骨中走来，因此如何在继续保持良好传统的同时，注意防止教育的偏离与异化，这在当下就显得尤为重要。而若要永葆教育育人生命的本质不变，引领社会向善的宗旨不变，不断开拓引导社会潮流与风气的风骨不变，就需要我们始终具有清醒的头脑，与一切不利于孩子生命健康成长的负面因素作坚决的斗争。从这个意义上来看，邓璐的新作则正是在当下中国教育快步迈向未来的进程中，适时地通过回顾历史去检视当下，对扩充历史视野、直面问题将具有事半功倍的重要意义。简言之，本书以"回溯"为引子，即通过对清末近现代教育制度初建之际所遭受的内外因素影响的深刻分析，去仔细探寻我们当时在面对西方枪炮、制度与文化的巨大渗透与压力时所作出的选择，以及在这些选择的背后隐藏着的各种力量的争斗与角力。

本书特别聚焦于课程问题，因为课程不仅是文化的载体，而且也是落实国家教育意志的抓手。因此设置什么课程，选择什么内容的本身就意味着一国之统治阶层对于文化的选择。固然，文化是"过去"经验的积淀，但其又是通过教育的传承而对未来产生影响。故而哪些经验需要传承、又如何传承，就是非常值得关注的重要命题。再就清末的教育改革而言，其不仅与当时错综复杂的社会改革交织在一起，而且亦因为这场改革由此在制度层面拉开了中国教育近代化的帷幕，因而就显得尤为重要。若再就当时的课程内容选择来看，清政府采取了从中国传统文化转向西学的方针。这一过程始于洋务运动，历经维新运动，直至清末新政颁布了《钦定学堂章程》（1902 年）和《奏定学堂章程》（1904 年）。从此西学不仅进入了课程系统并且实现了从少数学堂到大量新式学堂；从高等教育、专门教育到基础教育的由点到面及由上而下的蔓延与渗透。自此，以日本学制为蓝本、以西学课程为体系的格局亦由此形成。需要指出的是，在这个"西学东渐"的推进过程中，教育发挥了至关重要的作用，正是通过教育的变革，不仅完成了西学东进的过程，其影响甚至还绵延至今。

对于上述这段历史究竟应该如何看？这一直以来也是学界关注的重要课题。本书则从政策学的视角，对 1902 年颁布的《钦定学堂章程》进行了深入研究。通过对课程政策的制定及决策背景、过程与价值取向的分析，试图探究清末基础教育课程政策在中西学知识选择中面临的价值判断及抉择困境，而这种探究可能为当下的教育改革如何重新审视中国传统学问知识体系在基础教育课程中的权重与地位提供了历史的经验借鉴。若就已往的研究而言，对这个章程的研究常被一笔带过，因为它实际上是一个还没有来得及实施便终结的政策。但这个看似没有发挥实际作用的章程，其决策过程却可以映射出清末政府在课程文化选择上呈现出的不同意识、倾向以及在各种势力格局影响下形成的抉择困境。固然清政府期待以"中学为体、西学为用"的大原则来处理中西学的关系，在《钦定学堂章程》及其后颁布的《奏定学堂章程》中也似乎体现了这一思想。但通过对课程结构与内容的分析发现，中学的知识结构已经不复存在，代之以的则是近代西学的科学知识体系。中学知识虽以读经、修身等科目的形态存在，但所占的比例亦随年级增高而逐渐减少，如到了中等学堂以后，几乎都以西学为主，中学之体难副其实。究其原因，则是因为清政府强调的"中学为体"仅仅只是为了维持封建政权的统治需要，使得课程体系转向西学以后，传统的优秀文化亦因此失去了传承的生命力，而这种生命力又恰与教育塑造灵魂、培育人的生命品质有着密切的关系。

简言之，教育需要改革，但其基本立场是必须要回归教育的本质。因此如何从外部纠正教育改革的功利倾向，同时从内部坚守教育的育人立场，并由此重塑教育完善人性与人格的本质，对此问题我们必须要有清醒的认识。

最后再想就导师的层面谈一点我对邓璐的评价。我一直认为"做学问，先做人"，人品如何则会对学问产生重要影响。我自2001年由海外留学归国以来，迄今虽已指导、培养了60多位硕、博研究生，但若论及师生情意深厚、双向互动密切的则唯邓璐为最。这固然是因为邓璐2007年作为四川师范大学优秀本科毕业生保送华东师范大学教育学系，由系里委托我担任指导教师以来，其不仅先后完成了硕士与博士的学位论文，而且还几乎参与了我所主持的所有研究课题，其中既有国家社科重点、重大，也有上海市教委或哲社的委托或招标课题等。众所周知，但凡有课题就必需经历繁琐的申报过程，尤其是资料收集、文献整理乃至课题申报表的文字校对、格式调整等一应烦事杂事，邓璐总是一丝不苟地帮助我并为此付出了极大的辛劳。邓璐为人厚道、谦和善良；尤其是精益求精的处事风格，追求完美的精神品质，使得她早在求学期间就获得了师生的一致好评，并在毕业时被评为了上海市优秀毕业生。我想正因为邓璐的人做得很正，路走得很直，所以她的学问才能做得深、做得精。以上虽然可能是题外话，但就我个人而言，能够与邓璐亦师亦友、教学相长，实乃是人生一大幸事。

吴遵民

2022 年 6 月 12 日于上海

目　录

前　言

晚清以来，中国遭遇了千年未遇的大变局。之所以说是"遭遇"，是因为很大程度上都是中国处在被动的局面。这种被动不仅来自于西方列强武力的征服，同时也因为随之而来的对新旧文化的判断与痛苦选择。在这一变局中，为了解决内忧外患，图国之富强，对西学的接引也从早期传教士的传播转向官僚阶层的主动学习、积极学习，同时试图将其纳入中学为体的知识体系之中，西学中源之说亦盛行一时。尔后的甲午战争彻底打破了士绅阶层的文化自信，他们开始更广泛、更深入地学习西学，在此过程中，教育首当其冲地成为被改革的对象，而被改革的教育又进一步推动了西学的传播，并在变革过程中完成了对西学知识体系的全盘继承。以《钦定学堂章程》（壬寅学制）为起点的清末教育制度的整体变革，在面对中学与西学的取舍以及知识结构的选择上，确立了以西学知识结构作为课程设置的基础，将中学内容融入到西学知识体系的抉择，形成了我国现代学制以西学知识体系进行分科设教的格局。

本书提出的研究假设是，作出这一课程知识选择的决策，缘于当时内忧外患的国家危机，以及由此带来的中西文化所呈现出的强弱对比。决策者选择了"师夷以制夷"的改革策略，并在课程中确立了"中体西用"的知识配置方案，其目的是希望通过教育制度改革破除科举选拔人才的做法，以课程改革培养实学人才，从而改变国家积弱的态势。但如何在二者之间消解中西学之争，则又面临了价值抉择的困境。就最终的结果来看，虽然清末基础教育课程政策依然强调"中学为体、西学为用"的原则，但实际的表现却名不副实。简言之，这场改革导致的结果是西学代替了中学成为了课程的基本结构和主要内容。基于这一假设，本书以《钦定学堂章程》为例，通过对该政策决策的背景、过程及价值取向的分析，探寻清末基础教育课程政策在中西学知识选择中价值判断及面临的抉择困境，进而反思清末以来提出的"师夷以制夷"的改革策略所带来的结果，并为当下的教育改革中重新认识中国传统学问知识体系在基础教育课程中的地位提供历史之鉴。

本书综合运用了文献研究法、历史研究法、比较研究法，搜集并分析了以下三类史料：一是清末洋务运动以来关于教育改革及课程内容规定的政令以及官员的奏议；二是清末以来士绅编纂的《经世文编》以及士绅关于中学和西学配置的议论；三是关于《钦定学堂章程》决策者及其他影响决策的重要人物的学术背景、政治活动的来往书信、日记、文章和奏章。本书对史料的分析框架如下：首先在大的时间背景下，以清末洋务运动、甲午战争、戊戌变法、庚子事变、新政等五个重要时间节点作为史料整理的阶段划分，从中分析西学进入中国、进入课程的关键事件、人物及教育实践的推行状况。其次，在微观的政策制定过程中，以政策议题形成的前后事件为起点，围绕决策过程中的时间线索，整理分析《钦定学堂章程》出台过程中的议论、建议、实践活动、课程方案的制定等史料，从而厘清《钦定学堂章程》的决策过程及其中的势力博弈与文化选择。第三，围绕决策团体中的核心人物，进行人物学术背景、职位关系、政治活动及人物关系等相关史料的分析。通过以上三个层面的资料分析，力图呈现出《钦定学堂章程》课程政策决策过程中对中、西学知识的选择及选择背后的价值取向。

本书第一章主要梳理了清末以来经世思潮的复兴及其对西学的接引，以及经世之学内容的变化，西学逐渐取得了与经学同等重要的位置，并成为致用之学的过程；人才培养的目标由此从通经致用之才转向了实学之才。这种变化反映在教育内容上则体现为西学知识获得了在普通教育中的合法地位，同时基于实学人才培养的需求，奠定了西学进入课堂的必然性与重要性。而传统中学的分类，直接加上西艺的科目，亦构成了最初的中西学知识系统的融合和分类模式。经历了戊戌变法以后，"中体西用"的中西学配置方案，经张之洞的系统论述与清廷中枢的首肯成为戊戌变法及清末十年新政的基本指导思想。而这也构成了清末课程知识体系变革的文化背景。

第二章着重分析了《钦定学堂章程》课程政策决策的实践基础。彼时以西学为基础的分科设学在新式学堂中已广泛得以实施，从洋务运动时期兴办的各类专业学堂，到维新运动过程中兴办的中小学堂，都采用了西方学堂课程设置的方案。在这个渐变过程中，西学逐渐进入课程系统并完成了由点（少数学堂）到面（大量新式学堂），由上（专门教育）到下（基础教育）的蔓延与渗透。《钦定学堂章程》的决策者在思考学堂课程方案时，亦将新式学堂与以西学为主的课程设置联系在一起，从而影响了决策中对课程知识的选择。

第三章主要对《钦定学堂章程》决策时的权力格局进行了分析。经历了戊戌政变和庚子事变以后，清廷中枢的政治势力与格局发生了变化，保守派的势力被削弱，地方督抚参与了决策，并且影响决策的效力日益明显。在地方官员的观望和与中央权力的制衡中，首先变革教育成为了较为稳妥的选择。通过对新政上谕文本的分析，呈现出清廷中枢对中学和西学选择的价值取向，以及进行制度层面变革的决心。

第四、五章通过对清廷中枢人员背景及章程起草团队的结构分析，呈现出多重势力影响下《钦定学堂章程》政策出台的过程。这时的清廷中枢内部暂无大的满汉或派系之争，决策者多为科举正途出身，学问深厚，同时对当时科举之弊病亦有认识，且大都有过兴办新式学堂的经历。虽当时清廷厉行新政改革，但对西学之用仍持谨慎态度。张百熙组建的章程起草团队力求学贯中西，力主革新。其成员大多接触过西学，也深受维新派的影响，有些直接参与了维新派的诸多政治活动。而张百熙则置身其中进行调和，两度起草章程，以达到平衡革新与维护皇权统治的效果。地方督抚的力量在决策过程中得到了彰显，张之洞、刘坤一、袁世凯对中西学在课程中的配置方案都有详细的建议和实践方案，而日本则通过其文化外交的策略及对地方大员的工作，进一步加大了对中国教育改革的影响，《钦定学堂章程》的课程设置方案就深受日本的影响。

第六章对《钦定学堂章程》中的蒙学堂章程、小学堂章程、中学堂章程的立学宗旨、培养目标及课程设置方案进行了仔细分析。章程在立学宗旨上始终强调中学为体的原则，但其培养目标则引进了德智体三育划分的思想，在救亡图存的背景下，自然会首重与实学人才培养直接相关的智育，并将智育的内容都指向了西学。由此在课程分科的结构上，近代西学的科学知识体系成为了学堂科目分科的基本依据，西学逐渐占据主导，"中学为体"则名存实亡。导致这种政策结果的原因，在于其面临着"中学为体"和"师夷以制夷"的价值抉择困境。这种困境的根源则在于文化的不自信。

本书提出，清末基础教育课程政策中强调的"中学为体"仅仅是为了满足维护封建政权的统治需要，而不是为了文化传承或对国家和个体德性的引领，这一价值取舍的偏颇使得中国传统学问失去了传承的生命力，教育由此丧失了其最重要的塑造灵魂及培育生命的重要功能。而这也与当前我国社会道德、文化自信等方面出现的问题有着某种密切的内在联系。本书提出应深刻反思清末以来施行的"师夷以制夷"的改革策略，从中国传统学问中去寻找自强、自立的文化根源，并在教育改革中体现这一基本理念，以重构中国传统学问知识体系在基础教育课程中的地位，以中国之传统学问滋养人民，并引领国家和社会的和谐发展。这是思古而喻今的意义之所在。

绪　论　什么知识最有价值

第一节　研究缘起：探寻近代中国社会转型中的教育变革

就当今中国社会发展的现状来看，人的精神追求，社会价值的体现，似乎都隐隐约约地呈现出一种"无根"的状态。处在这样一种状况中，人性低迷、道德底线一再被突破、社会民众缺乏基本素养与精神品质……细细思来，这既与改革开放以来，为了国家富强、经济腾飞，我们一味地学习西方科学技术，向往西方文明生活有关，但实际上的真正源头还是从近代国门被西方枪炮打开的那一刻开始，我们在面临中西方文化冲突、文化选择的过程中，放弃了从中国传统学问中汲取经世之学的道路。

王汎森曾提出重访（revisit）思想传统的意义，他说：

> 近代世界有一种不言自明的进化思维，认为这个时代应该就是到目前为止相对而言最高的阶段，所以很容易将现状"本质化"，隐然认为现状便是该事物的本质性内容，忽略了它们可能只是近几十年或几百年来形成的，并不是"本质"。……但如果重访之前的思想传统，便能得到一种不一样的视野，提供我们思考这个问题的新可能性。[①]

[①] 王汎森：《执拗的低音：一些历史思考方式的反思》，生活·读书·新知三联书店 2014 年版，序第 3 页。

对上述这种进化论思维方式的反思，正是本书试图通过重新回顾中国近代教育历史并再次审视中国传统学问的价值和意义的过程。

近代教育改革是社会改革乃至政治体制改革的一个重要组成部分，当时的教育政策制定者究竟经历了怎样的思想、文化以及政治的碰撞才作出了这样的改革抉择？由于文化传承与教育有着某种天然密切的关系，那么在大量引入西学的时代里，教育又经历了怎样的震荡、遭遇到了怎样的压力与挑战？重新回顾与探索那一段特定历史、特定时期教育变革所面临的问题，不仅可以帮助我们进一步思考教育与文化之间的内在关系，同时也更有助于我们从中国现代教育制度创建的源头，探寻与反思当前社会出现的各种精神与价值观失落的危机根源。

就我国现行的教育制度及体系而言，来自于启蒙运动之后的近代西方教育制度和教育思想的传入，这种学习和模仿自清末民初（19世纪末20世纪初）开始，直至今日依然没有停止并仍在延续。虽然，急剧的发展变化过程中也存在着中国化、本土化的成分，但这种与自身文化渐行渐远的进程，则很可能是导致当前教育问题和教育改革困境的重要原因之一。在当时社会发展的大变局中，我们选择了学习西方近代的思想与工业文明的发展路径，沿袭了西方近代教育思想和教育制度，并由此构建了中国近代学校教育的体系。因此，本书希望通过对当时教育政策制定过程的研究，尤其是从涉及"教什么"的课程政策的内容入手，探寻社会大变革时期，社会的影响是如何作用于教育的变革，以及传统的教育又是如何予以应对的。这是对教育的本质以及教育与社会关系的再认识。

就课程的本质来看，它本身就是文化传递的直接载体。在清末民初的社会转型过程中，之所以把课程改革作为所有教育改革的重中之重，其原因就在于当时的决策者必须通过课程内容设置对继承何种文化作出一个抉择。在内忧外患的背景下，西方启蒙之后的民权思想、科学知识与中国古典的儒道文化之间面临着冲突与矛盾，传统学问因为不具有"声光电化"的实用性而被冠之以"旧"学，西学则被誉为"新"学。在西强中弱的客观形势下，新旧文化之间已然有了明确的价值取舍与判断。以人伦道德教化为价值导向，以圣人经学为主要内容的传统学问，在科举八股取士制度的影响下饱受诟病。而西方工业社会的技术文明成就则强烈地冲击了封建统治的基础。于是被寄予救国、强国希望的新学就以"先进文化"的象征融入到了中国课程的改革之中，并成为了当时学生学习的主要内容。需要特别指出的是，这种融入与渗透不仅体现为课程内容，同时还包括课程的理念、课程的设置、课程的结构等都无不反映出这种对教育、对课程的理解已经基本脱离了中国古典哲学思想中对人、对自然，以及对二者之间关系的认识，而反之则是基于西方现代启蒙思想对人与自然进行了"科学"的再认知。这种课程内涵的变化也伴随着整个近代中国学制的创建过程，并形成了其中最为重要的组成部分。

简言之，从课程政策的角度研究近代教育制度的建立，就能比较清晰地看到中西方文化的冲突与权力的更迭对教育产生的影响，对"什么知识最有价值"和"谁的知识最有价值"等问题的思考，也浸润在整个社会变革的漫长过程中。

1902年颁布的《钦定学堂章程》（又称"壬寅学制"）是这一场改革的起点。事实上在此之前，对于科举考试内容的改革、洋务运动及维新运动中在专门教育及少量的新式学堂中进行的课程设置，都已在酝酿对于"什么知识最有价值"的重新选择。而《钦定学堂章程》则是首次以国家教育改革方案的面目出现，确定了清廷对于知识选择的基本价值取向。因此，以这一学制中进行的课程改革为研究的起点，更能呈现出清末民初的社会大变革中，对于教育改革所作出的决策及其原因。

第二节　国内外研究现状

一、教育社会学与知识社会学传统中课程知识的研究

随着第一次工业革命的推进，带来教育领域对知识的选择发生了变化，人文教育的地位受到挑战。19 世纪 60 年代，英国的社会学家斯宾塞（Herbert Spencer）在其论文《教育论：智育、德育和体育》（*Education：Intellecthal, Moral and Physical*）中提出了"什么知识最有价值"的问题，强调知识的功用，即外部影响，而不是关注知识的内在价值。[①] 斯宾塞的社会进化论与社会有机体理论也为结构功能论的发展奠定了基础，他关于教育的观点亦受这种理论背景的影响，对清末民国初年中国的思想界亦产生了重要影响。涂尔干（Émile Durkheim）早期继承了斯宾塞的思想，在后来的研究中，他对于知识的看法发生了变化，虽然他也强调理性知识、逻辑思维力量在学校课程中的地位，但他并不认为实用性是真理的标准。他还认为理性思维的根源是社会，这赋予知识以客观性，超越了个体的认识而持久地存在。

20 世纪中叶以来，受知识社会学发展的影响，教育社会学的研究开始关注课程和教学中的知识问题。伯恩斯坦（Basil Bernstein）、布尔迪厄（P. Bourdieu）、阿普尔（Michael W. Apple）、扬（M.F.D.Young）等人对课程知识的分析框架开启了在社会背景下分析课程知识选择、建构的思路，将课程中知识的组织视为社会建构的重要部分。这为本研究中分析清末对于课程知识的选择、分类及其与社会意识建构的关系奠定了基础。

伯恩斯坦继承和发展了涂尔干的社会结构知识的观点，提出了"教育

---

① 参见［英］赫·斯宾塞：《斯宾塞教育论著选》，胡毅、王承绪译，人民教育出版社 1997 年版，第 55—56 页。

知识的分类与架构",从微观层面探究知识的分类与架构中呈现出的权力
关系。扬提出应把课程视为社会过程,而不只是社会阶级差异的反映。[①]
他认为"研究统治阶级选择和组织知识的基础假设,对探讨课程的社会学
问题是一种非常有效的思路。知识是否有价值是权力的规定,因此要研
究:知识是如何分层的?是根据什么标准分层的?对不同群体进入专门化
知识领域的能力的限制(界限)是什么?在不同历史时期与文化中,科学
这样的术语究竟是什么含义?总之,社会建构主义挑战并揭露了它视为
专制的正规教育的大多数基本分类,如智力、能力、成就等。"[②]在扬后来
的研究中,从社会建构主义转向了社会实在论,例如《把知识带回来》一
书提出了"强有力的知识"(powerful knowledege)这一概念[③],强调知识
的客观属性,并试图弥合斯宾塞回答的"什么知识最有价值"中关于科学
知识与人文知识的对立。这一分析视角对于分析清末什么是"强有力者的
知识(the knowledge of the powerful)"、什么是"强有力的知识"具有启
示意义。

　　扬等人主要从社会分层的角度考虑知识作为课程如何被选择,研究知
识的社会属性,以及课程所体现出来的社会分层。而在本书的研究中,亦
受涂尔干、伯恩斯坦、扬从社会结构来分析课程的视角的启发,但更关注
清朝末年,受西方政治及文化冲击的背景下,权力是如何在中西文化交汇
中进行知识选择的,而对于微观层面的教和学并未涉及,这是本研究后续
可以进一步深入拓展之处。

　　①　[英]麦克.F.D.扬主编:《知识与控制:教育社会学新探》,谢维和、朱旭东译,华东师
范大学出版社 2002 年版。
　　②　王晓阳:《教育社会学知识论发展——从斯宾塞到扬》,《教育研究》2021 年第 6 期。
　　③　[英]麦克.F.D.扬:《把知识带回来——教育社会学从社会建构主义到社会实在论的转
向》,朱旭东等译,教育科学出版社 2019 年版。

二、关于清末民初课程变革的研究

清末民初这一时段的社会发展、教育变革等方面的问题一直以来都是历史学和教育史学研究的重点和热点。因为这一时期正是中国近代史上遭遇重大挫折的时期；另一方面，这一时期的研究资料也相对丰富。对于这一时期课程的研究，主要有以下几个方面：

一是从时间上来看，在民国时期的教育研究中，就已经有专门对这一时期课程问题进行讨论的论文。例如《教育杂志》刊出 14 卷号外《学制课程研究号》（1922 年 5 月），该书讨论学制的有 14 篇，讨论课程的有 20 篇，执笔者均为国内外专攻教育之士。关于学制的研究，主要讨论 1922 年新学制系统草案，关于课程的讨论，主要是按照新学制斟酌立言，供第八届全国教育联合会编订新课程时予以参考。[①] 还有程湘帆著《小学课程概论》（1923 年）[②]、余家菊著《课程论》（1925 年）[③]一文、徐雏著《中国学校课程沿革史》（1929 年）[④]、朱智贤著《小学课程研究》（1933 年）[⑤]、盛朗西编《小学课程沿革》（1934 年）[⑥]、熊子容编《课程编制原理》（1934 年）[⑦]、陈侠著《近代中国小学课程演变史》（1943 年）[⑧]等。上述研究大部分都是围绕现代学制建立后的课程理论和近代课程发展的历史等两个层面来进行讨论的。其一，在课程理论方面，有余家菊的《课程论》一文论述了课程的变迁、西方课程理论的心理学基础、课程活动的具体内容（玩耍

---

① 《教育杂志·学制课程研究号》，商务印书馆（上海）1922 年第 14 卷号外，卷首语。

② 程湘帆:《小学课程概论》，商务印书馆（上海）1923 年版。

③ 余家菊:《课程论》，《中华教育界》1925 年第 14 卷第 9 期，第 1—16 页。

④ 徐雏:《中国学校课程沿革史》，上海太平洋书店 1929 年版。

⑤ 朱智贤:《小学课程研究》，商务印书馆 1933 年版。

⑥ 盛朗西编:《小学课程沿革》（二十世纪中国教育名著丛编），福建教育出版社 2008 年版。

⑦ 熊子容编:《课程编制原理》（二十世纪中国教育名著丛编），福建教育出版社 2009 年版。

⑧ 陈侠:《近代中国小学课程演变史》（二十世纪中国教育名著丛编），福建教育出版社 2007 年版。

与做事)、学科的性质、选择教材的原理、各科的要义等。[1] 其二,在课
程史方面,有陈侠的《近代中国小学课程演变史》,对我国近代小学的课
程发展进行了明确的分期研究,并系统地总结了我国近代小学课程发展的
经验与教训,尤其是将课程内容的发展演变放到了相应的历史条件下去进
行考察,同时联系社会需要的变迁、时代思潮的迁嬗、教育学术的演进、
教育宗旨的变更、学校制度的改革,对课程变革的特点进行分析。[2] 聚焦
于清朝末年的小学课程改革,他将《钦定学堂章程》归为"草创时期",
重点归纳分析草创时期蒙养学堂、寻常小学堂、高等小学堂各个科目课程
的课时数量的变化,总结了这一时期小学课程的特点,如设置了修身学科
施行直接道德教学,《钦定学堂章程》中"修身"课时数达每周[3]6课时;
注重读经讲经以保儒家圣贤之教义,而《奏定学堂章程》"读经讲经"一
科的教学时数最多,《钦定学堂章程》所规定的分量反而较轻;继续读古
文辞以便学生读古来经籍,他认为这样做是模仿他国兴学校之余,力图国
学国粹之保存,并奠下"中学为体"的根柢。他评价草创时期(清末10
年)的课程尚欠完备,因过重读经之故,理科或格致,除《奏定学堂章
程》外,余均未列入初小课程。[4] 因《钦定学堂章程》并未实施,因此陈
侠对草创时期的课程实施及成效分析并未谈及这一章程。

　　除此之外,在这一时期的教育制度史和思想史研究中,也对课程的改
革进行了介绍。如陈青之的《中国教育史》(1936年)、周予同的《中国
现代教育史》(20世纪30年代)、舒新城的《近代中国教育思想史》(1929
年)、郭秉文的《中国教育制度沿革史》(1915年)等。但因《钦定学堂
章程》颁布后并未实施,因此,在制度史的研究中,常常被一笔带过,未

---

[1]　余家菊:《课程论》,《中华教育界》1925年第14卷第9期,第1—16页。

[2]　陈侠:《近代中国小学课程演变史》(二十世纪中国教育名著丛编),福建教育出版社
2007年版,特约编辑前言第11页。

[3]　在《钦定蒙学堂章程》《钦定小学堂章程》中,一周为12天。

[4]　陈侠:《近代中国小学课程演变史》(二十世纪中国教育名著丛编),福建教育出版社
2007年版,第16—18页。

深究其制度设计与课程设置等问题。

从这一时期的各种教育研究中可以看出，课程的变革已经成为一个研究的热点与问题域，除了对西方理论的介绍以外，还非常关注课程在历史发展中的变化，并且在一定程度上反映了当时教育实践中课程实施的具体情况，由此亦留下了一份珍贵的研究资料。

建国以后，对清末民国时期的教育研究主要集中于改革开放之后，至今依然是教育史研究的一个关注热点。从研究的方式和视角来看，又主要有以下几类：一是把课程的变革放在教育的整体变革中进行讨论，例如在近代教育史的研究中，毛礼锐、沈灌群主编的《中国教育通史》，王炳照、阎国华主编的《中国教育思想通史》，陈学恂主编的《中国教育史研究（近代分卷)》，熊明安著《中华民国教育史》，李华兴主编《民国教育史》等都讨论了教育近代化（现代化）过程中的课程问题。

二是在专题研究中，如在学制变革的研究中，把课程的变革作为现代学制形成的一个重要组成部分来予以讨论。其中讨论的关键之一是"读经"课程的位置。20世纪30年代，《教育杂志》主编何炳松向全国教育界以及关注教育的专家学者征询有关"读经"的意见，并1935年以《教育杂志》专辑《全国专家对于读经问题的意见》的形式出版，汇集了70多位专家的意见。其中高觉敷在讨论读经问题时，分析了自《钦定学堂章程》以来，读经在各个时期所处地位，其中谈及在《钦定学堂章程》中将读经列在首尾，民国肇始学校本无读经一门，民国四年又将读经列入，民国八年又废除。近一二年（1935年前后）又开始讨论读经问题，他提出一个学科有无价值是一个问题，有价值的学科是否宜为儿童的教材可又是一个问题。主张读经者的错误在混此二问题为一。他认为还应考虑儿童的兴趣和心理特征，而不是以成人的见地为选择教材的标准。他提出的另一个观点则是不能简单推论以为国家民族之衰落都由于学校课程不列读经所致，而救亡图存必有赖于青年之读经。他从现代心理学的角度进行分析，认为读经可使国民保存其固有的道德，这是不可信的。[①]

建国以来有学者钱曼倩、金林祥主编的《中国近代学制比较研究》对壬寅、癸卯学制与日本学校令时期的课程设置及教学方法进行了比较；又如周文佳的论文《民国初年"壬子癸丑学制"述评》，则讨论了壬子癸丑学制课程编制的特点[②]；杨文海的博士论文《壬戌学制研究》也解读了壬戌学制的课程标准和学制特点，指出其在课程体系上更为科学、更加实用等[③]。还有针对某个具体教育时段的研究，涉及到特定阶段课程变革的，如王伦信的《清末民国时期中学教育研究》，研究了近代中学阶段的教育课程设置与实施情况，勾勒出清末民国中学课程发展的宏观轮廓和整体趋势，并对课程形态、课目构成的演变特征进行了分析，同时提出了课程实践中的一些基本问题等[④]。王运明在博士论文《1928—1937年山东中等教育研究》中也介绍了民国时期山东中等教育的课程实施情况[⑤]。

三是专门研究这一时期的课程教学问题，这也是课程史研究的重要组成部分。比较有代表性的如吕达的《中国近代课程史论》，该书从课程方面的发展，阐述了近代的教育发展轨迹，特别是将近代学制以前纷繁复杂、不成体系的学校课程，理出了一个比较清晰的头绪，同时对我国近代中学课程的形成，做了一项有意义的探本求源工作；尤其是该书还通过对我国近代普通中学课程渊源与沿革的探讨，从一个侧面反映了我国封建教育如何向半封建半殖民地教育演化的过程，从而加深了对学校课程及经济和社会发展之间相互关系的认识，并从我国近代普通中学课程的演变轨迹中，寻找到了一些带有规律性的历史经验，其对今天的课程编订和课程改

---

① 《全国专家对于读经问题的意见》，《教育杂志》1935年第25卷第5期，第75—77页。

② 周文佳：《民国初年"壬子癸丑学制"述评》，《河北师范大学学报（教育科学版）》2011年第11期。

③ 杨文海：《壬戌学制研究》，博士学位论文，南京大学，2011年。

④ 王伦信：《清末民国时期中学教育研究》，华东师范大学出版社2002年版。

⑤ 王运明：《1928—1937年山东中等教育研究》，博士学位论文，首都师范大学，2011年。

革也都具有某种启示作用。① 熊明安主编的《中国近现代教学改革史》系统地论述了从 1840—1990 这 150 年间我国普通小学、中学的课程改革和教学改革的情况。该书通过将课程改革与教学改革交替展开论述的方式，呈现了课程改革与教学改革之间丰富的互动和相互作用。尤其是对清末、民国时期的小学、中学课程改革、教学改革的介绍与梳理，丰富了对这一时期课程教学活动的研究资料。② 除此以外，还有运用制度理论去研究清末民初课程发展历史的，如史晖的博士论文《转型与重构：中国近代课程制度变迁研究》，其以新制度主义作为研究的理论视角，同时使用制度分析的方法，探讨课程制度的变迁动力、变迁中的权力博弈以及课程制度变迁与文化变迁的关系等。从政治、经济、文化等视角出发分析课程制度变迁中的一般规律，从而建构课程制度及课程制度变迁的理论框架，这为解释课程变革的复杂性提供了一种新的视角。③ 其中对于《钦定学堂章程》未及实施就被废止的原因，他指出是由于清廷内部的权力斗争与该章程本身的不足所致。但不足具体是什么，还未从新制度主义的角度进行分析。

四是在课程史研究中，除了将这一时期的课程教学变革作为整体进行探讨，还有许多聚焦近代各科课程和教材的细化研究。（1）以课程中的教学内容的载体为研究对象，研究教科书的内容、编订、审查等问题。如王建军所著《中国近代教科书发展研究》，就是把课程放置在近代文化变革的背景下，分析在清末西方教科书的传入、清末自编教科书及教科书制定审查制度的情况。④ 还有吴洪成的《略论清末部编教科书及对教科书的审定》一文则介绍了清末学制有关教科书的规定，重点分析了京师大学堂编译书局及学部编译图书局的机制、章程、发展情况及其对教育近代化

① 吕达:《中国近代课程史论》，人民教育出版社 1994 年版。

② 熊明安主编:《中国近代教学改革史》，重庆出版社 1999 年版。

③ 史晖:《转型与重构：中国近代课程制度变迁研究》，博士学位论文，南京师范大学，2011年。

④ 王建军:《中国近代教科书发展研究》，广东教育出版社 1996 年版。

的贡献等。① 除此以外，还有一系列的期刊论文和硕博论文也在这一领域
进行了探讨。② （2）以某门具体学科的课程为研究对象，分析其内容、开
设情况等的变化。而在众多科目中，修身科和国文（语文）科又是研究的
重点。例如黄书光的《价值重估与民国初年中小学德育课程教学的深层变
革》一文，讨论了民国初年社会的急剧转型和复杂生态带来了思想文化的
激烈论争和价值观念的重新估量而对德育课程的影响。文中介绍了民国以
来读经科的废立之争、修身科的微妙变动以及公民科的最终确立等一系列
过程，认为德育课程的设置总是内在地受制于当时国家的政治制度及其背
后的文化异动与价值变迁，修身教科书的编写在德目内容、题材来源及文
言文的叙述样式中均保留着较为浓厚的传统文化情结，修身教学的实践指
向则引起了有识之士的高度重视并进行了许多相应的学术探究。③ 还有范
远波的博士论文《民国小学语文教材研究》，分析了民国小学语文教材的
发展过程、教材选编与组织的特点，并总结了民国小学语文教材建设和发
展的几条规律：第一，民国小学语文教材的建设离不开优良出版社的组织
和参与；第二，其发展离不开宽松的文化环境；第三，在内容上大体趋向
于儿童兴趣主义；第四，在形式上总体追求适应当时的教育现状。④ 此外，
还有对这一时期其他学科课程、教学、教材等的研究。⑤ （3）针对不同的
教育阶段，专门研究其课程相关问题的，其中高等教育、职业教育又是研

---

① 吴洪成:《略论清末部编教科书及对教科书的审定》,《杭州大学学报（哲学社会科学版）》
1990 年第 1 期。

② 如，毕苑:《中国近代教科书研究》,博士学位论文，北京师范大学，2004 年；吴小鸥:
《清末民初教科书的启蒙诉求》,博士学位论文，湖南师范大学，2009 年；李娟:《清末民间中学
教科书的编译与审定》,《基础教育》2009 年第 7 期。

③ 黄书光:《价值重估与民国初年中小学德育课程教学的深层变革》,《教育学报》2008 年
第 4 期。

④ 范远波:《民国小学语文教材研究》,博士学位论文，华东师范大学，2007 年。

⑤ 如，何成刚:《一次功败兼备的探索——壬戌学制中学"历史课程纲要"研究》,《教育学
报》2007 年第 5 期。王华倬、郑沪娥:《我国近代壬戌学制与体育课程的改革背景、特点及其历
史意义》,《北京体育大学学报》2005 年第 4 期。

究的热点。①

总之，从教育史的角度研究清末民初的教育发展，其大多集中在教育思想和教育制度方面，同时从人物的教育思想研究②、政府的改革举措、社会组织的作用③等各个层面和角度，并结合宏观的视角与微观的观察④，来对史料进行挖掘、呈现和组织，以反映当时社会背景下教育变革的状况和影响。聚焦于课程的研究时，则是将课程的变革放置在教育改革的整体背景中去进行讨论，其特点是宏观上梳理了课程改革变迁的过程及其动力背景，微观上讨论了各个学科的具体变化与演进。

从研究的结论来看，大部分的观点是认为清末民初的教育改革，是一个进步的、"好"的过程，是实现教育近代化（现代化）、课程近代化（现代化）的过程。反之，固守旧学就是顽固派或封建的残余；学习西学就意味着进步。例如吕达的《中国近代课程史论》，田正平的《中国教育史研究·近代分卷》中都将课程变革中保留"中学"的课程内容，看作是封建性的因素。但与此同时，在讨论教育的现代性与传统的关系时，对于课程中"经学"的废止也引起了学者的关注，学者们开始反思去除"中学"内容对传统文化传承和教育活动所带来的弊端。如栗洪武在《民国初年由学堂向学校嬗变过程中传统文化的断层及其补救》一文中认为，在学校教育

---

① 如，徐洁：《民国时期（1927—1949）中国大学课程整理过程及发展特点》，《江苏高教》2007年第2期；杨婷：《1898—1936年北京大学中国语文学系课程演变及其原因》，硕士学位论文，中南大学，2005年；李贤：《从立案政策看民国前期私立高校课程政策演变》，《高教探索》2011年第2期；任平：《晚清民国时期职业教育课程史论》，博士学位论文，湖南师范大学，2010年。

② 如，谢丰：《清末新政时期湖南官绅对书院改制政策的不同思考——以俞廉三、王先谦、赵尔巽的教育改革活动为例》，《湖南大学学报（社会科学版）》2006年第6期；祝安顺：《从张之洞、吴汝纶经学课程观看清末儒学传统的中断》，《孔子研究》2003年第1期。

③ 如，郑新华：《近代中国教育如何可能——以江苏省教育会的实践为例（1905—1927）》，博士学位论文，华东师范大学，2006年。

④ 如，李涛：《村落视野中的文化权力更迭——浙江乡村教育近代化变迁问题研究》，博士后研究工作报告，华东师范大学，2007年；司洪昌：《嵌入村庄的学校——仁村教育的历史人类学探究》，博士学位论文，华东师范大学，2006年；张济洲：《文化视野中的村落、学校与国家》，博士学位论文，华东师范大学，2007年。

中废除"读经科"和以孔孟之道为中心的教育内容，使中国的传统文化出现了断层。这种"矫枉过正"的做法在当时虽显示了历史的进步性，但从长远来看也是历史的一大失误。① 孙培青在《中国教育史》中评价袁世凯恢复尊孔祀孔时指出，"儒家文化作为中国传统文化的主体，其中包含有中华民族对真善美追求的成果，是创建民族新文化不能割舍也无法割舍的传统资源，在教育中应该有适当的地位"。② 岳龙在其博士论文《现代性境域中的传统——二十世纪二、三十年代中国教育变革中的文化精神》中也指出，就中国教育传统向现代性的转化而言，20世纪二三十年代的中国教育变革无疑具有巨大的现实意义和历史进步性。但是就中国教育现代性的建构而言，我们不能不说，这次变革实质上仍然是一场失败的变革。由于对于现代性在把握上的失误以及救亡的强大外界压力，使得我国的教育现代性探索实际上走向了歧路。教育精神上的政治化使得教育现代性的追求半途而废；科学精神的偷安压制了教育的人文冲动；理想人格的空泛导致了号召力的匮乏；教育俗世化则因为终极关怀的失落而引起传统的回归，并最终以失败而告终。上述这一系列的讨论亦反映出了中国教育现代性探索的艰难和复杂程度。③ 可见，对于这类问题的思考，从根本上看，体现了清末民初时期传统与现代、中国与西方在文化、制度乃至思想及价值观上的冲突与融合。而教育活动，尤其是承载文化的课程在其中所起到的作用，则是研究者应关注的问题。简言之，我们不能简单地断言现代优于传统、现代西方优于近代中国，而是需要去探寻这种冲突、选择或融合背后的深层原因，才能为今天的教育改革甚至社会改革提供思路。

　　国外学者对我国清末民初教育变革的研究也主要是将其放在大的历史

---

　　① 栗洪武：《民国初年由学堂向学校嬗变过程中传统文化的断层及其补救》，《华东师范大学学报（教育科学版）》2011年第2期。

　　② 孙培青、杜成宪主编：《中国教育史》第3版，华东师范大学出版社2009年版，第363页。

　　③ 岳龙：《现代性境域中的传统——二十世纪二、三十年代中国教育变革中的文化精神》，博士学位论文，华东师范大学，2001年，第184页。

背景下来进行探讨的。如研究中国近代史的著名学者徐中约（Immanuel
C.Y.Hsu）在其代表作《中国近代史》（*The Rise of Modern China*）中就
详细叙述了清末新政改革与宪政改革，其中包括教育改革与课程变革的
内容①。美国学者费正清、刘广京则在《剑桥中国晚清史》（下卷）（1800—
1911）的第七章介绍了晚清 1901 到 1911 年政治和制度改革中的教育改
革，从改革科举、创办新学堂和鼓励出国留学等政策中揭示这一时期教育
领域的革新②。美国学者任达（Reynolds, Douglas R.）也在《新政革命与日
本：中国，1898—1912》一文中对晚清新政改革给予了很高的评价，将这
一时期称为是"黄金十年"③，认为新政革命及其成就是以后社会发展的实
际基石，他把教育改革看作是晚清体制改革的根本部分，同时着重分析了
日本教育改革对晚清 1904 年学制制定的影响，将中国这一时期的教育改
革概括为"日本模式"④。当然，本书将日本在中国现代化中，扮演了持久
的、建设性而非侵略的角色这一论点是值得商榷的，他并未意识到日本在
清政府新政改革时期扮演的文化侵略的角色，也未意识到这一过程中决策
者及士人对此的分歧，以及控制与被控制之间的对抗。而且，作者对"黄
金十年"的研究，并未分析其出现的历史背景，尤其是甲午战争对于中国
社会以及清末官员、士人心态的影响，而这种影响对学制制定时的中日关
系、中日交流及课程选择都在持续地产生作用。还有研究儒学的外国学者
在对近代中国文化变革进行分析时，也论及了这一时期的教育问题。如美
国的"中国研究"专家列文森（Levenson, Joseph R.）在其《儒教中国及

---

① Hsu, Immanuel Chung-yueh. *The Rise of Modern China*, 6th Ed. New York : Oxford University Press, 2000.

② [美]费正清、刘广京编:《剑桥中国晚清史（1800—1911）》（下卷），中国社会科学院历史研究所编译室译，中国社会科学出版社 1985 年版。

③ [美]任达:《新政革命与日本：中国，1898—1912》，李仲贤译，江苏人民出版社 2010年版，第 9 页。

④ [美]任达:《新政革命与日本：中国，1898—1912》，李仲贤译，江苏人民出版社 2010年版，第 134 页。

其现代命运》（*Confucian China and Its Modern Fate* ）一书中就分析了近
代中国的文化选择，以及实现以科学理性为内在精神的现代化中所经历的
过程。[①] 上述研究是在对清朝、民国时期的历史研究中，介绍了当时的教
育改革，从一个侧面反映了教育变革乃是当时中国政府寻求社会变革发展
的主要途径。

　　专门探讨清末民初时期教育变革的研究还有如艾尔曼（Benjamin
A.Elman）和 Alexander Woodside 共同编撰的《晚清中国的教育与社会，
1600—1900》（*Education and Society in Late Imperial China, 1600—1900*），
该书收集了部分国外学者对晚清教育改革的认识与评价，包括考试制度与
课程、技术学习和知识挑战、各级教育的理论与实践等内容。[②] 还有在艾
尔曼的自选集《经学・科举・文化史：艾尔曼自选集》中也讨论了清朝末
期的教育理念和知识的问题，以及权力、政治与科举等方面的变化。[③]Wu
Hsiaomei 在其博士论文《控制论思想的反思：作为一种系统学习的中国
教育改革（1860—1930）》（*Reflections on Cybernetic Thinking ：China's
Education Reform（1860—1930）as A Case of System Learning*）[④] 中，则将
变革作为自我改正、信息处理与搜寻目标的过程，并从控制论的角度研
究了中国近代教育改革的过程。聚焦到课程教材领域，有学者进行了教
材史的研究，如白莉民的著作《塑造理想的儿童：帝国晚期的儿童与他们
的启蒙教材》（*Shaping the Ideal Child ：Children and Their Primers in Late*

　　① ［美］约瑟夫・R.列文森：《儒教中国及其现代命运》，郑大华、任菁译，中国社会科学
出版社 2000 年版。

　　② 　Elman，Benjamin A.，Alexander Woodsideed. *Education and Society in Late Imperial
China, 1600-1900.* Berkeley ：University of California Press，c1994.

　　③ ［美］本杰明・艾尔曼：《经学・科举・文化史：艾尔曼自选集》，复旦大学文史研究院译，
中华书局 2010 年版。

　　④ 　Wu，Hsiaomei. *Reflections on Cybernetic Thinking ：China's Education Reform（1860-1930）
as A Case of System Learning.* New York ：Columbia University Teachers College，1994.

Imperial China) ① 分析了传统启蒙教材的发展历史、早期国人对于儿童期的认识，以及知识界的潮流对于启蒙教材的影响等。她通过对若干种启蒙教材的分析，考察了当时如何对中国儿童进行读写能力的培养以及传统儿童教育的特征等问题，她尤其关注一部分儒家知识分子致力于撰写启蒙读本的动机以及其中呈现出的不同学术思潮，而这种思潮对于塑造传统文化和对于教育的发展都起着重要的作用。

　　总之，国外研究中国历史问题的学者一直以来都非常关注晚清时期中国现代化过程中的发展历程。其中也不乏对教育问题的思考，除了介绍性的解读以外，深层次的研究关注的仍是中国近代（帝国制晚期）传统与现代、儒学与西学的冲突与选择，及教育在其中的作用或受到的影响等。但是，国外学者从教育学的角度乃至政策学的层面去进一步关注这一时期的课程、教学和教材上的变迁就相对很少了。

二、关于课程政策的研究

　　对于课程政策的研究，从教育政策学的角度来看，是将课程领域作为其研究的一个问题域，运用教育政策学的基本理论、研究思路、研究方法、研究视角来探讨教育活动中关于课程的问题，包括科目的设置、课程内容的选择、课程评价等方面。

　　对于课程政策的概念，黄忠敬对其进行了梳理：（1）从内容的角度来界定，认为课程政策是关于学校教授什么的正式法律与规则，课程政策研究就是探讨官方行动如何决定、这些行动要求学校和教师做什么以及它们如何影响向特定学生教授的内容。② （2）从计划的角度来界定，认为课程

---

① Bai, Limin. *Shaping the Ideal Child：Children and Their Primers in Late Imperial China.* Hong Kong：The Chinese University Press, c2005.

② Jackson, Philip W.. *Handbook of Research on Curriculum：A Project of the American Educational Research Association.* New York：Macmillan Publishing Company（part），1992, p.186.

政策是一种有关课程问题稳定的、连续的计划或行动指南。① 它强调的是外在形态的课程政策。（3）从权力的角度来界定，认为课程政策本质上是课程权力和利益问题，涉及课程权力的分配与再分配。② （4）从过程的角度来界定，认为课程政策是经过问题认定、政策形成与评估等多阶段的过程，也是一个政策循环的过程，这个循环与政策文本生产、执行和影响的背景密切相关。③（5）从过程与结果两个方面来论述课程政策："有两大类型的政策对学校课程施加影响。一类政策规定了课程设置所要遵循的程序，包括粗略的和详细的程序，这类政策通常要说明由谁参与并规定参与者的权限，这可认为是制定课程政策的政策。另一类政策是课程政策制定过程的产物，可视为是课程政策本身。这种政策规定课程的性质，常常要规定必须教的、应该教的和可以教的内容。"④ 相对于前面几种理解课程政策的方式，这种理解更进了一步，也较为全面。⑤

还有学者从现象形态、本质形态的角度来定义课程政策，认为课程政策就是指教育领域中课程知识的选择和管理的政治理念和具体措施。具体措施是课程政策的现象形态，政治理念是课程政策的本体形态。这个定义明确提出课程政策是知识问题，是从政治方面选择知识的理念和措施。同时这个定义还划定了课程政策的范围，一是课程知识的选择，一是课程知识的管理。这既包括了措施，即课程政策的现象形态；也包括了政治理念，即课程政策的本质形态。从现象形态方面理解，比较符合人们对政策的日常认识；从本质形态方面理解，则符合学者对政策本质的哲学思考。

---

① 　Walker ,Decker. *Foundamentals of Curriculum*. San Diego ：Harcourt Brace Jovanovich, Inc., 1990，p.303；胡东芳：《课程政策研究——对"课程共有"的理论探索》，博士学位论文，华东师范大学，2001 年。

② 　胡东芳：《课程政策研究——对"课程共有"的理论探索》，博士学位论文，华东师范大学，2001 年。

③ 　Taylor,Sandra ；Rizvi, Fazal ；Lingard,Bob. *Miriam Henry. Educational Policy and the Politics of Change*. London and New York ：Routledge,1977，pp.24-25.

④ 　江山野编：《简明国际教育百科全书·课程》，教育科学出版社 1991 年版，第 80 页。

⑤ 　黄忠敬：《课程政策》，上海教育出版社 2010 年版，第 5—6 页。

而将两者结合起来，就容易照顾日常习惯和学术研究两个方面的思维习惯。同时，该定义还确定了课程政策的调整范围：课程内容和课程管理。①

尽管对课程政策的理解千差万别，黄忠敬认为有几点是达成共识的：(1) 课程政策往往是政府或政党的行为，属于公共政策范畴，有别于私人组织或机构制定的规则规章；(2) 课程政策具有非常明确的政治目的或政治特色，体现的是官方的意志；(3) 课程政策是对课程所作的权威性的价值分配，是价值负载与意识形态渗透的结果；(4) 课程政策建基于政治的逻辑和实践的逻辑，而不是学术的和科学的逻辑，追求的是改变课程的实践而不是为了揭示课程的规律，但这并不否认或排斥在课程政策研究中运用规律和发现规律。② 此外，若从教育社会学的角度来看，课程不仅是社会分层的反映，它本身就是社会过程，那么课程政策也就是在体现课程知识选择与组织的原则，这种原则是由强有力者所控制的。

较早研究课程政策问题的学者 Richard Elmore 和 Gary Sykes 在《课程研究手册》(*Handbook of Research on Curriculum*) ③ 中撰写的关于课程政策的文章曾指出，课程政策并不是一个组织良好、有特色的探索领域。从现有的文献来看，以课程政策为主题的研究并不算多，主要是一些对政府发起的课程改革进行的案例研究和课程决策的经验分析。我国当前对课程政策的研究也尚未脱离这个范畴。一方面，由于政策科学及教育政策学在我国发展的时间本身并不长，另一方面，新中国成立以来，学习苏联的教育学理论，课程是教学的下位概念，在研究中是将课程问题置于教学问题之中，因此专门对于课程政策的研究相对较少。一直到 20 世纪 90 年代中期开始酝酿启动的第 8 次课程改革，以及 2001 年《基础教育课程改革纲要

---

① 蒋建华：《走向政策范式的课程研究》，《北京大学教育评论》2004 年第 1 期。

② 黄忠敬：《课程政策》，上海教育出版社 2010 年版，第 6 页。

③ Jackson, Philip W.. *Handbook of Research on Curriculum : A Project of the American Educational Research Association.* New York : Macmillan Publishing Company (part), 1992.

(试行)》的颁布，在实践中以课程标准取代了教学大纲①，在理论研究中则调整了课程理论在教育学理论中的位置，而在我国的教育政策学研究领域，这时才开始关注国家针对课程领域所颁布的政策并开展研究。

从现有的著作和论文来看，我国对于课程政策的研究主要涉及以下几个主题：一是基于教育政策的基本理论来建构课程政策的理论。如黄忠敬的著作《课程政策》从课程政策的概念之维、历史之维、价值之维、权力之维、内容之维、过程之维等六个维度对课程政策的理论进行了研究。②胡东芳的博士论文《课程政策研究——对"课程共有"的理论探索》通过对课程政策进行的价值分析来研究课程政策的权力类型，提出了"课程共有"这种课程政策的理想模式。并对其作为一种新的课程权力的分配方式、一种新的课程政策的价值观、以及一种新的课程政策的制定模式，开展了可行性的论证。③蒋建华的著作《知识·权力·课程——政策视野中的课程研究》引入了知识政治学的观点，在分析课程改革困惑的过程中构建了课程政策的逻辑结构，即回答了"选择什么？怎样选择？谁来选择？为什么要选择？为谁选择？"等五个问题，并将其归结为对于课程知识选择和课程知识管理的研究。④

二是以教育政策学的基本理论作为分析框架，通过分析具体的课程政策的过程与结果，来展现课程政策中的决策、执行、评价等基本的政策理论问题。比较有代表性的有谢少华的《权力下放与课程政策变革——澳大利亚经验与启示》，该研究主要采用质的研究方法考察了澳大利亚西澳大利亚州自1987年以来教育管理权下放与8—10年级"社会环境"课程政策之间的联系，探讨了权力下放对课程政策产生的影响，例如引起在课

---

① 1992年颁布《九年义务教育全日制小学、初中课程计划》中首次将"教学计划"改为"课程计划"。

② 黄忠敬：《课程政策》，上海教育出版社2010年版。

③ 胡东芳：《课程政策研究——对"课程共有"的理论探索》，博士学位论文，华东师范大学，2001年。

④ 蒋建华：《知识·权力·课程——政策视野中的课程研究》，教育科学出版社2010年版。

程设置、课程内容等方面的变化。① 台湾学者蔡清田的《课程政策决定》，主要通过对英国国家课程中历史学科课程改革的"以中央政府教育改革法案为依据的课程政策之规划途径"、"以国家文化认同为依据的课程政策变革"、"由上而下以教导为依据的课程政策发展"、"由中央到边陲系统为依据的课程政策推广"以及"以科层体制为依据的课程政策评鉴"等课程政策决定的研究，分析课程决策的过程及其相关影响因素。② 张男星在其《权力、理念、文化——俄罗斯现行课程政策研究》一书中则对当前俄罗斯的课程政策从权力、理念、文化等三个彼此相连的视点上进行了全面分析，分别探讨了"制定课程政策的主体"、"主体制定课程政策的追求"和"主体制定课程政策的追求之文化力量"，即从课程权力、课程理念和课程文化三个维度来建构课程政策研究的逻辑体系。③ 屠莉娅的博士论文《课程改革政策过程：概念化、审议、实施与评价——国际经验与本土案例》通过比较研究和案例分析，深入课程改革过程的内部流程和机制，从整合性的视角拓展了有关课程改革政策的一般认识，考察课程改革政策在现象形态、本质特征和实践特征等层面的不同表现，从而建构起了课程改革政策过程中的实践生成性逻辑。④

三是对我国具体课程政策的研究。自 2001 年以来，我国在课程政策领域针对新一轮的基础教育课程改革也出现了一系列的专题研究，其中包括对课程政策文本的解读。较具代表性的有钟启泉等主编的《为了中华民族的复兴为了每位学生的发展：〈基础教育课程改革纲要（试行）〉解读》《普通高中新课程方案导读》等。书中详细阐述了新一轮基础教育课程改革的理念、目标、结构、内容、评估等，对国家颁布的课程政策文本《基

---

① 谢少华：《权力下放与课程政策变革：澳大利亚经验与启示》，中山大学出版社 2002 年版。

② 蔡清田：《课程政策决定》，五南图书出版有限公司 2003 年版。

③ 张男星：《权力·理念·文化：俄罗斯现行课程政策研究》，教育科学出版社 2006 年版。

④ 屠莉娅：《课程改革政策过程：概念化、审议、实施与评价——国际经验与本土案例》，博士学位论文，华东师范大学，2009 年。

础教育课程改革纲要（试行)》进行了解读与分析。① 还有对我国现行课
程政策执行的研究，如崔允漷的论文《课程改革政策执行：一种分析的框
架》，针对有些地方政府或教育行政部门对课程改革的政策执行不力，或
者说执行能力不足等问题，依据政策执行行为和变革过程的理论研究，尝
试建构一种适合我国国情的地方教育行政部门课程政策执行的分析框架，
即研究与开发、组织与落实、评估与督导、协调与支持等环节。② 教育行
政部门及各种研究机构还开展了诸多新课程政策执行效果的调查，例如教
育部"新课程实施与实施过程评价"课题组所进行的《基础教育课程改革
的成就、问题与对策——部分国家级课程改革实验区问卷调查分析》，就
对新课程改革政策在实验区执行两年之后的情况进行了调查研究，结果显
示课改政策的执行取得了一定的成绩，如教师教学观念与方式有所转变、
学生学习表现出合作探究与交流的学习行为、学校评价追求多元化等等，
但也反映了尚存在的问题，如地区差异、学段差异、课程资源建设不足、
教师的指导培训亟待加强等，在此基础上为新课改政策的进一步推广执行
提供了对策建议。③

　　四是课程政策的国际比较研究。如前面已提及的大陆学者谢少华、张
男星，台湾学者蔡清田，都是将国外课程政策作为研究的对象或个案，在
此基础上对课程政策进行了理论上的探索。这类研究一方面在理论建构上
有所突破，另一方面也呈现出各个国家课程改革的现状、趋势和影响等，

---

①　钟启泉、崔允漷、张华主编：《为了中华民族的复兴为了每位学生的发展：〈基础教育课
程改革纲要（试行)〉解读》，华东师范大学出版社 2001 年版；钟启泉、崔允漷、吴刚平主编：《普
通高中新课程方案导读》，华东师范大学出版社 2003 年版。

②　崔允漷：《课程改革政策执行：一种分析的框架》，《教育发展研究》2005 年第 10 期。

③　教育部"新课程实施与实施过程评价"课题组：《基础教育课程改革的成就、问题与对
策——部分国家级课程改革实验区问卷调查分析》，《中国教育学刊》2003 年第 12 期；还有对于
新课程政策执行情况的研究如：方建胜：《用事实说明正在发生的变化——三年来课程改革实验状
况的一项调查》，《全球教育展望》2005 年第 12 期；郝德永：《新课程改革：症结与超越》，《教育
研究》2006 年第 5 期；李琼、倪玉菁：《从学生数学学习的追踪研究看新课程改革的实施效果》，
《教育研究》2012 年第 5 期等。

对我国的课程改革及课程政策的制定具有借鉴意义。此外，还有研究从各个不同的专题切入介绍外国课程政策的，例如杨燕燕的著作《国外课程改革政策及其价值取向》，以美、英、日、俄的课程政策为分析对象，研究了课程政策的保守主义价值取向、自由主义价值取向、效率主义价值取向，以及课程政策价值取向与学校的文化变革。[1]

国外学者对课程政策的研究，与我国在课程政策领域的研究有相似的特征。即在理论的建构和实践中对具体课程政策进行分析评价。但国外在理论研究方面，运用其他学科的资源研究课程政策问题的则有更多的成果。正如前已提及的《课程研究手册》[2] 中 Richard Elmore 和 Gary Sykes 的论文对美国课程政策研究状况的评述所言，大多数有关课程政策的研究并非直接探究课程政策，而是来自其他资源。其中的一个资源是应用于教育的学科研究——政治学、社会学、历史等，它们把课程看作是一个临时的研究课题；另一个是对政府发起的与课程相关的干预的评估文献；还有就是把一般的公共政策理论拓展运用到解决课程政策的特殊问题的文献。[3]

具体而言，就英美两国对课程政策的研究来看，主要是教育社会学的研究者，受知识社会学等学科发展的影响，自 20 世纪 70 年代以来将研究的关注点转向了课程和教学问题，将课程中知识的组织视为社会的建构。如前所述，英国的伯恩斯坦、扬等人的研究就是紧扣英国的教育政策改革来分析课程知识选择、传递中体现出的权力与权力关系。美国批判课程理论的代表人物阿普尔在诸多研究成果中探讨了意识形态、课程知识与课

---

[1]　杨燕燕：《国外课程改革政策及其价值取向》，浙江大学出版社 2010 年版。

[2]　Jackson, Philip W.. *Handbook of Research on Curriculum : A Project of the American Educational Research Association*. New York : Macmillan Publishing Company（part）, 1992. pp.185-186.

[3]　参见黄忠敬：《课程政策》，上海教育出版社 2010 年版，第 10—11 页。

程政策的关系以及课程政策中的诸多问题。① 在其他的一些教育政策学著作中，也有对课程政策进行的讨论。如美国学者福勒（Frances C. Fowler）的《教育政策学导论》中将美国的一些课程政策作为案例进行分析②。英国的学者奥兹加（Jenny Ozga）③、鲍尔（Stephen Ball）④等也对英国的课程政策进行过研究。尤其是围绕英国《1988 年教育改革法》及其后的一些课程政策及实施进行了研究。⑤ 总的来说，在国外的教育政策研究中，课程政策研究已经成为重要的组成部分。

　　以上是对国内外课程政策的整体研究状况进行的概述，具体到本书所要研究的有关课程政策的两个方面，一是探讨课程政策决策中的课程权力问题；二是对课程政策决策的价值选择进行反思，对这二者的研究也是在探索课程政策的理论方面不可回避的重要问题。以下将简要分析这两个方面的研究概况。

　　首先需要明晰的是，政策是对价值、利益进行权威性的分配，而谁有强制性的力量来进行这种分配就体现了权力在政策过程中的作用。因此在课程政策的研究中，课程权力也是一个核心的问题。根据辞海的解释，权力是指"(1)政治方面的强制力量，如国家权力。(2)（个人或机

① 参见［美］迈克尔·W.阿普尔：《意识形态与课程》，黄忠敬译，华东师范大学出版社2001 年版；［美］迈克尔·W.阿普尔：《官方知识：保守时代的民主教育》，曲因因等译，华东师范大学出版社 2004 年版；［美］迈克尔·W.阿普尔、L.克丽斯蒂安—史密斯主编：《教科书政治学》，侯定凯译，华东师范大学出版社 2005 年版；［美］迈克尔·W.阿普尔：《文化政治与教育》，阎光才等译，教育科学出版社 2005 年版；［美］迈克尔·W.阿普尔等：《国家与知识政治》，黄忠敬等译，华东师范大学出版社 2007 年版；［美］迈克尔·W.阿普尔：《教育的"正确"之路》，黄忠敬等译，华东师范大学出版社 2008 年版。

② ［美］弗朗西斯·C.福勒：《教育政策学导论》，许庆豫译，江苏教育出版社 2007 年版。

③ Jenny Ozga. *Policy Research In Educational Settings：Contested Terrain. Buckingham·Philadelphia*：Open University Press,1999；

④ ［英］斯蒂芬·鲍尔：《政治与教育政策制定——政策社会学探索》，王玉秋、孙益译，华东师范大学出版社 2003 年版。

⑤ 参见黄忠敬：《课程政策》，上海教育出版社 2010 年版，第 10—11 页。

构) 在职责范围内的支配力量,如行使权力。"①简言之,权力就是一种权威性的强制力量或支配力量。以此为基础,对课程权力概念的界定,又有以下一些观点,如胡东芳认为:"课程权力是根据一定的目的来影响课程行为的能力,也是一种权威性力量,依靠这种力量可以在课程方面造成某种特定的结果。它主要包括课程政策制定中的参与权、课程编制开发权、课程决策权、课程专业自主权以及课程实施权等等。它具体体现在课程计划、课程标准以及教科书的制定、决定和使用之中,也体现在课程内容的选择与优化的过程当中。"②吴华则认为"课程权力就是一定主体对课程的价值观、设计、编制、实施等环节的影响力。"③而对课程权力的研究又主要集中在三个方面,一是对课程制定过程中政治权力的研究,例如阿普尔、麦克.扬、斯蒂芬·鲍尔等人关于政治与课程知识选择的研究都有对这一问题的分析。二是对课程权力分配的研究,即对课程管理中国家权力、地方权力和学校权力的研究。例如胡东芳的论文《谁来决定我们的课程?——主要国家课程权力分配比较研究》④、蒋建华的论文《权力多极化的课程权力定位——超越中央与地方的思维框架》⑤、沈兰的论文《课程权力再分配:校本课程政策解读》⑥等都是对这一问题的探讨。三是对教师课程权力的研究。新课程改革以来,对教师课程权力的研究逐渐增多,学者在理论和实践研究中开始探讨教师在课程开发与实施过程中的权力。例如,赵虹元的博士论文《基础教育教师课程权力研究》讨论了教师课程权力的本质与特征、来源和构成、价值诉求,并在实证调查研究的基础上

---

① 《现代汉语辞海》,光明日报出版社 2002 年版,第 948 页。

② 胡东芳:《谁来决定我们的课程?——主要国家课程权力分配比较研究》,《外国教育研究》2005 年第 3 期。

③ 吴华:《课程权力:从冲突走向制衡》,博士学位论文,东北师范大学,2008 年。

④ 胡东芳:《谁来决定我们的课程?——主要国家课程权力分配比较研究》,《外国教育研究》2005 年第 3 期。

⑤ 蒋建华:《权力多极化的课程权力定位——超越中央与地方的思维框架》,《教育学报》2005 年第 2 期。

⑥ 沈兰:《课程权力再分配:校本课程政策解读》,《教育发展研究》1999 年第 9 期。

提出了教师课程权力的习性养成及教师课程权力实现的条件等。① 李学书提出教师课程权力具有制度规定性和有限平衡性、目的指向性和价值多极性以及复杂的相关性等特征。② 郝德勇等对教师课程权力虚无状况、后现代知识观与课程品质进行分析，提出了赋予教师课程自律角色与自主权力的改革思路。③ 李洪修等研究了学校制度中教师课程权力实现的问题。④

　　对课程政策的价值取向进行的哲学反思，就是从政策的技术层面进入到对课程政策更为核心、更为本质的问题的探索。实际上许多研究都是从哲学、政治学、知识社会学、文化学等角度来分析课程政策研究中的核心问题。如"什么知识最有价值"以及"谁的知识最有价值"等。这类研究集中于两个方面：一是关于课程政策价值取向的研究。例如吴康宁的论文《价值定位与架构：课程目标的一种社会学释义》⑤、胡东芳的论文《论课程政策的价值基础》⑥、张红的博士论文《新中国基础教育课程政策的价值取向研究》⑦ 等都讨论了课程政策中所体现出的价值选择和基本倾向，并对我国建国以来尤其是改革开放之后的课程政策取向的嬗变进行了梳理，提出了当下课程政策应该确立的价值目标。二是探寻价值取向背后关于课程政策与文化的关系。其基本观点认为课程政策制定的本身也是一种文化选择的过程。经典的研究有伯恩斯坦对教育知识所作的分类研究，布尔迪厄的文化资本理论研究等。阿普尔继承了葛兰西的文化霸权理念，认为课程知识的选择是阶级、经济权利、文化霸权之间相互作用的产物，而非一个

---

① 赵虹元：《基础教育教师课程权力研究》，博士学位论文，西南大学，2008 年。

② 李学书：《教师课程权力的本质、特征及其来源》，《全球教育展望》2010 年第 10 期。

③ 郝德永、赵颖：《论教师的课程权力》，《全球教育展望》2004 年第 12 期。

④ 李洪修、张晓娟：《学校制度中教师课程权力的实现》，《教育研究》2019 年第 5 期。

⑤ 吴康宁：《价值定位与架构：课程目标的一种社会学释义》，《教育科学》2000 年第 4 期。

⑥ 胡东芳：《论课程政策的价值基础》，《教育发展研究》2002 年第 10 期。

⑦ 张红：《新中国基础教育课程政策的价值取向研究》，博士学位论文，东北师范大学，2008 年。

技术性的问题。在国内也有许多学者应用这些经典研究作为理论基础，探讨具体的课程政策与文化之间的关系。如张男星的《权力·理念·文化：俄罗斯现行课程政策研究》一书中就研究了俄罗斯的传统文化、宗教文化对课程政策的影响。^①秦玉友的论文《课程政策的文化抵制研究》探讨了课程政策的制定、实施过程中出现的文化抵制和价值冲突。^②黄忠敬的博士论文《知识·权力·控制——基础教育课程文化研究》是把课程放到政治、经济、文化的大背景中，围绕着知识、权力和控制这条主线来分析作为文化现象的课程其本身所表现出来的文化特征、课程与文化的关系，以及实践中的课程文化的表现。^③

此外，在课程政策与文化这一对主题的研究中，许多学者讨论了文化变迁与课程政策的关系。而对同一问题，国外的学者则较多地关注多元文化对课程政策的影响。如美国的玛丽·A.赫伯恩（HePbum，M.A.）认为，美国课程改革的讨论和政策需要把民主社会中的多元文化教育的基本问题提高到重要位置。她认为教育工作者和决策者不能只看到教育为适应高技术所必需的智力条件，必须考察社会的多元基础以及人口的不断变化。^④国内学者在回顾我国教育发展的历史与文化变迁的关系时，聚焦于研究传统文化与现代文化的冲突交融中，课程作为文化载体的变化及特征。例如黄书光的著作《文化差异与价值整合——百年中国基础教育改革进程中的思想激荡》，就对近代至今一百多年的文化变迁中的基础教育变革进行了考察，确立了研究基础教育变革的文化坐标，从中分析了中西、古今文化

---

① 张男星：《权力·理念·文化：俄罗斯现行课程政策研究》，教育科学出版社 2006 年版。

② 秦玉友：《课程政策的文化抵制研究》，《教育发展研究》2007 年第 5 期。

③ 黄忠敬：《知识·权力·控制——基础教育课程文化研究》，博士学位论文，华东师范大学，2002 年。

④ ［美］玛丽·A.赫伯恩：《民主社会中的多元文化和社会凝聚力问题：美国的经验是一种模式还是一种范例》，《教育展望》1933 年第 1 期。

交汇中的教育发展问题。①

　　上述围绕课程政策的哲学基础所进行的研究，尚未触及文化变迁中对"人"的基本认识的变化所带来的教育观念的转变，甚或是课程文化内容选择取向的转变。即我们已经发现了课程政策价值取向的多样性和文化选择的多种可能性，但还没有把它与社会整体变革中，决策者对人性认识的变化联系起来。若从时间维度去看这些研究成果，则可以看到仍集中于对现代化之后的课程政策进行的研究，而没有再去深入挖掘在这种现代课程之前的课程形态及其在哲学基础上所发生的重大转折。

三、从政策学的视角审视清末教育问题

　　如前所述，由于政策学及教育政策学在我国的引入和发展都比较晚，而且其规范的科学研究思路还较少触及非现代的政策，但这并不是说古代或近代就不存在教育政策的活动。因此，从政策学的视角对近代教育历史的研究也是一种对研究视角的拓展。

　　尤其是清末民初社会政治形态的变革与动荡，权力的更迭、文化的冲突都对教育政策的制定产生影响，同时也呈现了政策制定过程的丰富性。根据现有文献来看，以政策学视角研究清末民初教育问题的，比较集中于对留学政策和学制政策的研究。与本研究密切相关的研究成果主要有河北大学的两篇博士论文：李占萍的《清末学校教育政策研究》从纵向的角度探讨了清末学校教育政策制定的过程及其实施情况，进而讨论了教育政策与社会的互动关系，其中关于课程变革的政策也是该论文的研究对象之一。他的研究指出清末学校教育政策过程具有一定的规范性，政策制定和

---

① 黄书光等：《文化差异与价值整合——百年中国基础教育改革进程中的思想激荡》，教育科学出版社 2011 年版。此外还有诸如岳龙的博士论文《现代性境域中的传统——20 世纪二、三十年代中国教育变革中的文化精神》、罗吉华的博士论文《文化变迁中的文化再制与教育选择》、吴亮奎的博士论文《文化变迁中的课程与教学》等都是对文化变迁中的教育变革进行探讨。

政策推行都是按照一定的程序和步骤来进行，通过政策实施环节来检验政策的内容，从而使教育政策具有一定的科学性内涵，成为中国近代教育政策史的开端。其中关于课程设置的条文体现了浓厚的政治色彩。决策者过分依靠日本教育政策经验，缺少政策方案的可行性论证，教育政策制定步入了教育救国的误区。在教育政策推行过程中，各种程度的利益冲突使清末学校教育政策表现了自身的能力限度。[①] 苏国安的《南京国民政府时期学校教育政策研究》，主要对 1927 年到 1949 年南京国民政府在教育领域实施的学校教育政策进行了分析，同时从政策学的视角研究了该时期教育政策的决策、颁布与施行等的整个过程。[②] 除此以外，还有张小莉撰写的《清末"新政"时期文化政策》[③] 及其一系列关于清末新政时期的教育及文化政策的论文[④]，均把教育政策作为文化政策的重要组成部分进行了研究，但是尚未呈现出文化政策与教育政策之间的关系。相比李占萍、苏国安的研究而言，张小莉的研究仅从史学的视角对新政时期的文化教育政策进行了探讨，而没有从政策学的视角予以探索。

此外，对于清末教育行政体制的研究，也从一个侧面揭示了这一时期教育政策的制定过程及影响因素。例如，关晓红的著作《晚清学部研究》通过考察分析晚清学部的酝酿产生、朝廷枢府对学务的态度、各方关系对学部运作的促动或制约、学部人脉对决策的影响、学部对中央与地方教育经费的统筹规划及使用管理、学部对全国学务的统筹与推进以及对学生的管理和约束控制等，了解朝野各方对学部的批评建议、学部与宪政的关系、学部对近代文化事业的保护发展，从而研究教育和教育行政与清末社

① 李占萍：《清末学校教育政策研究》，博士学位论文，河北大学，2009 年，第 I—II 页。

② 苏国安：《南京国民政府时期学校教育政策研究》，博士学位论文，河北大学，2010 年。

③ 张小莉：《清末"新政"时期文化政策》，人民出版社 2010 年版。

④ 如张小莉：《试析清政府"新政"时期教育政策的调整》，《河北师范大学学报（教育科学版）》2003 年第 2 期；张小莉：《清末新政时期教育普及政策的出台与施行》，"清末新政与辛亥革命"国际学术研讨会，2007 年 7 月；胡红晓、张小莉：《清末新政时期教育经费筹措与支出模式解析》，《河北师范大学学报（教育科学版）》2009 年第 12 期。

会整体变动的关系，探索了学部在晚清政治与教育变革中的历史定位。[①]
刘建的博士论文《中国近代教育行政体制研究》以制度分析和历史分析为
研究方法，以中国近代教育行政体制发展的重大历史事件为标识，全面梳
理了自清末至南京国民政府结束在大陆的统治这一时期我国教育行政体制
的变迁历史。总结并归纳我国近代教育行政体制之特征，揭示并分析我国
近代教育行政体制之得失，在此基础上，提出研究与分析我国教育行政体
制的模式架构。[②] 在政策学研究中，关于政策制定的模式、政策执行的行
政等方面的研究都要涉及具体的决策机制和管理制度，而对清末教育管
理、行政制度的研究能在一定程度上反映出教育政策决策的过程和其中的
权力博弈及其他影响因素。

四、已有研究的拓展空间

综上所述，对清末教育问题的研究可谓史料丰富、视角多元；而聚焦
于课程、教材和教学活动的研究也非常丰富，呈现出了社会大转型时期，
教育教学活动的变迁与多样性。除了史学研究之外，从不同学科的视角和
经典理论研究的框架来对课程与文化以及社会关系的讨论，也对探索课程
问题及其背后的价值取向奠定了基础。固然，既有的研究也给我们留下了
继续探讨的空间：

其一，已有的研究从政策学的视角来分析清末的文教政策还相对较
少。大多数是史学的研究，以静态的方式呈现政策的条文或意义，却没有
反映出政策的整个动态过程，即尚未把政策制定的哲学基础、制定过程中
权力博弈、矛盾冲突、效果评价等一系列过程连贯地展示出来。许多史料
或研究都部分地呈现了政策过程的某些环节，但是还没有形成从政策科学

---

① 关晓红：《晚清学部研究》，广东教育出版社 2000 年版，第 26 页。

② 刘建：《中国近代教育行政体制研究》，博士学位论文，南京师范大学，2008 年。

的角度去完整地剖析一项或一类文教政策。尤其是对于《钦定学堂章程》的研究，因为其颁布后没有实施就宣告终止，所以并未受到足够的重视，经常只是被一笔带过，但它开启了中国教育制度的新阶段，应从这一时期的教育决策中去探寻课程变革的起点和原因。

其二，对中西文化、古今文化交汇中的课程变革，仍以"现代化"或"反现代化"作为价值判断的分水岭，虽已有关于文化变迁与教育关系的探讨，但还没有深入探讨其背后价值选择的变化，也尚未触及对人性的认识以及知识观念的转变对教育活动带来的潜在影响。

其三，对课程政策的研究，主要聚焦于当前的课程政策和国外的课程政策，而对于历史演变过程中的课程政策则较少关注。其研究的逻辑是直接对当下的政策进行分析解决眼前面临的问题。但是我们需要研究的当代教育的问题，其根源可能在于历史。另一方面，清末民初正是中国教育由传统向现代转型的重要时期，当前的课程理念与课程实践在很大程度上都源于这个时期的课程改革。因此，用课程政策研究的范式，去分析清末民初这段历史中的课程变革，对思考当前的课程政策和教育改革都十分必要。

第三节　研究思路与方法

一、研究问题

本书以《钦定学堂章程》为例，通过对该政策制定的背景、决策的过程、政策文本的分析，探寻清末基础教育课程政策在中、西学知识选择中面临的价值抉择困境，为当前我国课程改革政策中面临的课程知识选择提供借鉴和思考。

根据前人研究的成果，本书在以下范围内使用的概念包括：

课程：就其最本原的意义而言，是指为实现教育目标而组织起来的学业内容及其进程。"课"是指课业，即教学内容；"程"是指程度、程序、进程。课程包括：课程规划（课程计划）、课程大纲（课程标准）和课程内容。其具体的呈现形式为课程规划，包括学科科目设置和活动的程序，课时数和结构。课程大纲包括各科的课程目标、内容标准，范围要求，课时分配。课程内容的载体则包括教材、讲义、教师用书、学生用书等。

课程政策：是指政府在课程领域颁布的关于课程目标、内容及其运行程序的行动纲领和准则。它是一个由问题认定、方案选择、政策形成、执行与评估等多阶段组成的动态过程，体现了官方权威意志对价值、权力和利益的分配。本书所研究的基础教育课程政策，涵盖蒙学堂、小学堂、中学堂的课程政策。

课程权力：是指影响课程政策过程的权威性力量。具体体现为对课程政策制定的价值取向、制定过程、实施过程所产生的影响因素。本书中对这种权威性力量的分析主要集中于对决策者的权力及影响这种权力的文化因素、地方与中央的关系因素等的分析。

中学：是指清末以来对中国传统学问的统称，与当时传入中国的西学相对应。本书在使用"中学"这一概念时，将与中等学校区分开来。当指称中等学校时将采用"中等学堂"或"中学校"的表述。

西学：是指近代由欧美传来的自然科学、社会和政治学说。①

二、研究目标

1、通过研究《钦定学堂章程》制定的背景及过程，呈现西学进入基础教育课程体系的过程及影响因素。

---

① 参见中国社会科学院语言研究所词典编辑室编：《现代汉语词典》（第7版），商务印书馆2016年版，第1389页。

2、通过对《钦定学堂章程》政策文本的分析，探明清末基础教育的立学宗旨、培养目标以及课程知识结构，在此基础上研究清末基础教育课程政策对中西学知识选择的依据。

三、研究意义

1、本书将从政策学的研究视角，全面呈现清末《钦定学堂章程》制定前后的课程变革。同时以此为线索，对以往的史料进行重新整理与分析。这将有助于我们重新定位这一时期教育纷繁复杂的变革本质，并从课程政策的背景、影响因素、过程等角度来分析当时的统治者对教育与社会关系的认识，以及对培养什么样人的认识。

2、通过分析清末基础教育课程政策对中西学知识选择的价值取向，从历史中寻找现代教育问题的根源。当代教育改革（课程改革）的基本理念，在某种程度上说是依托于西方现代的教育理念对中国教育问题的思考。这个基本的理念也就确定了改革的方向。许多课程改革的问题并非技术操作层面的问题，而是对改革理念、方向的质疑，或是改革方向本身的飘逸不定（跟风新的理念），这就需要我们重新从中国历史上课程政策剧变的源头进行检视，考察其对中西学知识选择的价值基础，并以史为鉴对当前课程改革中的知识选择问题提供反思的路径。

3、在研究方法论上，本研究对课程的政策研究范式进行尝试和探索。"采用不同的研究范式研究课程问题，不仅意味着研究者变换理论视角，还意味着研究者从不同层次提出不同性质的问题。"[1] 对课程问题的研究，已有课程社会学、文化学的研究范式取得了较为丰富的研究成果，但政策研究的范式尚在建立之中，本书试图在方法论上对课程的政策研究范式进行尝试和探索，拓展课程研究的理论视角和维度。

---

① 蒋建华:《走向政策范式的课程研究》,《北京大学教育评论》2004 年第 1 期。

四、研究方法

(一) 研究方法的理论基础

1. 政策科学

政策学科是一门建制化的学科，已经形成了较为完整的理论分析框架，因此可以用来分析整个政策系统及其运行过程。政策过程系由政策制定、政策执行、政策结束、政策评估等部分组成，各个部分又有各种程序或解释的模式，借用这些理论分析框架，本研究将遵循政策过程的合理路径，按照一定的程序和步骤来梳理《钦定学堂章程》决策的历史过程。

2. 历史学

历史是人们所经历、所创造的一切已经过往的客观事件和过程，也是人们对自己过去的追忆和记述的主观活动及其结果。黑格尔曾指出："历史这个名词有一种双重意义：它一方面指事迹或事象本身，另一方面又指那些通过想像为了想像而写出来的东西。"①

历史学是研究作为事迹或事象本身，以及人们对这些事迹或事象的追忆和记述的学问。"史学者，对于历史之意义、功能、价值、宗旨以及撰著原则与方法所提出有系统之理论是也。"②

史学方法则是一套开展历史研究的方法，"在最简单和最基本的方式上，历史方法与科学方法同为一物。这两种方法都从收集事实为出发，然后归纳成通则，而后又从通则回返到事实。"③史学所采用的具体方法有史料考证的方法、史料分析的方法、历史叙事与历史解释的方法、各类历史文章的写法等等。本书是对历史中的课程政策进行研究，因此将遵照史学研究方法论中所要求的史论结合、论从史出的原则展开研究。

---

① ［德］黑格尔：《哲学史讲演录》，贺麟、王太庆译，商务印书馆 1981 年版，第 109 页。
② 王尔敏：《史学方法》，广西师范大学出版社 2005 年版，第 98 页。
③ ［美］A.L.罗兹：《历史的功用》，廖中和译，台北幼狮文化事业公司 1970 年版，第 73 页。

3. 教育学

虽然本研究选取了政策学的视角来探讨教育史中的课程问题，但是归根结底，它仍然是在教育学理论的整体框架之内进行的探讨，因此必须具有教育学的立场和眼光。这并非由于其研究的对象是教育活动，其他学科的研究照样可以以教育活动为研究对象，更为重要的是作为教育学的研究应具有自己独特的视角和价值取向，一是将促进人的发展作为自己的内在使命，而非仅仅呈现政策背后权力的纠葛，要去分析这种权力的关系是否在关心人的发展和社会的发展。二是要尝试为改变实践作出努力，因为教育研究具有很强的实践特性，"研究实践、通过实践、为了实践、发展实践"早已成为了教育研究的标志性特征。[1]

（二）综合运用的具体研究方法

本研究将综合运用多种教育研究的具体方法：

文献法，在已有史料文献与专著的基础上，查阅当时有关的报刊与档案资料，搜集关于清末课程政策过程的原始材料，加以系统分析；查阅地方办学的历史资料，梳理课程政策实施的相关情况。

历史研究法，其研究的对象是教育历史演变的过程，呈现教育发展的因果关系。本研究将利用历史研究法，梳理清末课程政策的发展演变过程，不仅要了解它的来龙去脉，同时也要避免被无法穷尽的枝节史料所淹没，而将历史的方法和逻辑的方法结合起来，紧跟历史发展的顺序，跟随历史发展的脉络，进行归纳推理，突出历史发展的阶段性特征。

比较法，包括对史料的比较和历史现象的比较。[2] 对史料的比较可以增强史料的丰富性、多元性。对历史现象的比较在本研究中则是比较不同时期课程政策的内容，从而呈现出课程权力的变化和哲学基础的变换。

---

[1] 叶澜：《教育研究方法论初探》，上海教育出版社 1999 年版，第 340 页。

[2] 杜维运：《史学方法论》，北京大学出版社 2006 年版，第 65—82 页。

（三）研究范围与对象

研究范围：以 1902 年制定的《钦定学堂章程》（壬寅学制）为核心，分析近代这一政策制定的背景、过程及呈现出的课程政策。

研究的教育层次：基础教育①——蒙学堂、小学堂、中学堂（类别上区别于专门教育，层次上区别于高等教育）。

本研究搜集和分析了以下四类史料，一是清末洋务运动以来关于教育改革及课程内容规定的政令以及官员的奏议；二是清末以来士绅编纂的《经世文编》，以及士绅关于中学和西学配置的议论等；三是关于《钦定学堂章程》决策者及其他影响决策的重要人物的学术背景、政治活动的书信、日记、奏章。四是《钦定学堂章程》出台前后报刊上的议论等。

对史料的分析框架如下：首先在大的时间背景下，根据洋务运动、甲午战争、戊戌变法、庚子事变、新政等五个重要时间节点作为史料整理的阶段划分，分析西学进入中国、进入课程的关键事件、人物及教育实践状况。其次，在微观的政策制定时间过程中，以政策议题形成前后的事件为起点，围绕决策过程中的时间线索，整理分析《钦定学堂章程》出台过程中的议论、建议、实践活动、课程方案制定及选择等史料，从而厘清《钦定学堂章程》的决策过程及其中的权力争斗与势力纠缠。第三，围绕决策团体中的核心人物，进行人物学术背景、职位关系、政治活动及人物关系的相关史料的分析。通过上述三个层面的资料分析，呈现《钦定学堂章程》课程政策决策过程中对中、西学知识的选择及选择背后的课程理念、文化影响因素及价值取向。

---

① 基础教育并非近代中国已有的概念，使用更多的是近代从日本传入的"普通教育"这一概念，但为了与当前的学校教育制度划分相匹配，本书采用了基础教育这一概念。

第一章 西学进入中国：清末课程知识体系变革的文化背景

"世有万禩不易之常经，无一成不变之治法。"[①] 光绪二十六年十二月初十日（1901年1月29日），慈禧太后以光绪皇帝的名义下诏变法，以强国利民，应对内忧外患，史称"新政"。清末新政时期教育领域的革新，已不满足于洋务时期在"中学为体，西学为用"理念下学习西方技艺，而是延续了维新运动以来对西方教育制度的探索和学习。虽然慈禧太后在标志着启动新政的变法诏谕中将维新变法视为"康逆之祸"，称"康逆之谈新法，乃乱法也，非变法也"，但她实际上痛恨的是康有为等人的结党"逆谋"，并不反对变法自强，这也是新政得以实施的基础。因此，维新运动的制度变革实际上对新政产生了重要的影响，尤其在教育领域，是具有延续性的。维新派将教育的改革视为救国图强的重要途径，提倡创办新式学校，增设西学课程，并试图打破洋务时期中学为体西学为用的桎梏，不仅仅开设学习西艺的课程，还主张学习西方的"体"和"本"，变科举、改书院、兴学堂。康有为、梁启超、严复等维新派的领袖人物对课程体系的思考也为新政时期现代学制的建立奠定了基础。

这一革新与深化也与新政在一定范围内谋求政治制度的改革是相吻

---

① 《变法上谕》光绪二十六年十二月初十日（1901年1月29日），载（清）朱寿朋编：《光绪朝东华录》（第四册），张静庐等校点，中华书局1958年版，第4601页。

合的。① 在这一时期，清政府经日本取法西方，先后颁布了两个学制，即1902 年的《钦定学堂章程》(又称壬寅学制) 和 1904 年的《奏定学堂章程》(又称癸卯学制)，并于 1905 年正式宣布废科举、兴学堂，彻底改革了中国传统以科举选士为核心的教育制度，拉开了现代教育制度建立的帷幕。虽然 1902 年颁布的《钦定学堂章程》未及实施便告夭折，但它毕竟开启了中国学习西方现代教育制度的源头。因此，对该学制制定过程中的课程政策进行分析，能够从某种程度上呈现出西学在中国制度层面和课程体系构建中的影响。而本章将溯源清末新政之前西学的进入及中西文化在学术思想中变革的情况，这是分析教育改革中课程知识选择的文化背景。

第一节 经世思潮的复兴及对西学的接引

1895 年，清廷在甲午战争中的惨败标志了 19 世纪 60 年代以来轰轰烈烈的洋务运动并没有能够改变国家贫弱的面貌②，甚至连以往被视为小国的日本也将堂堂大清打败。学人在文化上对洋务运动学习西艺的内容进行了反思，而引介西学的范围与力度则越来越大，此后西学逐渐占据主流位置，其知识分类体系也开始改变传统的学术与课程知识体系，其中明末

① 梁启超 1923 年的《五十年中国进化概论》将近代中国社会变迁划分为三个阶段，而甲午战争之后到清廷覆灭的十多年，则是第二个学习西方制度的阶段。"第一期，先从器物上感觉不足。这种感觉，从鸦片战争后渐渐发动，到同治间借了外国兵来平内乱，于是曾国藩、李鸿章一班人，很觉得外国的船坚炮利，确是我们所不及，对于这方面的事项，觉得有舍己从人的必要，于是福建船政学堂、上海制造局等等渐次设立起来……第二期，是从制度上感觉不足。自从和日本打了一个败仗下来，国内有心人，真像睡梦中着了一个霹雳，因想道堂堂中国为什么衰败到这田地，都为的是政制不良，所以拿'变法维新'做一面大旗，在社会上开始运动……第三期，便是从文化根本上感觉不足……"参见梁启超：《饮冰室合集》(饮冰室文集之三十九)，中华书局 1989 年版，第 43—44 页。
② 许多近代史的研究都以甲午战争的失败作为洋务运动失败的标志，这一观点近年来受到越来越多的质疑。当然战争的失败并不能说明洋务运动学习西方技艺的失败，而是说通过这场战争证明了 40 多年来学习西方技艺并未使国家真正强大起来。

清初的经世之学则被视为新学的开端①。

一、经世之学内容的变化

中国传统学问强调"内圣"与"外王"，二者相辅相成。修习经典不仅是修己之道，还要经世，以齐家、治国、平天下。"经世"一词，有学者考证最早出现在《庄子·齐物论》中②："六合之外，圣人存而不论。六合之内，圣人论而不议。《春秋》经世，先王之志，圣人议而不辩。"这里"经"是指典诰③，经，常也，即常道。"经世"就是指以经典（先王典籍）中的常道来治理天下。也就是说，经世致用本是古典学问的应有之意。然而宋明理学尤其是心学空谈心性、近于狂禅，流弊颇大；到明朝末年，社会动荡不安，经世之学再次复兴。陈子龙等人编写了《皇明经世文编》，明末清初黄宗羲、顾炎武、王夫之等学人又批判宋明理学、陆王心学之空谈，提倡经世致用之实学，上述理论虽在清初受到压制，并被考据训诂之学所淹没，但到了嘉庆、道光年间，由于国势衰落，一些文人学士及官绅面对社会危机，便再次提出重振"经世致用"④的学风，以匡济天下。⑤其中贺长龄、魏源所辑《皇朝经世文编》（1827）就是这一时期的代表，同时也开启了晚清的经世学风。经世思潮的复兴，在一定程度上扮演了接引

---

① 以经世学为开端的"新学"这一说法见于罗志田：《近代中国社会权势的转移：知识分子的边缘化与边缘知识分子的兴起》，《开放时代》1999 年第 4 期。

② 王尔敏：《中国近代思想史论续集》，社会科学文献出版社 2005 年版，第 32 页。

③ （晋）郭象注、（唐）成玄英疏：《南华真经注疏》，曹礎基、黄蘭发点校，中华书局 1998 年版，第 45 页。

④ 也有学者认为，"经世"在古代文献中，从不与"致用"一词搭配使用，"经世"本来就是具有实践意义的"用"。将"经世"与"致用"两词重叠在一起，不仅语义重复，而且也没有必要。在古籍中，"经世"与"致用"一般都没有同时出现。"经世致用"一词的使用者开端于梁启超，后来被广泛使用。但这一用法从词义上而言不严谨，也不符合古人的习惯。参见王宏斌：《关于"经世致用"思潮的几点质疑》，《史学月刊》2005 年第 7 期。本书中除引用他人观点之外，避免将"经世"与"致用"连用。

⑤ 参见陈振江：《近代经世思潮的演变》，《历史研究》1991 年第 3 期。

西学的角色，为西学在中国传统学问的知识体系中占据合法位置找到了依据。

甲午战争之后，清廷面临的内忧外患更为严重，"经世文编"被后世学子不断续编，尤其是在戊戌维新与新政开始之际有多达16部面市①。从这一时期"经世文编"选择的内容及编排结构（参见表1.1，1.2，1.3），尤其是与乾嘉时期相比较，就可以看出学人对经世之学的价值取向及体系认识的变化，从中亦可窥见其对新政中教育改革乃至课程设置的影响。

表 1.1　清朝影响较大的"经世文编"总目比较②

书目	问世时间	编辑者	总目
切问斋文钞 1	1776 年	陆燿	（无总目），子目：学术、风俗、教家、服官、选举、赋役、荒政、保甲、兵政、刑法、时宪、河防
皇朝经世文编	1827 年	贺长龄 2	学术、治体、吏治、户政、礼政、兵政、刑政、工政
皇朝经世文编补	1849 年	张鹏飞	学术、治体、吏治、户政、礼政、兵政、刑政、工政
皇朝经世文续集	1881 年	饶玉成	学术、治体、吏政、户政、礼政、兵政、刑政、工政
皇朝经世文续编	1888 年	葛士濬	学术、治体、吏政、户政、礼政、兵政、刑政、工政、洋务
皇朝经世文续编	1897 年	盛康、盛宣怀	学术、治体、吏政、户政、礼政、兵政、刑政、工政
皇朝经世文三编	1898 年	陈忠倚	学术、治体、吏政、户政、礼政、兵政、刑政、工政、洋务
皇朝经世文新编	1898 年 3	麦仲华 4	（无总目）子目：通论（上、中、下）、君德、官制、法律、学校（上、下）、国用、农政（上、中、下）、矿政、工艺、商政、币制、税则、邮运、兵政（上、下）、交涉、外史（上、下）、会党、民政、教宗、学术、杂纂

① 19 世纪 80 年代以后，各种续作明显增加，尤其是戊戌维新前后以及清末新政开始之际，更是诸多"经世文编"集中涌现的时段。仅 1897 到 1898 年，短短两年间，就有 5 部"文编"问世；而从 1901 到 1903 年，三年之中更是有 11 部"文编"接踵出现。参见龚来国：《清"经世文编"研究——以编纂学为中心》，博士学位论文，复旦大学，2004 年，第 5 页。

② 表 1.1、1.2、1.3、1.4 根据以下文献整理：莳安、王永华编：《清代经世文全编目录索引》，学苑出版社 2012 年版；[日] 近代中国研究委员会：《经世文编总目录》，台北文海出版社 1972 年版。

（续表）

书目	问世时间	编辑者	总目
皇朝经世文统编	1901 年	邵之棠	文教部、地舆部、内政部、外交部、理财部、经武部、考工部、格物部、通论部、杂著部（以经济八科为目）
皇朝经世文新编续集	1902 年	甘韩	（体例与麦仲华《新编》一致，无总目）子目：通论（上、中、下）、君德、官制、法律、学校（上、下）、国用、农政、矿政、工艺、商政、币制、税则、邮运(上、下)、兵政(上、下)、交涉(上、中、下)、外史（上、中、下）、会党、民政、教宗、学术（上、下）、杂纂
皇朝经世文四编	1902 年	何良栋	治体、学术、吏政、户政、礼政、兵政、刑政、工政、外部
皇朝经世文五编	1902 年	求是斋	（无总目）子目：叙、富强、学术、学校、书院、议院、吏治、兵政、炮台、海军、河工、水利、海防、洋税、厘金、钱粮、农政、工艺、天文、电学（附解释）、算学、地舆、铁政、矿务、铁路、商务、图法、银行、国债、船政、轮船、公司、官书局、报馆、驿传、邮政、电报、边事、各国边防、新政论、日本新政论、英俄政策、各国新政论、养民、机器、集事、策议、变法
皇朝蓄艾文编	1903 年	于宝轩	（无总目）子目：通论、君德、官制、法律、学校、财政、农政、矿政、工艺、商政、币制、税则、邮运、军政、水利、地学、边陲、交涉、外史、教宗、学术、算数、杂纂

注：1《切问斋文钞》虽未以"经世"命名，但一直被视为清代"经世文编"的开山之作，1869年江陵钱氏重印《切问斋文钞》就直接改名为《皇朝经世文钞》。其所确立的选文原则以及编纂形式对后来的"经世文编"影响深远。2.贺长龄主持、魏源编辑。3《皇朝经世文新编》初版于1898年问世，戊戌政变之后，康梁逃亡海外，《新编》收录了大量维新变法的思想以及康梁的论述，也属于禁毁之列。因此，麦仲华不得不迫于形势对其进行了修改，删除了80余篇康梁等人的文章，并做了一些文字上的处理，同时增补了一些文章。该版于1902年问世。4.1895年，梁启超提议编纂《经世文新编》，以宣传新法新义。但后因其忙于维新活动的其他诸多事务，将《新编》的编纂工作交予同门麦仲华来完成。梁启超为《新编》撰写了"叙言"，从麦选编的文章来看，梁启超以宣传新法为主的编纂原则也得以贯彻。

表 1.2　清朝"经世文编"之"学术"部基本内容的比较

书目	时间	编辑者	分类目录	基本内容
皇朝经世文编	1827 年	贺长龄	学术	原学、儒行、法语[1]、广论、文学、师友
皇朝经世文续编	1888 年	葛士濬	学术	原学、儒行、法语、广论、文学(附算学)、师友
皇朝经世文续编	1897 年	盛康、盛宣怀	学术	圣学、原学、儒行、法语、广论、文学、师友
皇朝经世文三编	1898 年	陈忠倚	学术	原学、法语、广论(附医理)、测算、格致、化学
皇朝经世文四编	1902 年	何良栋	学术	原学、法语、儒行、师友、书籍、译著、通论、格致、算学、测绘、天学、地学、声学、光学、电学、化学、重学、汽学、身学、医学

注：1.法语者，正言之也。即以道言之。子曰："法语之言，能无从乎？改之为贵。巽与之言，能无说乎？绎之为贵。说而不绎，从而不改，吾未如之何也已矣。"(《论语·子罕》)

表 1.3　清朝"经世文编"之"治体"部基本内容的比较

书目	时间	编辑者	总目	子目
皇朝经世文编	1827 年	贺长龄	治体	原治、政本、治法、用人、臣职
皇朝经世文续编	1888 年	葛士濬	治体	原治、政本、治法、用人、臣职
皇朝经世文续编	1897 年	盛康、盛宣怀	治体	原治、政本、治法、用人、臣职
皇朝经世文三编	1898 年	陈忠倚	治体	政本、原治、变法、臣职、培才、广论
皇朝经世文四编	1902 年	何良栋	治体	原治、政本、富强、变法、培才、用人、臣职、教养、广论

　　从经世文编编纂的体例和内容变化来看，虽然明末以来便有西学传入中国，但在早期的经世文编中却少有选入西学的内容。贺长龄所辑《皇朝经世文编》在《切问斋文钞》的体例上，首次确立了"以学术为纲领（包括'学术'、'治体'），以六政为框架"[1]的"经世文编"编纂形式，并多为后继者所沿用。及至葛士濬的《续编》(1888 年)又增加了"洋务"一目，概因当时洋务运动已有累积，对西学引介翻译的成果增多，并开始被视为有益于国之富强的学问，所以亦成为了经世文编编纂的重点。而且葛的《续编》对西学的引介已从治"洋务"的具体行政领域，扩展到了治国的

---

　　① 龚来国:《清"经世文编"研究——以编纂学为中心》，博士学位论文，复旦大学，2004 年，第 29 页。

指导纲领，在"学术"门中的"文学"子目下还附增了"算学"（参见表1.2）。算学在当时的众多西学中，最受推崇，其地位不仅是被视为一门技艺，更被认为是众多西艺的基础。奕䜣等人在举办京师同文馆中也曾上疏建议增设"算学"的课程，并将其视为学习西学的基础。

> 因思洋人制造机器、火器等件，以及行船、行军，无一不自天文、算学中来。现在上海浙江等处，讲求轮船各项，若不从根本上用著实功夫，即学习皮毛，仍无俾于实用。臣等公同商酌，现拟添设一馆，……即延聘西人在馆教习，务期天文、算学，均能洞彻根源，斯道成于上，即艺成于下，数年以后，必有成效。①

这为后来学制改革中将算学列为中小学必修课程奠定了基础。再从另一层面看，反映了"对于这些新知，该如何安置，实已构成无法避遁的问题，在没有更好办法的情况下，只好'且将新酒入旧瓶'"②的无奈。

盛康、盛宣怀父子主持的《皇朝经世文续编》从1886年开始编纂，几乎与葛编同时，并于1888年八月完成初稿。后因葛编先行问世，因此盛宣怀等人不得不放弃即刻出版的想法，而是对续编再次精雕细琢，且校刊所费周期颇长，直到1897年才刊刻面世③。相比葛编而言，此编没有"洋务"一门。主要是个别子目的增删、顺序的调整。按理说，盛宣怀是李鸿章之门人，主办洋务之事，是他的应有之义，当初设想的《续编》体

---

① 同治五年十一月初五日（1866年12月11日）总理各国事务奕䜣等折。朱有瓛主编：《中国近代学制史料》（第一辑上册），华东师范大学出版社1983年版，第13—14页。

② 章清：《晚清西学"汇编"与本土回应》，《复旦学报（社会科学版）》2009年第6期。

③ 刻本虽署光绪二十三年（1897年），但实际为1898年才完成刊刻的所有工作。参见龚来国：清"经世文编"研究——以编纂学为中心》，博士学位论文，复旦大学，2004年，第120页。

例也是在贺编的基础上增加了"洋务"一门①。但后来实际的编纂工作主
要由缪荃孙②承担，缪认为盛宣怀所辑关于洋务的稿件，体例难以限断③，
因此最终没有采纳盛宣怀的意见，而是建议作为"外编"重新设计门类。
可见，就"洋务"是否是经世之学的看法，在当时亦存有异见。此外，再
于教育而言，盛编在"礼政"中增设了"贡举"这一子目，这是之前贺编
确立的体系中所没有的。"贡举"包含在"学校"中④，也没有单列。而盛
编则认为学校并非专为取士而设，故立"贡举"与"学校"并列为子目，
"以学校专系师儒，凡祀典为上卷，教学及书院义塾为下卷。"⑤ 其中除了
收录书院、义塾的内容之外，鲜有涉及新式学堂的办学。

　　陈忠倚辑录的《皇朝经世文三编》（1898 年）与葛编一样增加了"洋
务"的门类，但其选编的内容却有变化。葛编的"洋务"一门包罗甚广，
同时涵盖了中西交往等外务事宜，还有西方的工业、军事、传教等内容，
并收录了一些西方论著。《三编》的"洋务"门只包含外洋事务，而将大
量西学的内容融入到了各子目中，对贺编以来形成的体例亦在具体的编排
上有了较大突破，尤其是对子目多有调整增删。如在"学术"门中的"算
学"，就从原来依附于"文学"变为了独立的一个子目，数量有三卷之多，
此外还增加了"格致""化学"两个子目。在"治体"门中又增加了变法、
培才、广论（参见表 1.2，1.3），而删除了一些"于富强之术毫无补益"⑥

---

　　① 盛宣怀的门人汪洵在与缪荃孙讨论体例的信函中转达了盛的意见"照原编篇目，后添洋
务一门"。参见缪荃孙等：《艺风堂友朋书札》（上册），顾廷龙校阅，上海古籍出版社 1980 年版，
第 503 页。

　　② 缪荃孙，曾为张之洞门下，并于日本考察学务，并在张之洞管理学部时被征召入京。

　　③ 缪荃孙等：《艺风堂友朋书札》（上册），顾廷龙校阅，上海古籍出版社 1980 年版，第
508 页。

　　④ 《皇朝经世文编·五例》："学校则包贡举。"参见（清）贺长龄、魏源等编：《清经世文编》
（上），中华书局 1992 年版，第 2 页。

　　⑤ （清）盛康辑：《皇朝经世文续编》，武进盛氏思补楼光绪二十三年（1897 年）刻本，
总目。

　　⑥ （清）陈忠倚辑：《皇朝经世文三编》，浙江书局光绪二十四年（1898 年）石印本，例言。

的子目。在这一编中，泰西之学俨然已成为经世之学的组成部分，其重要性甚至取代了以往的中国古典经义。正如其在"例言"中所说，"我中国贫弱已久，……假使欲图富强，非师泰西治法不能挽回。"① 因此，《三编》显然已将西学放在了经世之学的首位，这在当时也代表了学界对待西学的态度和看法。

另外，在"学校"这一子目中，《三编》所指的学校已然指的是新式学堂，与同期出版的《皇朝经世文新编》（1898 年）一样，以呼吁建立新式学堂为主旨，所以不同于之前的贺编和盛编（参见表 1.4）。《三编》收录介绍了西方的学校教育制度，如《德国学校规制》《英法俄美日本学校规制》《英德法俄美日本六国学校数目》等，说明当时对西方学制的学习与引介开始受到关注。

何良栋的《皇朝经世文四编》在总体上延续了《三编》的总目，但将"洋务"改为了"外部"。其刊刻于 1902 年，当时迫于西方列强的外部压力，清廷已将洋务运动时成立的"总理各国事务衙门"改为了"外务部"②，列于六部之首。《四编》的子目多达 128 个，它将前几编出现过的子目基本都继承了下来，在此基础上又大量增加了与西学相关的子目。如"学术"部增加了"书籍""天学""地学""声学""重学""汽学""身学"；"治体"部增加了"富强""教养"（参见表 1.2,1.3）"户政"部增加了"银行""赛会""公司"等。对西学引介的范围有了进一步扩大的趋势。

邵之棠的《皇朝经世文统编》以经济 8 科为目，但在实际上却并未脱离贺编的基本结构。其对西学的编排，单列了"格物部"，如分为"格致""算学""天文""地学""医学"等 5 个子目，以专门收录介绍西学知

---

① （清）陈忠倚辑：《皇朝经世文三编》，浙江书局光绪二十四年（1898 年）石印本，例言。

② 光绪二十七年六月初九（1901 年 7 月 24 日）谕"从来设官分职，惟在因时制宜。现当重定和约之时，首以邦交为重，一切讲信修睦，尤赖得人而理。从前设立总理各国事务衙门办理交涉，虽历有年月，惟所派王大臣等多系兼差，恐未能殚心职守，自应特设员缺，以专责成。总理各国事务衙门改为外务部，班列六部之首。"（清）朱寿朋编：《光绪朝东华录》（第四册），张静庐等校点，中华书局 1958 年版，第 4685 页。

识的文章。"文教部"则分了 15 个子目，仍然重视传统经世之学的内容，比如有"学术""经义""史学""诸子""字学""礼乐"等。但是，"学术"一门从原来经世文编之首的地位，降低到了文教部下的一个子目，可见当时传统经世纲领性的指导思想降低了地位。关于教育的内容则将"学校"与"书院"分列，选文多与《三编》《新编》有重复，即主张广兴新式学堂，改建书院。同时还增加了"义学""女学"等子目。

麦仲华所辑《皇朝经世文新编》最早由梁启超提议编纂，后经麦仲华接手完成。《新编》虽仿贺编之名，但却取名"新编"，实际是以宣扬新法新义为宗旨。1895 年梁启超在与夏穗卿的通信中提到，"弟在此又拟辑《经世文新编》，以新法新义移易旧重心。近人奏议之属搜辑略具，然其实以我辈文字为主，不过取旧名取动人耳。"①由上可见梁启超辑经世文，目的在于"以新法新义移易旧重心"，这也反映了梁启超等人对经世之学的基本态度已发生了重大变化。因此，虽只是在名义上接续了前人经世文的编纂，实际上却是创造了全新的体例。从其辑录的经世文内容来看，原来"以学术为纲领、以六政为框架"的结构已无法将新的经世思想内容编排其中。在具体开列的 21 个子目中，仅有少数延续了以前的子目，而"矿政""交涉""通商""外史""民政""会党""教宗"等都是针对新近出现的问题而重新设计编排的。《新编》"学校"在子目上分为上下两卷并收录了 39 篇文章，主要是关于废科举、兴学校的变法建议，其中还将译著引介、官书局的设立等方面的文章如《拟设翻译书院议》《论译书》《翻译泰西有用书籍议》《译书篇》《覆奏设立官书局折》等也纳入"学校"子目中，说明编纂者将其视为是新式学校教育的内容、人才培养的"素材"，其为西学引入后转变为课程内容奠定了基础。（参见表 1.4）

甘韩所辑《皇朝经世文新编续集》（1902）在体例上与《新编》完全相同，在基本选文的原则和方向上也与《新编》保持一致。虽然当时维新变

---

① 丁文江、赵丰田编：《梁启超年谱长编》，上海人民出版社 2009 年版，第 33 页。

法已告失败，各方势力有所变化，但时势政治却没有变。当时清廷的新政刚刚开始，对于学习西学、西政以求变法的方略等内容仍占据了主要位置。

于宝轩所辑《皇朝蓄艾文编》（1903 年）也沿用了《新编》的体例，编纂者因时局而删除了"会党""民政"等类目。增加了"水利""地学""边陲""算数"等内容。编纂者将"算学格化统归学术"，并把"算数"单列，是认为"算数本我士人所习，西方得东来法而益精"①，因此在"学术"后又增加了"算数"一目。这亦是对西学、中学关系的一种梳理。值得注意的是，《蓄艾文编》中"学校"一目所选的文章，同《三编》类似（参见表1.4），选编介绍了西方现代学校制度，尤其是对日本学制介绍的非常详细，盖因于宝轩曾留学日本。光绪二十六年（1900 年）于宝轩回国，同时收集了大量资料；且当时清廷派人考察日本学务，有多篇考察的疏、折均收录其中，这也反映了当时清廷参考日本学制欲建立自己学校制度的情形。

表1.4　贺编、盛编、《三编》、《新编》、《蓄艾文编》"学校"子目所选篇章比较②

	"学校"子目所辑文章
贺长龄《皇朝经世文编》（1827）	1.取士篇（明夷待访录）（黄宗羲）；2.古学校考（程晋芳）；3.教胄子论（吕星垣）；4.书院议（袁枚）；5.重学校（侯方域）；6.制科策上（魏禧）；7.制科策下（魏禧）；8.制科策（黄中坚）；9.科场（日知录）（顾炎武）；10.科举（黄宗羲）；11.经学家法论（陈廷敬）；12.经书取士议（朱彝尊）；13.三礼试士论（郭起元）；14.正学论四（程晋芳）；15.送张少渊赴省试序（张海珊）；16.制科取士之法考（湖广通志）（刘子壮）；17.唐摭言后序（程晋芳）；18.议时文取士疏（乾隆三年礼部议覆）；19.请分试以广真才疏（康熙十七年）（姚祖顼）；20.请博举孝弟疏（胡煦）；21.请定教职调补之法（雍正六年）（励宗万）；22.新疆设学疏（乾隆三十四年）（温福）；23.读墨小序（任源祥）；24.湖南试卷序（钱沣）；25.北卷（日知录）（顾炎武）；26.书张佩璗事（张士元）；27.考试点名除弊法（徐文弼）；28.征滇士入书院敕（云南通志）（鄂尔泰）；29.再请改建南闱疏（李发甲）

---

① （清）于宝轩辑：《皇朝蓄艾文编》，台湾学生书局 1965 年版，第 8 页。
② 根据《经世文编总目录》整理。[日]近代中国研究委员会：《经世文编总目录》，台北文海出版社 1972 年版。

（续表）

	"学校"子目所辑文章
盛康《皇朝经世文续编》（1897）	学校上：1.学校祀仓颉议（俞樾）；2.学校应增祀先圣周公议（魏源）；3.孔忠移祀崇圣祠议（俞樾）；4.拟复汉儒贾谊从祀议（陆心源）；5.拟顾炎武从祀议（陆心源）；6.遵议先儒黄宗羲顾炎武从祀疏（潘祖荫）；7.浏阳学祭议（吴敏树）；8.南汇县禀尊经阁崇祀经师批（蒋日豫）;9.江宁府学记（曾国藩）；10.永康县学碑记（孙衣言）；11.拟请郡县广行乡饮酒礼议（陈寿祺）；学校下：12.学校篇上（汤成烈）；13.学校篇中（汤成烈）；14.学校篇下（汤成烈）；15.因时论五（吴铤）；16.士论（亢树滋）；17.史记儒林传论（杨绍文）；18.重儒官议（冯桂芬）；19.学官议（王宝仁）；20.采风礼记各卷小序（李联琇）；21.送张小轩督学安徽序（凌堃）；22.送张小帆视学湖北序（曾国藩）;23.送钱调甫之任赣榆教谕序（叶裕仁）；24.书宝应训导张君遗像后(包世臣)；25.冷斋勘书图记（钱泰吉）；26.请整顿宗学疏（王榕吉）；27.请增设举监疏（王先谦）；28.会议广敷教化疏（贺长龄）；29.请购刊经史疏（鲍源深）；30.奏设味经书院疏（许振祎）；31.劝置学田说（张之洞）；32.安康县兴贤学仓志序（路德）；33.桐乡书院四议（戴钧衡）；34.河北精舍学规（陈宝箴）；35.讲书议（陈沣）；36.乡塾读书法序（李兆洛）；37.金山张堰镇义塾记（张文虎）。
陈忠倚《皇朝经世文三编》（1898）	学校上：1.请推广学校疏（李端棻）2.议覆李侍郎推广学校折（总署）；3.广学校（彭玉麟）；4.论学校（李提摩太）；5.学校（郑观应）；6.论新学部亟宜设立（李提摩太）7.论不广新学之害；8.论西学宜设特科（余裕范）；学校中：9.中西书院文艺兼论（潘克先）；10.中西书法异同论（杨毓辉）；学校下：11.停武试（郑观应）；12.请变通书院章程疏（折）（胡聘之）；13.德国学校规制；14.英法俄美日本学校规制；15.去学校积弊以兴人才论（王韬）；16.英德法俄美日本六国学校数目。
麦仲华《皇朝经世文新编》（1898）	学校上：1.学校总论（梁启超）；2.覆奏设立官书局折（总理衙门）；3.开办官书局奏折（孙家鼐）；4.请推广学校折（李端棻）5.议覆李侍郎推广学校折（总理衙门）；6.请变通书院章程折（胡聘之）；7.议覆开办京师大学堂折（管理官书局大臣）；8.议覆整顿各省书院折（礼部）；9.陕西创设格致实学书院折（附片）（张汝梅，赵维熙）；10.议覆皖抚筹添学堂折（总理衙门）；11.拟设天津中西学堂章程禀（盛宣怀）；12.江南储材学堂章程；13.湖南时务学堂公启；14.学校余论（梁启超）；15.论科举（梁启超）；16.述思古子议（龚自珍）；17.议覆考试策问准引用本朝人名书折（礼部）；18.论师范学校（梁启超）；学校下：19.论幼学（梁启超）；20.（童）蒙学艺塾说（韩文举）；21.治始于乡说（韩文举）；22.推广中西义学说（韩文举）；23.乡学编（孙学修）；24.论女学（梁启超）；25.记江西康女士（梁启超）；26.拟设翻译书院议（马建忠）；27.论译书（梁启超）；28.翻译泰西有用书籍议（高凤谦）29.译书篇（孙学修）；30.日本横滨中国大同学校缘起（梁启超）；31.日本高等师范学校章程叙（欧渠甲）；32.上李伯相言出洋工课书（马建忠）；33.玛赛复友人书（马建忠）34.论新学部亟宜设立（英人李提摩太附）；35.论英国伦敦博物院书楼（英人李提摩太附）；36.伦敦学校岁报（英人阙名附）；37.西儒论学记（英人阙名附）；38.格致书院教演化记（栾学谦）；39.日本横滨中国大同学校书后（徐勤）

（续表）

	"学校"子目所辑文章
于宝轩《皇朝蓄艾文编》（1903）	学校一：1.德国学校论略序一（李善兰）；2.德国学校论略序一（德人花之安）；3.格林书院课程（沈敦和西学课程汇编）；4.泾士学堂章程（沈敦和西学课程汇编）；5.政治学馆章程（沈敦和西学课程汇编）；6.考试（汤震）；7.考试上（附录法国激励人才说）（郑观应）；8.考试下（郑观应）；9.学校议（阙名）；10.论美国之盛由於学校（阙名）；11.日本学校考实（阙名）；12.日本学校步武泰西（阙名）；13.日本学校论（陈家麟）；14.日本学校章程考（顾厚焜）；15.日本学校沿革论（顾厚焜）；16.日本足利学校考（顾厚焜）；17.备考英法俄三国学校之制（阙名）；18.请顿同文馆疏（陈其璋）；19.京师同文馆馆规；20.湘乡东山精舍章程；21.拟请京师创设总学堂议（美人李佳白）；22.上译署拟请创设总学堂议（美人狄考文）；学校二：23.新学规制考序（美国林乐知）；24.变通小学议（茅谦）；25.创议设立女学堂启；26.湘抚招考新设时务学堂学生示（陈宝箴）；27.会奏遵议贵州学政严修请设经济特科疏（总理衙门、礼部）；28.遵议经济特科详细章程疏（总理衙门、礼部）；29.浙抚奏请妥议经济特科章程疏（廖寿丰）；30.湖督抚会议科举新章并请酌改诗赋小楷试法疏（张之洞、陈宝箴）；31.议奏科场改试疏（附章程）（礼部）；32.遵议乡会试详细章程疏（礼部）；33.设学（张之洞）；34.遵筹开办京师大学堂折（附章程清单）（军机大臣、总理衙门）；35.筹办大学堂事务请旨遵行疏（孙家鼐）；36.奏陈筹办大学堂大概情形疏（孙家鼐）；37.议覆五城建立中学堂小学堂疏（孙家鼐）；38.遵议遴选生徒游学日本事宜片（总理衙门）；学校三：39.奏陈开办南洋公学情形疏（附章程）（盛宣怀）；40.奏陈设立译书院片（盛宣怀）；41.皖抚奏设二等学堂折（邓华熙）；42.陕抚学臣会奏办理学堂情形折（魏光焘、赵惟熙）；43.陕抚奏设游艺学塾疏（魏光焘）；44.上孙燮臣尚书书（熊亦奇）；45.湖督招考自强学堂学生示（张之洞）；46.四川学政通饬各府厅州县变通书院章程札（吴庆坻）；47.日本小学校章程序（叶瀚）；48.日华学堂章程要览；49.拟改考试章程（政务处）；50.会奏变通科举事宜折（附章程）（政务处、礼部）；51.与制造局毛实君观察振兴馆贴（吴宗濂）；52.中国亟宜遍设小学堂议（王季烈）；53.日本游学指南导论（章宗祥）；54.会议学堂出身疏（政务处、礼部）；55.中国士流改进策（亚泉）；56.派遣学生学习师范禀（陶森田）；57.奏办京师大学堂情形疏（张百熙）

　　综上所述，贺编之后的两个经世文编编纂的高潮时期，分别是1898年维新变法前后，以及1901年新政出台前后。这两个时期都发生了重大的政治变革，而在文化上则反映出西学的强势介入，并从治国技术上升为治国方略的基本过程。教育的变革自然也深受影响，具体表现为不仅是对科举、学校等细枝末节的改革，而更有要将传统教育制度全然改变的意图。随着西方先进教育制度的引入，其背后的人才观、教育观已然发生重大变化。

　　另一方面，从"经世文编"编纂体例的变化也体现了维新运动前后对西学的引入，已突破了洋务时期以技艺为主的学科，而拓展到了西政、科学等多个领域。并且在西学引入与归类的过程中，逐步形成了对西学知识分类的初步认识。但是在中西学交汇的过程中，随着西学内容的增加，已经难以再将西学纳入传统经世之学的体系之中，因此原有以政务为分类标准的编纂体系终被打破，而西学的地位也逐渐取代了传统经学，成为了经世之学的核心。以上对"经世之学"理解的变化，也影响了学校对课程内容的认识与选择。

二、"经世"之古今差异：学用之分离

"经世"之"经"有治理与管理的意蕴，如《周礼·天官冢宰·大宰》："一曰治典，以经邦国，以治官府，以纪万民。"但依据什么来治理，则是问题的关键。"经"的本义为纵向贯穿的那根束丝①，且约束于物。"经"者，常也②，引申为不变之"常道"③，"常道"即天道，是天地自然运行的规律，其中又规定了人的位置以及人与天合一的理想生存方式。圣人法天道而制作，这就是为何"六经"之为"经"，并是经世的依据与根本。

明清之际及至晚清，山河破败，国家危亡，世道已乱，礼崩乐坏。由于时在危难，故须君子法天道而经纶艰难。"经世"，就是重新恢复常道和秩序，匡时济世。但作为"经世"的依据及目标的"常道"却在清末时因现代西学的引入而发生了变化。

道光年间，魏源作为《皇朝经世文编》的主要编纂者，对学问与政治的关系曾有深刻的认识。

---

① "经，织也。从糸，巠声。""糸"，"细丝也。象束丝之形。"（《说文解字》）。

② 荀爽注"屯"卦《象》传："屯难之代，万事失正。'经'者，常也，'论'者，理也，君子以经论'，不失常道也。"参见曹元弼：《周易集解补释》（卷二），宣统庚申年（1920年）刻本，第49页。

③ 如《左传·宣公十二年》："昔岁入陈，今兹入郑，民不罢劳，君无怨讟，政有经矣。"杜预注："经，常也。"参见（战国）左丘明撰、（西晋）杜预集解：《左传（春秋经传集解）》，上海古籍出版社1997年版，第584、592页。

三代以上，君师道一而礼乐为治法；三代以下，君师道二而礼乐为虚文。古者岂独以君兼师而已，自冢宰、司徒、宗伯下至师氏、保氏、卿、大夫，何一非士之师表？"小德役大德，小贤役大贤"，有位之君子，即有德之君子也，故道德一而风俗同。自孔、孟出有儒名，而世之有位君子始自外于儒矣；宋贤出有道学名，而世之儒者又自外于学道矣。……功利兴而道德教化皆土苴矣。有位与有德，泮然二途；治经之儒与明道之儒、政事之儒，又泮然三途。①

他认为三代以下，尤其是宋明以来政治与经术割裂，礼乐教化变成虚文，经术、文章、政事的分离亦使学问失去了经世的应有之意。因此，编纂经世文编，就是魏源试图重新复归学问与治术关系的重要举措。如他主张"道""用"合而为一，"道形诸事谓之治；以其事笔之方策，俾天下后世得以求道而制事，谓之经"。② 经则藏于成均、辟雍，通过师儒之教育而成为士。

士之能九年通经者，以淑其身，以形为事业，则能以《周易》决疑，以《洪范》占变，以《春秋》断事，以《礼》、《乐》服制兴教化，以《周官》致太平，以《禹贡》行河，以三百五篇当谏书，以出使专对，谓之以经术为治术。曾有以通经致用为诟厉者乎？以诂训音声蔽小学，以名物器服蔽《三礼》，以象数蔽《易》，以鸟兽草木蔽《诗》，毕生治经，无一言益己，无一事可验诸治者乎？乌乎！古此方策，今亦此方策；古此学校，今亦此学校；宾宾焉以为先王之道在是，吾不谓先王之道不在是也，如

---

① （清）魏源：《魏源集》，中华书局1976年版，第23页。
② （清）魏源：《魏源集》，中华书局1976年版，第23页。

国家何？《诗》曰："匪先民是程，匪大犹是经，维迩言是争。"①

简言之，经世之学所依据的"道"就是由圣人法天而制作，存于六经之中，而今之士子学习六经就是学习治术，就是为了达到"君师道一""通经致用"的目的，而经世之理想目标亦是为了实现效法天道运行自然，达成使人各正性命的国家治法。

由此，明末清初及嘉道时期的经世之学强调的仍然是从先王典籍中发掘出来的经国济世之方，并致力于将学问与政治复归于一。对于"常道"的理解仍然秉承古典学问中的认识，即法天地运行之道来治国，其核心在于君王正己以正物，修己之德，教化于民；并使人、物各尽其性，各安其位。

鸦片战争之后，时空发生了变化，国家内外交困，西学大量输入，士人对经世之学所依托的"常道"的理解也发生了变化。于是"富强"取代"天道"成为了经世之学的根本与旨归。维新运动及新政前后的经世文编都体现出了这一特点。如陈忠倚在《皇朝经世文三编》（1898年）的例言中说"大要皆以力图富强为指归。"富强之术遂成为了经世文选择的标准②。不可否认，国之富强是当时环境下治国最为迫切的目标，而西方文明也用"枪炮"证明了其先进性。西方的自然科学及政治制度渐次成为经世的法宝，而其背后隐藏着的则是对天道与人性认识的变化。

"富强"成为当时经世之学所要达成的首要目标，这并无问题，因为这是一种"时务"。张之洞为《蓄艾文编》所作的序中也直言"审其宗旨，专在救时"③。不过经世之学难道仅仅就是时务吗？若局限于时务，则

① （清）魏源：《魏源集》，中华书局1976年版，第24页。
② "《贺编》目录有儒行、宗法、礼论、昏礼、丧礼、服制、祭礼诸门，《葛编》因之。大略非陈义甚高，与古为徒之文不能收入，而于富强之术毫无补益。兹编凡此类文字，虽佳不选，且并其目而删之，庶免为实事求是之贤豪所窃笑。"（清）陈忠倚辑：《皇朝经世文三编》，浙江书局光绪二十四年（1898年）石印本，例言、前揭。
③ （清）于宝轩辑：《皇朝蓄艾文编》，台湾学生书局1965年版，第1页。

可能根本无法找到国家积弱之根源，更无法寻求到正确的解决方法。古典传统的经世之学依托六经，而六经是先王政教之典籍，面对当下时空中的问题，"稽古"以求解决之法。"稽古"出于《尚书·尧典》①，是指顺考古道而行之，即通过对古代治法的稽考，来思考解决今日的问题之道。但这并非是指一定要古法今用，"居今行古，更致祸灾"②。若认为"稽古"就是照搬古法，当然会视"稽古"为老古董，不能解决当下的问题，而弃之如敝屣。因此，我们必须首先弄清"稽古"的真实含义，以打破近代以来对"经世"之学的误读。郑玄训"稽"为"同"，训"古"为"天"，言"能顺天而行之，与之同功"。③ 稽古，所考之古，实为天道，稽古就是要参透天道，找到与天和同的生存方式。如此一来，顺考古道，一是要探究与天道最接近的治法，即老子所谓"以知古始，是谓道纪。"二则是从此时此地的时空问题出发，向"古"（根源）追溯，以找到问题的根本症结，从而寻求解决之办法，即"执今之道，以御今之有"（《老子》）。

近代以来，时空之急剧变化确实使得经世之学不耐烦于稽古，且认为遇到的许多新问题，古之治法根本无法应付，故转而直接求助西方思想，即用西方现代治法来解决中国当时的问题。梁启超在任湖南时务学堂总教习时所著《湖南时务学堂学约》（1897 年）就阐述了他对经世之学的理解：

> 居今日而言经世，与唐宋以来之言经世又稍异。必深通六经制作之精意，证以周秦诸子及西人公理公法之书以为之经，以求治天下之理。必博观历朝掌故沿革得失，证以泰西希腊罗马诸古史以为之纬。以求古人治天下之法，必细察今日天下郡国利病，

---

① "曰若稽古帝尧，曰放勋。钦明文思安安，允恭克让，光被四表，格于上下。"（《尚书·尧典》）

② （汉）孔安国传、（唐）孔颖达疏：《尚书正义》，廖名春、陈明整理，北京大学出版社2000 年版，第 30 页。

③ （汉）孔安国传、（唐）孔颖达疏：《尚书正义》，廖名春、陈明整理，北京大学出版社2000 年版，第 30 页。

知其积弱之由，及其可以图强之道。证以西国近史宪法章程之书，及各国报章以为之用，以求治今日之天下所当有事。夫然后可以言经世。……今中学以经义掌故为主，西学以宪法官制为归。远法安定经义治事之规，近采西人政治学院之意。①

仔细观之，梁启超的经世之学其实仍有"稽古"的成分，但是他提出要用西人之公理公法来佐证之。后来在他编纂的《皇朝经世文新编》的立意上，更是强调寻求新法来治国，甚至将新旧对立起来。如他在为《新编》所作的"叙"中说"开新者兴，守旧者灭；开新者强，守旧者弱"②，"叙"中将新旧之辨视为古今盛衰兴灭之大义，并批判守旧之危害。他将西方之富强归结于英人培根（Francis Bacon）之重创新，"于是新法新理新器新制新学新政日出月盛，……诸国效之，舍旧图新，朝更一制，不昕夕而全国之旧法尽变矣，不旬日而全球之旧法尽变矣"。然中国之问题在守旧，由此他主张中国也应变治国之旧法、以新法来兴国，而所谓新法即泰西之新法也。

这种主张因排斥守旧亦同时排斥了稽古，将泰西之新法视为灵丹妙药。这种极端的取舍在近代的经世与变法思想中很常见。"稽古"与"求新"之间，实际上就是中西文化的碰撞，梁启超是以西学来"佐证"中学之用，实际上他已否认了中学之用。而在这一时期，对西学的引介和认识却又是非常表层的。对西学也需要稽古，才能知其今日治法之渊源，这正是当时借用西法之问题或灾祸，与照搬古法是一样的思路。

另一方面，"富强"是否应该成为最高的经世目标？古典传统的经世之学，自然也包含了富国强兵的策略和目标，但这只是初级的目标。然而，近代以来，受西方现代思想的影响，将"舒适地自我保存"视为最高

---

① 梁启超：《饮冰室合集》（饮冰室文集之二），中华书局1989年版，第28页。

② 梁启超：《皇朝经世文新编·叙》，载（清）麦仲华辑：《皇朝经世文新编》，光绪二十四年（1898年）上海大同译书局刊本。

目的①，并由此取代了政治制度对德性的追求，于是"常道"变成了最低级的生存和物质满足，这显然降低了经世之学的深刻内涵与品质，于是凡与富强无补益者均不再被视为经世之学。

这种转变也体现在戊戌之后经世之风中"学"与"用"的分离。大量西学以"致用"之面目被选入经世文编，而古典"学"的部分②则逐渐削弱，现代的人们似乎更偏重于致用的政术。例如"学术"一门本是贺编体例的核心，也是传统经世文编收录治国理念纲领最为重要的门类，但戊戌之后的经世文编中，学术一门逐渐被西学所占据（参见表1.2）③，而这时收录的西学所谓学术的部分，其实也都是浮于表面的格致之学，而没有追溯到西学的根源。

此外，经世之学在近代以来还逐渐演变为一门科举考试的科目和学校课程，1896年，大学士孙家鼐就曾提出仅靠兴办西式学堂已不能解决人才培养的问题，还必须通过增设科举考试科目，立时务科（包含算学在内）来鼓舞人才。④随后贵州学政严修上奏请设经济专科（1897年，光绪

---

① 霍布斯（Thomas Hobbes）继承了马基雅维利（Niccolò Machiavelli）的思想，提出了"保存自己"（self-preservation）这种自然状态，并认为这种自然状态在人的目的等级秩序中处于最高位置，即自然法首先被理解为保存自己的正当，即最高的目的就是人为了生存下来，不仅要生存，而且要舒适地生存下来。而这一条法则在古典哲学看来是处于最低水平的，更高的追求应该是德性的引导与完善。

② "学"在于明道，认识自己的性情、认识纷繁复杂的社会，进而修习自身的德性，这是"致用"之基础。

③ 例如陈忠倚的《三编》虽仍将"学术"一门置于首位，子目删除了于富强之术毫无补益的"儒行""文学""师友"（参见表1.3），在"原学""法语""广论"等传统子目下收录的文章，都是开办新学堂的奏疏、讲求西学和自强的言论，与之前诸经世文编的"学术"门之旨趣已大不相同。而其在"学术"门下增设的"医理""测算""格致""化学"四个子目所选的更多是格致之学的文章，且大部分来自上海格致书院历年的课艺。何良栋的《四编》"学术"门多达20个子目（参见表1.3），其子目的分类与梁启超《西学书目表》中"西学"的子目大体相合。参见章可：《论晚清经世文编中"学术"的边缘化》，《史林》2009年第3期。

④ 中国史学会主编：《中国近代史资料丛刊·戊戌变法》（第二册），上海人民出版社2000年版，第428—429页。

二十三年十一月二十三日)①，军机大臣收到此奏之后，要求总理各国事务衙门会同礼部妥议具奏，尔后总理衙门与礼部于光绪二十四年（1898 年）农历新年之后立刻上折就开设经济特科提出了实施的具体意见，当天便得上谕准予，特设经济科兼岁举两途。②1898 年 7 月，清廷正式启动经济特科的招考，谕令各省各举所知保荐人才。③ 经济特科的开设以及废八股改试策论，使学子及各地学堂专注于有实用之效的经世之学。当时广西巡抚黄槐森、江西布政使翁曾桂等还主张在新设学堂中以经济六事分门立教。梁启超在时务学堂任教时，也使经世之学"成为一门学课，而如果究其宗旨或实质意义，其实就是今天所谓的政治学"④。换言之，"经世"已不再是学问的全部意义，或关乎自身德性的成长，它已演变成了一门强调工具性的实用科目或技艺。当时，也有对此观点持反对意见者，如宋恕以章学诚的观点，认为把"经世"另立一名，是古代儒家理想学问观的消失，因为孔门四科都是"经世"。⑤

　　这种实用性的思维与路径，使得西方现代治国、治事之学问逐渐成为经世之学的主流，并成为科举选拔人才、学堂培养人才的主要内容。康有为曾记录 1898 年面见光绪时，谈及废八股，光绪甚为赞同他对科举、士子之看法，说"西人皆为有用之学，而吾中国皆为无用之学"⑥。"用"，《说文》云："可施行也。从卜从中。"段玉裁注为"卜中则可施行"⑦。"用"与

---

① 汤志钧、陈祖恩编：《中国近代教育史资料汇编·戊戌时期教育》，上海教育出版社 1993 年版，第 28—30 页。

② 汤志钧、陈祖恩编：《中国近代教育史资料汇编·戊戌时期教育》，上海教育出版社 1993 年版，第 31—33 页。

③ 汤志钧、陈祖恩编：《中国近代教育史资料汇编·戊戌时期教育》，上海教育出版社 1993 年版，第 86 页。

④ 王尔敏：《中国近代思想史论续集》，社会科学文献出版社 2005 年版，第 33 页。

⑤ 宋恕：《经世报叙》，《经世报》1897 年第 1 期。

⑥ 茅海建：《从甲午到戊戌：康有为〈我史〉鉴注》，生活·读书·新知三联书店 2009 年版，第 426 页。

⑦ （汉）许慎撰、（清）段玉裁注：《说文解字注》，上海古籍出版社 1981 年版，第 249 页。

占卜紧密相关。占卜是为了体察天道，也是"用"的依据，即符合天道，则可施行。而近代以来，对"用"的理解早已脱离了对天道的体察，以及对"可施行"与"不可施行"的辨识。"有用"与"无用"的判断标准已经直接指向当下的问题，丧失了对价值的判断。这也体现了经世致用之学的古今差异。经历维新变法之后，经世之学已逐渐成为西学的代名词。到1905年科举被废之后，经世之儒更无入仕之途，古典经世之学再难有用世之日。①

在这种经世思想的变化中，传统经世之学被视为"无用"，西学被视为"有用"之学。可以看出到了清末新政制定新学制时，以富强为衡量标准的实用性价值取向（"有用"）已成为课程知识选择的标准。

三、经世之才：从"通经致用之才"到"实学人才"

清末的这股经世之风，从一个侧面反映了当时社会对西学东进的认识与变化，西学之"有用"及其对人才培养的影响，亦已经从洋务时期的一个"角落"扩展到了社会的方方面面。维新运动则是从整个政治制度层面对西学之用予以全面肯定，同时开始了从西艺到西政的拓展。而对"何谓人才"，"教育应培养何种人才"，"科举又应选拔何种人才"等问题的思考亦对尔后政策的制定产生了重大影响。

洋务运动时期，虽然已经提出了实用人才培养的目标②，但其仅是作为人才培养和选拔的补充，主体仍然是以经学为主的教育内容和以科举为核心的人才选拔机制，例如，1866年奕䜣提出在京师同文馆增设天文馆、算学馆，并拟招正途科甲人员学习天文算术，以为制造轮船洋枪之用。此

---

① 参见王尔敏：《中国近代思想史论续集》，社会科学文献出版社2005年版，第42—43页。
② 因两次鸦片战争的失败以及国门的被迫开放，洋务运动时期开办各式新学堂（如同文馆、武备学堂，学习制造船炮的军事技术学堂等等），主要以外交、军事人才的培养为主要目标，后来拓展到西语及西艺人才的培养。

举遇到极大的阻力。西学被视为机巧之事，正途科甲人员还是应读孔孟之书，学尧舜之道，明体达用。传统的人才结构虽然得以丰富，但却并没有发生实质的改变。而甲午战争失利之后，则再一次触发了经世思想的变化，对"经世之才"的认识也发生了本质性的转变。

清初及嘉道时期强调的经世人才是通经致用之才。这在西学大范围传入之前都被视为人才培养的正统。道光皇帝在道光二十一年开恩科，招纳天下之士，以裨集思广益之治时亦提出"士不通经，不足致用。经之学，不在寻章摘句也，要为其有用者"①。这里当然有对乾隆嘉庆年间盛行的考据之风的反思，也有对士人通经提出了致用的要求，但士人学习的基础仍然是经义。龚自珍也说"不研乎经，不知经术之为本源也；不讨乎史，不知史事之为鉴也。不通乎当世之务，不知经、史施乎今日之孰缓、孰亟、孰可行，孰不可行也。"②其强调的就是经史与致用之关系。总之，当时所谓的经世之才，就是通经致用之才，通经是致用的基础和源头，而经术亦为治术。

甲午战争的失败使清廷和士人意识到，洋务运动所培养的实学人才，无论是数量还是质量，都不足以强国以御外敌。因此，维新变法时的经世人才观已然发生重大变化。"通经"逐渐弱化，不再是"致用"的必要条件。经世之学对西学的引介也使"经"发生了变化，将泰西之公理、公法亦视为"经"，不再局限于中国传统经学。如梁启超在光绪二十二年（1896 年）《上南皮张尚书论改书院课程书》中写道：

> 以公理（人与人相处所用谓之公理）公法（国与国相交所用谓之公法，实亦公理也）为经，以希腊罗马古史为纬，以近政近事为用。其学焉而成者，则于治天下之道及古人治天下之法，与

---

① 《大清宣宗成皇帝实录》，中国第一历史档案馆（大清历朝实录数据库）：卷三五一。[2013-12-30] http://data.unihan.com.cn/QSLDoc/.

② 龚自珍:《龚自珍全集》，中华书局 1959 年版，第 114 页。

夫治今日之天下所当有事，靡不融贯于脑中，若集两造而辨曲直，陈缁羔而指白黑，故入官以后，敷政优优；所谓学其所用，用其所学，以故逢掖之间无弃才，而国家收养士之效。中国向于西学，仅袭皮毛，震其技艺之片长，忽其政本之大法，故方言、算学、制造、武备诸馆，颇有所建置，而政治之院曾靡闻焉。①

在改革书院课程的建议中，他主张要以泰西公理公法为经，不能仅停留于皮毛之西艺，而是要触及到西政，但这个"经"和"纬"都来自于泰西。这与他后来对于经世之学的理解是一致的。

传统经学承载的人才观以德为核心，最好的人才是能明德②于天下之人。修身、齐家、治国、平天下③，由"内圣"而"外王"，皆以格物致知④、正心诚意为根本。能治国者，是要"章明其德于天下，却本明德所由，先从诚意为始"⑤。即人才养成之过程与目标，终始皆以德为核心、先正己尔后正人。儒家经典亦无不以此为学问之基础，这也是所谓"用"的根本。但新的实学人才观则将"用"置于首位，将人才之学问的基础置于相对客观的位置，彼时已不再强调其与个体身心的关系，而直接指向能否富国强兵的"实学"，而这时"实学"的概念也已大不同于宋儒提出的

---

① 梁启超：《上南皮张尚书论改书院课程书》，载舒新城编：《中国近代教育史资料》（下册），人民教育出版社 1981 年版，第 925—926 页。

② 郑玄注"明明德"谓显明其至德也。（汉）郑玄注，（唐）孔颖达疏：《礼记正义》，龚抗云整理，北京大学出版社 2000 年版，第 1859 页。朱熹注"明德者"为"人之所得乎天"，既要"自明其明德"，"又当推以及人"。参见（宋）朱熹：《四书集注》，中华书局 1983 年版，第 3 页。

③ "古之欲明明德于天下者，先治其国；欲治其国者，先齐其家；欲齐其家者，先修其身；欲修其身者，先正其心；欲正其心者，先诚其意；欲诚其意者，先致其知，致知在格物。物格而后知至，知至而后意诚，意诚而后心正，心正而后身修，身修而后家齐，家齐而后国治，国治而后天下平。"（《礼记·大学》）

④ 这里的格物致知不同于后来引入西学之格致之学。

⑤ （汉）郑玄注，（唐）孔颖达疏：《礼记正义》，龚抗云整理，北京大学出版社 2000 年版，第 1859 页。

范畴[1]。传统经学中的富国强兵之术，已难满足时局的要求，于是经世之学转而吸纳已被证明有用的西方格致诸学及政治之学，于是"实学人才"的培养就成为了国家人才培养的主要目标。维新运动时期改革科举、兴办学堂的教育改革与举措其实都反映了上述对实学人才的重视。具体来说，其又反映在以下几个方面：

其一，在人才选拔的制度上，当时科举的八股取士无论是对通经致用之才的选拔还是对实学人才的遴选都已无甚作为。科举内容亦为词章诗赋所困，仅靠开特科、恩科，也难以引导学风的改变。于是维新变法的重要教育改革举措之一，就是废八股改策论，"引导士子改变空疏无用的文辞文体、崇尚实学"[2]。戊戌年间，光绪颁布的多道改革科举的谕令中，多次提到"振兴实学"[3]、"讲求实学实政"[4]等语。可见其对实学之重视，且主要针对的就是以往科举以偏重词章诗赋的弊端。

概言之，戊戌年间的科举改革，在文体形式上废除了八股之格式改为策论，并取消了既往所试之五言八韵诗，在内容增加了西政、西艺的内容，并在考试场次上进行了调整：

---

① "实学"即指切实有用的学问，它作为概括某种学说本质特色的特指范畴，始于北宋，宋儒视经孔子整理过的以及孔孟等儒家经典为其道统血脉之渊薮，医国之大经，因而是切实有用之学，故称其为"实学"。明清实学思潮是明中叶以后迄于清康熙年间兴起的以释、老之学及其转型、理学末流之空疏、虚窃为主要批判对象，以总结明王朝衰颓、覆亡的教训，改造和复兴儒学经世传统为要务的批判现实主义思潮。道咸年间实学的兴起则一反乾嘉时期的考据之风，但仍是对儒家经典经世之学的发挥。参见罗炽：《论中国实学范畴内涵的历史演变》，《湖北大学学报（哲学社会科学版）》1996 年第 4 期。而到了甲午战争之后的维新变法，"实学"虽也强调儒家的经术，但实际上更重视西学之致用。

② 关晓红：《科举停废与近代中国社会》，社会科学文献出版社 2013 年版，第 42 页。

③ 光绪二十四年七月初三（1898 年 8 月 19 日）谕内阁："……朝廷造就人才，惟务振兴实学，一切考试诗赋，概行停罢，亦不凭楷法取士，俾天下翕然向风，讲求经济，用备国家任使，朕实有厚望焉。"汤志钧、陈祖恩编：《中国近代教育史资料汇编·戊戌时期教育》，上海教育出版社 1993 年版，第 57 页。

④ 光绪二十四年六月初一（1898 年 7 月 19 日）上谕："……嗣后一切考试，均以讲求实学实政为主，不得凭楷法之优劣为高下，以励硕学而黜浮华。"汤志钧、陈祖恩编：《中国近代教育史资料汇编·戊戌时期教育》，上海教育出版社 1993 年版，第 48—49 页。

乡会试仍定为三场。第一场试中国史事、国朝政治论五道；第二场试时务策五道，专问五洲各国之政、专门之艺；第三场试四书义两篇，五经义一篇。首场按中额十倍录取，二场三倍录取。取者始准试次场，每场发榜一次。三场完毕，如额取中。其学政岁科两考生童，亦以此例推之。[①]

改革之后的科举，一方面强调了发挥传统经、史的经世价值，这是以往"通经致用"的内容；另一重大突破则是将西政、西艺作为考试的第二场，即"西学经济"。二者共同构成了这一时期"实学人才"的内涵。

其二，维新变法还将书院改革与兴办学堂作为人才培养的重要基础。"将各省府厅州县现有之大小书院，一律改为兼习中学西学之学校。"[②] 在京师兴办大学堂，在各省设立中学堂、小学堂，并强调兴学之目的在于"人无不学，学无不实"[③]，为朝廷造就实学人才。无论是改书院，还是兴办新式学堂，在教育目标上均体现为实学人才的培养，在教学内容上，核心是增加西学的内容，强调兼习西学。本书第二章将具体讨论维新变法时期的举办的新式学堂为新政时期课程改革奠定的基础。

需注意的是，从这一时期开始一直到清朝灭亡，都没有从根本上质疑过经学的经世之意。"实学"也没有完全等同于"西学"。康有为、梁启超、张之洞等人，一方面呼吁建新式学堂，授西学课程，另一方面，仍主张保留经学课程，重视古典经学的经世价值。如科举的第三场仍试四书五经经义就是在人才选拔上设定的最后一道关卡。这也构成了清廷最后十年教育

---

① 光绪二十四年六月初一（1898年7月19日）上谕：乡会试改为三场，今后考试，均以讲求实政、实学为主。汤志钧、陈祖恩编：《中国近代教育史资料汇编·戊戌时期教育》，上海教育出版社1993年版，第48—49页。

② 光绪二十四年五月二十二日（1898年7月10日）谕令书院改学校。汤志钧、陈祖恩编：《中国近代教育史资料汇编·戊戌时期教育》，上海教育出版社1993年版，第55—56页。

③ 汤志钧、陈祖恩编：《中国近代教育史资料汇编·戊戌时期教育》，上海教育出版社1993年版，第55—56页。

政策的基调。

因为人才观及人才选拔机制的逐渐转变，经世之才的学问基础从传统经学拓展到了包含中西经世学问的"实学"。这种人才观的变化反映到教育内容上则体现为西学知识获得了在普通教育中的合法地位（与经学同等重要），基于实学人才培养的需求，奠定了西学进入课堂的必要性和重要性。

第二节　中学与西学关系的定位

一、近代自然科学的引入与分科观念的普及

早期西学传入中国始于明末清初传教士的引介，并反映了当时西方对知识系统的基本认知。徐光启作为"中西文化会通的第一人"①在与传教士利玛窦（Matteo Ricci）等人的交往中，对西方的宗教及科学有了初步的了解，并将数学、水利、天文历法、测量等知识引入中国。这一时期，西方学校的课程设置也被介绍进来。传教士艾儒略（Jules Aleni）②著有《西学凡》（1623 年）和《职方外纪》（1623 年），其中对当时欧洲的教育制度和学校课程做过介绍：

> 其小学曰文科，有四种，一古贤明训，一各国史书，一各种

---

① 也有称之为"中西文化会通的上海第一人"。参见宋浩杰：《中西文化会通第一人——徐光启学术研讨会论文集》，上海古籍出版社 2006 年版；史习隽：《徐光启：中西文化会通的上海第一人》，《解放日报》2016 年 12 月 6 日。

② 艾儒略(Jules Aleni, 1582-1649)，意大利人，1609 年受耶稣会派遣至远东。1610 年抵澳门，1613 年抵北京，后历经上海、扬州、陕西、山西等地，进行传教活动。1623 年夏，在杨廷筠的协作下，完成了《职方外纪》一书。1649 年卒于延平。参见 [意] 艾儒略：《职方外纪校释》，谢方校释，中华书局 1996 年版，前言第 1 页。

诗文，一文章议论。学者自七八岁学，至十七八学成，而本学之师儒试之，优者进于中学，曰理科，有三家。初年学落日加（Logica[1] 逻辑学），译言辩是非之法；二年学费西加（Physica 物理学），译言察性理之道；三年学默达费西加（Metaphysica 形而上学），译言察性理。以上之学总名斐录所费亚（Philosophia 哲学）。学成，而本学师儒又试之。优者进于大学，乃分为四科[2]，而听人自择。一曰医科，主疗疾病；一曰治科，主习政事；一曰教科，主守教法；一曰道科，主兴教化，皆学数年而后成。[3]

这时，自然科学的发展还并未体现在学校课程中，"知识仍被视为一个整体，不仅科学没有与哲学分离，科学也没有分化成众多门类"[4]。但物理学（科学）与哲学的分化已初现端倪。这一时期的"西学东渐"，只在深宫和少数士大夫中传播，影响范围较小，并没有对社会生活的各个领域产生直接的影响。

而鸦片战争之后的"西学东渐"，此时的"西学"本身已经发生了重大变化。17—18 世纪，以天文学领域的突破为开端，诸多对自然规律认识的重大发现，逐渐形成了由物理学、化学、生物学等学科构成的新的知识系统。这种知识系统以"外在的证实"（经验的证实）和"内在的完备"（理论之间的逻辑一致性）[5] 而对神学和形而上学的知识观形成了严峻的挑战，并对社会的政治经济领域产生影响。19 世纪 40—50 年代，西方

---

① 引自《职方外纪》的音译皆为拉丁语。

② 艾儒略在《西学凡》中则谓大学分六科："文科谓之勒铎理加（rethorica），理科谓之斐录所费亚（philosophia），医科谓之默第济纳（medcina），法科谓之勒义斯（leges），教科谓之加诺搦斯（canones），道科谓之陡录日亚（theologia）。"《职方外纪》中此处介绍大学缺文科和理科，而将理科置于中学。[意]艾儒略：《职方外纪校释》，谢方校释，中华书局 1996 年版，第 75 页。

③ [意]艾儒略：《职方外纪校释》，谢方校释，中华书局 1996 年版，第 69 页。

④ 章清：《晚清西学"汇编"与本土回应》，《复旦学报（社会科学版）》2009 年第 6 期。

⑤ 《爱因斯坦文集（第一卷）》，许良英、范岱年编译，商务印书馆 1976 年版，第 43—50 页。

传教士与中国最早一批接触西学的学者开始将西书翻译介绍入中国。而这时，对西学的引介自然吸收了最新的知识体系和分类方式。换言之，始于 19 世纪中叶的这一次"西学东渐"，是以学习近代自然科学知识体系为主体的。虽然早期仍以宗教类的书籍为主①，但宗教的内容却始终受到政治的压制而影响有限。更受重视的西学知识便是从哲学中分离出来的归属于自然科学的各个学科，而且这些知识被战争中西方呈现的强大所证实。1843 年到 1860 年，香港及广州、福州、厦门、宁波、上海六个城市，出版了天文、地理、数学、医学、历史、经济等方面的西学书籍 105 种，例如哈巴安德（Andrew Patton Happer）的《天文问答》（1849 年）、合信（Benjamin Hobson）的《天文略论》（1849 年）就是晚清第一批介绍西方近代天文学的著作；合信的《全体新论》（1851 年）也是第一部介绍入中国的西方人体解剖学著作；蒙克利（Edward T.R. Moncrieff）的《算法全书》（1852 年）是第一部在中国境内出版的用西方数学体系编成的数学教科书；艾约瑟（Joseph Edkins）、张福僖合译的《光论》（1853 年）是近代中国第一部系统的光学译作；伟烈亚力（Alexander Wylie）、李善兰合译《续〈几何原本〉》(1857年)，后来二人又合译了《代微积拾级》(1859年)，是晚清传入中国的第一部高等数学著作；伟烈亚力、王韬合译的《重学浅说》（1858 年），艾约瑟、李善兰合译的《植物学》（1859 年）分别是传入中国的第一部西方力学、植物学著作。② 这一时期，传入中国的西学学科类别已包括了几何学、代数学、微积分、力学、光学、天文学、植物学等。

第二次鸦片战争后的洋务运动开展，使得西学的翻译与引介开始受到

---

① 例如，在第一次鸦片战争之后的 1843 年—1860 年，香港及被迫开放的五个通商口岸（广州、福州、厦门、宁波、上海）共出版各种西方书籍 434 种，其中纯属宗教类的有 329 种，占 75.8%。参见熊月之：《西学东渐与晚清社会》，上海人民出版社 1994 年版，第 8 页。

② 参见熊月之：《西学东渐与晚清社会》，上海人民出版社 1994 年版，第 8—9 页，附录一西学东渐大事记。

官方的大力推动。在举办新式学堂、洋务实业的同时，设置翻译机构。例如京师同文馆、江南制造总局、福州船政局、天津机器局、北洋水师学堂、开平矿务局、金陵机器局、北京海关税务司等都集中人力，设法译书。其中以京师同文馆与江南制造总局的成效最大。[①]京师同文馆译著西书目前能查到的为38种[②]，包括法律学、天文学、物理学、化学、算学、语言学、医学等学科，同文馆的许多课程，就是以翻译而来的西书命名的。江南制造总局翻译馆自1868年正式开馆至清末的40余年间，翻译并印行西书199种[③]，根据陈洙《江南制造局译书提要》（1909年）所收录的160种来看，其种类从多至少有：兵学、工艺、兵制、医学、矿学、农学、化学、算学、交涉、史志、船政等[④]。

　　洋务运动时期对西学的引介因得到清政府的支持和鼓励，在译书涉及的学科种类和数量上亦都有较大的拓展，其中尤其是直接服务于军工发展的应用科技类学科占据了较大比重；其次则是格致诸学[⑤]，同时在以往介绍的算学、天文学、力学、光学、化学、植物学的基础上，又增加了物理学中的重学、汽学、声学、电学，以及动物学、地学等，基本将西方近代自然科学最新的分科体系较为完整地介绍给了国人；至于政法、史志类的西书，在这一时期也有所增加，但相比前两类则数量较少，这与洋务运动"师夷长技以制夷"的主旨密切相关，形而下的技艺是当时学习的主要目标。

---

① 参见李喜所：《洋务运动时期的翻译》，《史学月刊》1987年第3期。

② 邹振环：《疏通知译史：中国近代的翻译出版》，上海人民出版社2012年版，第133页。

③ 邹振环：《疏通知译史：中国近代的翻译出版》，上海人民出版社2012年版，第143页。

④ 陈洙编：《江南制造局译书提要》，江南制造局刊印本1909年刊印本。

⑤ 何谓格致之学？在《礼记·大学》中，格物致知是指穷究事物原理，从而获得知识。近代以来，物理、化学等自然科学被视为格致之学。以梁启超的解释比较有代表性。"学问之种类极繁，要可分为二端。其一，形而上学，即政治学、生计学、群学等是也；其二，形而下学，即质学、化学、天文学、地质学、全体学、动物学、植物学等是也。吾因近人通行名义，举凡属于形而下学皆谓之格致。"参见梁启超：《格致学沿革考略》，载梁启超：《饮冰室合集》（饮冰室文集之十一），中华书局1989年版，第4页。

总之，经历过洋务运动，中国士人对近代西方自然科学的知识体系及学科门类已有较为准确的认识和把握。更为重要的是，西学中致用的技术及自然科学得到了官方政府的认可，被尝试纳入中国传统经世之学的体系之中。

中国传统学术之分类与近代西学之分科有很大的不同。前者重学派，后者重学科。"学科是以研究对象及方法确定的，学派则是以学术旨趣之不同划分的。"[1]因此中国古典知识系统虽然有道器之分，实际更强调的也是学问之博通。而最初传入中国的西学，也是近代自然科学发展之后的成果，主要是形而下的学问，被认为是中国学问之欠缺[2]，而西人所擅长[3]。因此，洋务运动时期学者们提出的将西学纳入中学知识系统的方案，就是要将形而上中学的类目与形而下的西学分科相加。

例如冯桂芬的《采西学议》（1861 年）就综合了西学与中学各自所长，提出了中国近代最早融合中西学的学术分科方案，即"以中国之伦常名教为原本，辅以诸国富强之术"[4]。总之，在传统的学术门类之外，增加一些传统学术所缺乏的西学学科门类，即中学之经学、史学、古学三大类加上西学天文历算之学与格致之学。[5]

---

① 左玉河：《从四部之学到七科之学：学术分科与近代中国知识系统》，上海书店出版社 2004 年版，第 20 页。

② 如郑观应认为中国古亦有形而下之器物之学，但因务虚之学风而没有发展起来。"古神圣兴物以备民用：曰形、曰象、曰数、曰器、曰物，皆实征诸事，非虚测其理也。童子就学，教以书数，穷理精艺，实基于此。自学者骛虚而避实，遂以浮华无实之八股，与小楷试贴之专工，汨没性灵，虚费时日，率天下而入于无用之地，而中学日见其荒，西学遂莫窥其蕴矣。不知我所固有者，西人特踵而行之，运以精心，持以定力，造诣精深，渊乎莫测。"郑观应：《盛世危言》，载夏东元编：《郑观应集》（上册），上海人民出版社 1982 年版，第 275 页。

③ 例如冯桂芬认为"至西人之擅长者，历算之学、格物之理、制器尚象之法。"冯桂芬：《上海设立同文馆议》，载高时良编：《中国近代教育史资料汇编·洋务运动时期教育》，上海教育出版社 1992 年版，第 6 页。

④ 冯桂芬：《采西学议》，载《采西学议：冯桂芬马建忠集》，郑大华点校，辽宁人民出版社 1994 年版第 84 页。

⑤ 参见冯桂芬：《采西学议》，载《采西学议：冯桂芬马建忠集》，郑大华点校，辽宁人民出版社 1994 年版，第 82—84 页。

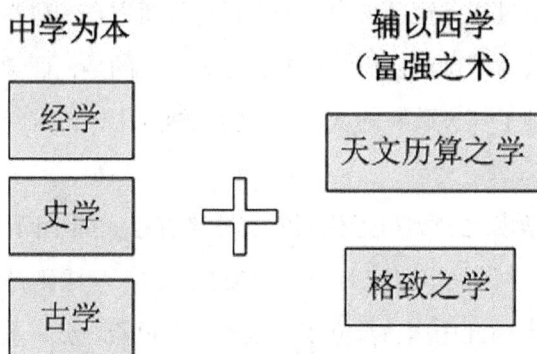

图 1.1　冯桂芬提出的中学与西学融合的方案

王韬在《变法自强》（1883 年）也提出了学问可分为"文学"和"艺学"两大类，"文学"包括经学、史学、掌故、词章之学；"艺学"则包括舆图之学、格致之学、天算之学、律例之学[①] 等，而这四个科目就是当时传入中国的西学门类。传统中学的分类，直接加上西学中西艺的科目，就构成了最初的中国西学知识与系统融合及分类的模式。

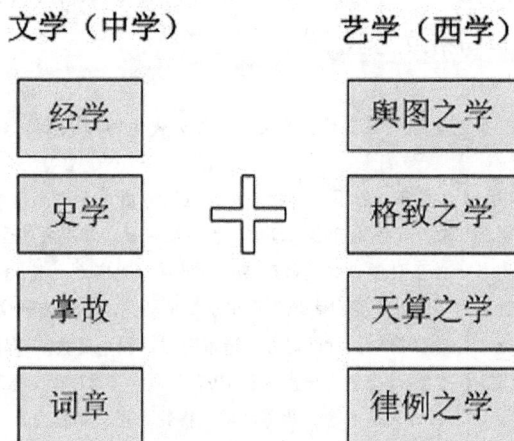

图 1.2　王韬提出的中学与西学融合的方案

---

① 王韬:《变法自强》，载海青编:《中国近代思想家文库·王韬卷》，中国人民大学出版社2013 年版，第 199 页。

郑观应在《盛世危言》（1894 年）中提出的融合中西学的分科方案打破了简单相加的模式。以"有用"为标准，首先对中国传统学问进行了筛选，保留了词章之学、经世之学。词章之学即文学科，"凡诗文、词赋、章奏、笺启之类皆属焉"[1]；其次将西学中与经世之各行政务等相关的内容加入其中，与中国传统经世之学杂糅，形成了政事科与杂学科；再将西学之言语、格致、技艺分设三科，共同构成"文学"类的六科。[2] 郑氏的"文学六科"就是后来京师大学堂"十科立学"[3]、壬寅学制以七科分科

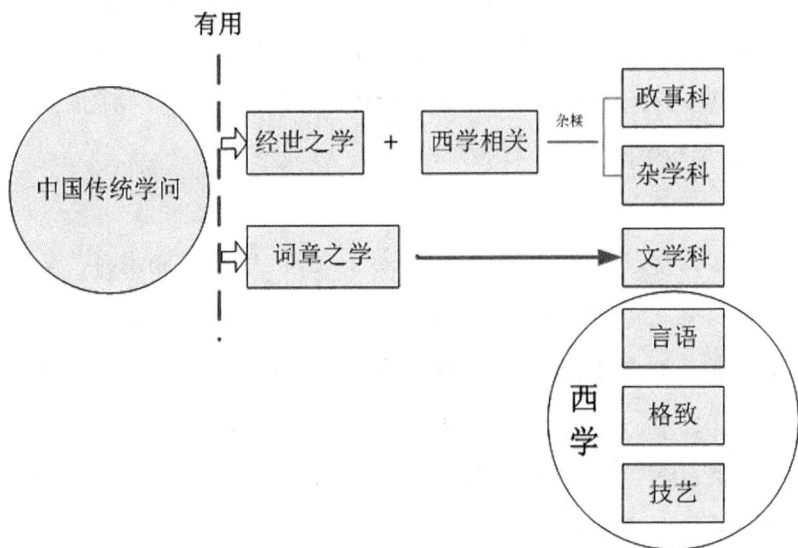

图 1.3 郑观应提出的中学与西学结合的配置方式

----

[1] 郑观应：《盛世危言》，载夏东元编：《郑观应集》（上册），上海人民出版社 1982 年版，第 299 页。

[2] 参见郑观应：《盛世危言》，载夏东元编：《郑观应集》（上册），上海人民出版社 1982 年版，第 299—230 页。

[3] 光绪二十二年七月（1898 年 8 月）孙家鼐议复开办京师大学堂折："学问宜分科也。……今拟分立十科：一曰天学科，算学附焉；二曰地学科，矿学附焉；三曰道学科，各教源流附焉；四曰政学科，西国政治及律例附焉；五曰文学科，各国语言文字附焉；六曰武学科，水师附焉；七曰农学科，种植水利附焉；八曰工学科，制造格致各学附焉；九曰商学科，轮舟铁路电报附焉；十曰医学科，地产植物各化学附焉。"汤志钧、陈祖恩编：《中国近代教育史资料汇编·戊戌时期教育》，上海教育出版社 1993 年版，第 123 页。

设教的雏形。

甲午战争之后，西书的翻译日益增多，西学以更大的规模和速度被引入中国。相较于洋务运动时期，此时对西学的理解和引介也不再局限于自然科学和工艺类学科，而开始大量引入法政诸学，即所谓"西政"。"西政"的引入不仅是对西学内容的扩展，对西学分科体系的认识也从自然科学扩展到了社会科学领域，相当于引进了一种全新和全面系统的分科方式。因为对于法政等方面的研究也是中国学问之所长，西政的引入必然会对传统学问已有的分类方式产生影响，由此西学以研究对象为特征的分科体系开始受到中国士人的关注，中西学融合的方式突破了简单的"相加"模式，一些士人甚至开始用西学的分科观念对传统学问进行分类，例如谭嗣同之《论今日西学与中国古学》（1897 年）：

> 如商学，则有《管子》、《盐铁》之类；兵学，则有孙、吴、司马穰苴之类；农学，则有商鞅之类；工学，则有公输子之类；刑名学，则有邓析之类；任侠而兼格致，则有墨子之类；性理，则有庄、列、淮南之类；交涉，则有苏、张之类；法律，则有申、韩之类；辨学，则有公孙龙、惠施之类。盖举近来所谓新学新理者，无一不萌芽于是。①

"书目答问"这类对于治学之书籍进行分类，为学子指导治学门径的书籍也在这时涉及到如何安置西学的问题，如"东西洋诸学子所著，愈出愈新，莫可究诘，尤非四部所能范围。恐《四库》之藩篱，终将冲决也。盖《七略》不能括，故以四部为宗。今则四部不能包，不知以何为当？"②当大量西学涌入之后，汇入原有的知识系统，最初只是以附录或其他方式

---

① 谭嗣同：《谭嗣同全集》（下册），蔡尚思等编，中华书局 1981 年版，第 399 页。

② 江人度：《书目答问笺补》卷首，载（清）张之洞：《书目答问二种》，陈居渊编、朱维铮校，中西书局 2012 年版，第 385—386 页。

装入，后来才逼出了新的分科架构。① 而在科举科目及新式学堂课程上，亦更为强调以西学的分科原则设学及培养专门人才。

二、"中体西用"观得到清廷中枢的认可

如何看待一种外来文化，或迎或拒，士人均有不同的应对心态和举措，但政权中枢表达的官方态度，则会对外来文化之地位及其与传统知识系统的关系产生明确的导向作用。

明末清初西学东渐之时，士人学习西学，比较中西之异同，便有西学中源之说产生。当时主要是指西方历算学源出中国，尤其是康熙皇帝也热心研求西方历算之学，认为"论者以古法、今法之不同，深不知历原。原出自中国，传及于极西。西人守之不失，测量不已，岁岁增修，所以得其差分之疏密，非有他术也。"② 当时的天文历算学家梅文鼎、梅谷成祖孙也力证西方历算源自中国，"同一时代中尚有王锡阐、全祖望，以及纂修《明史》历志之作者，编纂《畴人传》之作者，多具相同之观点。"③

洋务运动时期，引介的西学内容已从天算历学扩展到了格致诸学及制造工艺技术等，当然也招致了保守士人的抵制和抗拒，例如大学士倭仁就将西学视为一艺之末，不能起衰振弱，例如同治六年二月十五日（1867年3月20日）倭仁就上了一个奏阻同文馆用正途人员学习天算折。④ 为了使西学为士人所接受，"西学中源说"涵盖的范围逐步扩大，到洋务运动后期这一观点颇为流行，并成为将西学纳入中国传统知识系统的重要途径。

---

① 参见章清：《晚清西学"汇编"与本土回应》，《复旦学报（社会科学版）》2009年第6期。

② （清）章梫纂：《康熙政要》，褚家伟、郑天一校注，中共中央党校出版社1994年版，第359页。

③ 王尔敏：《中国近代思想史论续集》，社会科学文献出版社2005年版，第54页。

④ 陈学恂主编：《中国近代教育史教学参考资料》（上册），人民教育出版社1986—1987年版，第187—188页。

随着西学传入范围的扩大以及分科观念的普及，中学知识系统已无法统摄所有当时传入的西学。从零散的学科到格致诸学再到法政诸学，西学自身的知识系统这时已经显现出来。而士人也意识到中西学知识系统的差异，"西学中源"无法解决所有问题。而且，经历了多次失败的战争以及洋务运动的发展，无论是官方还是学术界对西学的接纳程度都已远超洋务运动初期。而在如何处理外来的西学与传统学问的关系（学术领域）上，以及如何用好西学来实现国之富强（政治领域）方面，都迫使士绅和清政府必须慎重考虑给西学以一个恰当的位置，于是就有了"体用""本末""主辅"等范畴来规范中西知识系统的配置问题，也即强调中学为体、为本、为主，西学为用、为末、为辅。这一方面是为了巩固中学的地位，另一方面则是肯定西学之"用"，但也约束其影响。

中国的士人向来不乏对这一问题的积极思考，但清廷中枢对西学的态度此时尤为关键。"长期以来，学界视'中体西用'为洋务派的思想体系"①。而洋务时期，西学传入的范围主要是工艺、格致之学，即形而下之学，完全可以定位于用，亦无太多争议。但后来更多地引入西方的法政诸学，开始介绍另一套治国理念和制度，这就涉及"本"的问题，实际上对政权统治已产生影响，这时清廷中枢的态度就非常重要，既要给予西学一个恰当的位置，又不能影响现有的政治制度。

1893 年，薛福成在《强邻环伺谨陈愚计疏》（1893 年）奏章中提出以中学为体培养道德品性，以西学为用培养各项人才。

> 夫道德之蕴，忠孝之怀，诗书之味，此其体也。而论致用于今日，则必求洞达时务之英才，研精器数之通才，练习水陆之将才，联络中外之译才。该，上也；体少用多，次也。②

---

① 陈旭麓：《论"中体西用"》，《历史研究》1982 年第 5 期。
② 薛福成：《薛福成选集》，丁凤麟、王欣之编，上海人民出版社 1987 年版，第 501 页。

他提出了"体""用"在所占比例上的对比，这是对"中体西用"如何分配提出的建议。他认为"体""用"二者皆备为上，注重"用"而轻"体"则次之。

1896 年 8 月，孙家鼐在"议复开办京师大学堂折"中明确办学的基本宗旨。

> 今中国京师创立大学堂，自应以中学为主，西学为辅；中学为体，西学为用；中学有未备者，以西学补之，中学有失传者，以西学还之。以中学包罗西学，不能以西学凌驾中学，此是立学宗旨。①

他尽力将当时所有关于中西学配置的说法都表述了出来，并警惕地摆正二者的关系，尤其强调不能以西学凌驾于中学。从他的奏折中，可以看出清廷对变法自强的态度。

1898 年，即光绪二十四年，清廷迫于内外压力与重重危机，维新变法的各项举措在前期康、梁的运作下也已陆续展开。光绪二十四年四月二十三日（1898 年 6 月 11 日），光绪帝发布"定国是诏"，谕令中提到"以圣贤义理之学植其根本，又须博采各学之切于时务者实力讲求，以救空疏迂谬之弊。"②至此，以中学为根本，讲求西学之实用在维新变法中已作为配置中西学的基本原则昭告天下。虽然当时变法的思想以康梁的学术思想和政治理念为主导，但是清廷中警惕康学者也不在少数。比如京师大学堂章程最初由梁启超起草，后来孙家鼐于光绪二十四年六月二十二日（1898 年 8 月 9 日）的"奏筹备京师大学堂大概情形折"中已将康、

---

①　汤志钧、陈祖恩编：《中国近代教育史资料汇编·戊戌时期教育》，上海教育出版社 1993 年版，第 122 页。

②　（清）朱寿朋编：《光绪朝东华录》（第四册），张静庐等校点，中华书局 1958 年版，第 4094 页。

梁在大学堂章程中的一些内容——清除了。[1] 而当时康、梁尚未失势，仍受光绪帝看重。张之洞自与康有为的关系破裂以来[2]，一直非常关注和警惕康有为对清廷中枢的影响，作《劝学篇》的用意之一便是辟康、梁之邪说[3]。

正是这一年，张之洞本是受徐桐保荐被诏入京，并有可能入值军机，用于牵制翁同龢的势力，但后因张本人的谨慎及沙市事件而作罢。[4] 但彼时人虽未到京城，但其所作的《劝学篇》（写成于光绪二十四年三月）却引起了光绪帝的注意和重视。是年六月初一，光绪帝召见黄绍箕[5]，他向光绪皇帝推荐张之洞的《劝学篇》，光绪帝遂命其进呈。六月初五，翰林院向军机处咨送《劝学篇》。初六光绪帝即发谕旨，肯定其"持论平正通达，于学术人心大有裨益"并要求"将所备副本四十部，由军机处颁发各省督抚学政各一部，俾得广为刊布，实力劝导，以重名教而杜危言"。[6] 七月初六，光绪帝又命总理衙门排印三百部，获得了敕印的地位。由此《劝学篇》在士大夫中广为流传，其中对中西学关系及配置的系统阐述使

---

① 参见茅海建：《戊戌变法史事考二集》，生活·读书·新知三联书店2011年版，第263—269页。

② 康有为与张之洞在学术思想及政治理念上存在较大分歧，后因办上海强学会和《强学报》而彻底决裂。参见茅海建：《戊戌变法的另面："张之洞档案"阅读笔记》，上海古籍出版社2014年版，第14—24页。

③ 张之洞后来这样追述写作《劝学篇》的原委："自乙未后，外患日亟，而士大夫顽固益深。戊戌春，金壬伺隙，邪说遂张，乃著《劝学篇》上下卷以辟之。大抵会通中西，权衡新旧。"（《抱冰堂弟子记》。此记托名"弟子"，实为张之洞自述）。又如其幕僚辜鸿铭所记载的"文襄之作《劝学篇》，又文襄之不得已也，绝康、梁并以谢天下耳。"辜鸿铭：《张文襄幕府纪闻》，载黄兴涛等译编：《辜鸿铭文集》（上册），海南出版社1996年版，第419页。

④ 参见茅海建：《戊戌变法史事考》，生活·读书·新知三联书店2005年版，第188—195页。

⑤ 浙江巡抚廖寿丰奉旨保举出使人才，其中第一位便是翰林院侍讲黄绍箕。而黄绍箕是张之洞的门生，也是张的侄女婿。

⑥ （清）朱寿朋编：《光绪朝东华录》（第四册），张静庐等校点，中华书局1958年版，第4142页。

"中学为体、西学为用"说①从众多"主辅""本末"之说中脱颖而出。光绪帝亦看重其能"重名教而杜危言"，反映了当时西学大量传播之后的"危言"以及对人心与政权的负面影响。

　　另一本在戊戌年间受到光绪帝推介的书是《校邠庐抗议》。此书为冯桂芬于 1861 年（咸丰十一年）所著，此书刚刊印时并未产生大的影响，当时的冯桂芬居于上海，1862 年入李鸿章幕，并提议设广方言馆，协助李鸿章创设了上海同文馆。此书被光绪帝所识，最早是翁同龢的推荐，戊戌变法期间（五月二十九日），吏部尚书孙家鼐再次推荐此书，请求下旨印刷一二千部，交军机处、交部院卿寺堂司各官，并要求十日内签注出各条措施哪些可行哪些不可行，为此次改革提供借鉴。② 光绪帝欣然采纳，广发此书征集议论，后因戊戌政变而未能将征集的意见汇总执行。该书中《采西学议》一篇被认为是最早提出"中体西用"之说的论述，"以中国之伦常名教为原本，辅以诸国富强之术"③，强调以经史伦常名教为原本，培养一批品学兼优、读书明理之人，取代那些"蠢愚谬妄之通事"之辈，办理洋务，探究西方学问，而逐渐由粗入精，超越于西人之上。此说在洋务人才的培养中有重要影响。

　　一言以蔽之，戊戌变法虽主张学习西方，推行新政，但在文化上却仍强调以中学为根本，维系与纲常名教相捆绑的政治制度。因此张之洞的《劝学篇》恰好在此变革之际正本清源④，摆正了中西学的位置，并认为"政教相维"是"古今之常经，中西之通义"，亦将文化上的保教、保

---

　　①　"中体西用"说并非张之洞的首创，当时士人已多有提及，但并未系统地对此进行论述。张之洞对其进行了详备而深刻的阐述，并因其在做地方大员时推行的各项举措均力行中体西用，因此他成为这一思想的集大成者。

　　②　中国史学会主编：《中国近代史资料丛刊·戊戌变法》（第四册），上海人民出版社 1957 年版，第 562 页。

　　③　冯桂芬：《采西学议》，载《采西学议：冯桂芬马建忠集》，郑大华点校，辽宁人民出版社 1994 年版，第 84 页。

　　④　张之洞写《劝学篇》，是为了"辟邪说"。参见汤志钧：《近代经学与政治》，中华书局 2000 年版，第 217 页。

华种与保国三者合为一心①，由此确立了"中体西用"在国家改革战略中的根本地位，其与光绪帝所要推行的变法思想也不谋而合。故此，"中体西用"的中西学配置方案，后经张之洞的系统论述与清廷中枢的首肯成为戊戌变法及清末十年新政的基本指导方针，亦成为课程设置的基本方针。

---

① 张之洞:《劝学篇》，载苑书义等主编:《张之洞全集》(第十二册)，河北人民出版社 1998 年版，第 9708 页。

第二章 西学进入学堂:《钦定学堂章程》课程政策决策的实践基础

在 1902 年《钦定学堂章程》颁布以前,西方的分科设学在新式学堂中已经得到广泛实施,如从洋务运动时期兴办的各类专业学堂,到维新运动推进过程中兴办的中小学堂,大都采用了西方学堂课程设置的方案,为《钦定学堂章程》推行的课程改革奠定了基础。

第一节 清末教育改革实践的空间格局

一、"西学东渐"的空间格局

从"西学东渐"的空间格局来看,西学的传入是经由通商较早的沿海、沿江地区开始,但在维新运动之前,也就仅限于上述区域,这就是地域上的空间格局。从社会阶层的空间格局来看,西学的传入则首先开始于精英阶层(官绅)。但无论是地域上的西学向内陆的传播,还是从上层精英向下层百姓的传播,教育的改革都在其中扮演了最为重要的角色。由于洋务运动时期的教育改革还未在空间上拓展,所以关键的转折点是在甲午战后的维新运动,以及戊戌年清廷中枢的变法,彼时教育改革全面铺开,在各省州府均改书院、设学堂,"西学东渐"的空间格局通过教育的改革实现了地域和阶层的突破。

二、教育变革力量的来源

那么当时的教育改革之力量又是来自何方呢？任何一个社会的急剧变动，教育并非走在改革的最前沿，而是深藏于政治制度的内部。一旦思想和政治领域发生了重大变化，首当其冲的变革就是教育。就清末这场教育改革而言，最初"提倡教育改革者多为官绅及商人"，[①] 他们亦成为了早期兴办新式学堂的主要力量。但对于清廷中枢而言，某种程度上则意味着国家教育权的失控，这是国家层面进行学制整体改革的原因，国家需要在整体上掌握教育的权力。而在士绅阶层发起的这场教育改革，随后亦影响了受西学影响的官员，他们也开始在地方倡导教育的革新。因此从大环境来看，这种变革的力量不仅来自严峻的国家危机以及由此带来的人才需求的变化，另一种大环境则是西方列强入侵带来的近代自然科学的推进。再从小环境来看，传统教育制度与政治制度具有极强的依附性，在这种背景之下官绅本身就具有教育者的身份，例如冯桂芬、郑观应、张之洞等人。教育改革的动力有一部分就是以这种途径从外部向教育内部传输。

而一旦教育系统内部的改革开启，那么它也就完成了从外围进入核心的过程。如最早开设西学课程的是教会学校，尔后就逐渐发展到洋务运动时期的实业学堂。这种改革的方式都是在原有的教育制度上做"加法"，即增加学习西学的内容，但并未触动传统教育制度的核心——科举制度。而一旦触及了这个敏感核心，就必然会引发争论。从洋务运动到戊戌变法，再到新政的教育改革，就是西学课程逐层从外围进入核心的过程，而最终完成了从课程内容、科举科目的变革引发教育制度的整体变革。

---

① 苏云峰：《中国新教育的萌芽与成长（1860—1928）》，吴家莹整理，北京大学出版社2007年版，第8页。

第二节　洋务运动时期新式学堂开设西学课程引发的争议

近代自然科学知识作为一个系统引入学校课程体系，在西方也经历了一个漫长的过程，并引发了关于设置科学课程与古典课程、宗教课程的争论和斗争。到了 19 世纪，按照近代自然科学的体系设置科学课程已经为大多数欧洲国家所接受，连对此问题最为保守的英国，也在 19 世纪中叶以后"作出了最后的裁决"[①]。

一、教会学堂成为早期引入西学分科设学的主要阵地

"最早在中国创办新式学堂并按照西方分科立学原则设置课程者，是1839年创办的马礼逊学堂。"[②]该学堂迁至香港以后，开设的课程有宗教与德育、英语、地理、历史、算术、代数、几何、初等力学、化学、音乐、体育等课程；中文科则设四书、五经课程。[③]尔后，教会学堂就开始成为了早期引入西学分科设学的主要阵地。当时将西方许多学术门类以课程形式介绍过来的，主要有数学、物理、化学、天文学、地理学、生物学等科目。例如 1864 年成立的北京贝满女校（又名贝满女中），课程就有：四书、女儿经、算术、地理、历史、科学初步、生物、生理学等，但其"最主要的中心科目是《圣经》，一切其他学科都是围绕着这个中心来进行教学。新、旧约圣经的历史和道理都非常仔细地教给学生。其他与《圣经》有关的书，如《真理的权衡》、《基督教信仰的论证》等，也是学生必读

---

① 参见石中英：《知识转型与教育改革》，教育科学出版社 2001 年，第 110 页。

② 左玉河：《从四部之学到七科之学：学术分科与近代中国知识系统》，上海书店出版社2004 年版，第 116 页。

③ 参见张伟保编：《中国第一所新式学堂——马礼逊学堂》，中国社会科学出版社 2012 年版，第 73—80 页。

的书"。① 当然教会学校在引入自然科学等科目时，其课程的核心仍然是围绕着传教来开展的。因此，虽然早期的教会学堂成为引入西学分科设学的主阵地，但是它的影响面相对较小，一方面是学生群体数量少，另一方面则是它的课程设置仍以传教为主，自然科学的科目只是其中的点缀。

二、官方以西学设科兴办西式专门学堂

洋务运动时期，正式开启了由官方兴办西式学堂的序幕，最初仅限于培养外交翻译人才、学习洋文的同文馆。例如，京师同文馆（1862年）最初设立英、法、俄三班②，上海广方言馆（1863年）一开始仅授英国语文兼课中国经史制艺③。1866年恭亲王奕䜣试图使京师同文馆由洋文而及诸学，奏请在同文馆增设天文算学馆④，将算学、天文学之分科设教引入官办学堂。此举当时引发了较大争议，大学士倭仁、御史张盛藻多次上折阻挠，尤其是反对同文馆用正途人员学习天文算学。他们认为，科甲正途乃为朝廷选拔官员的紧要途径，当读孔孟之书、学尧舜之道，明体达用，规模宏远，怎能让这些栋梁之才去学机巧之事呢？西学被视为机巧之事、艺之末端，不是立国之道、根本之图，何况还要奉夷人为师。⑤ 虽然后来洋务一派在争议中占据上风，但亦可见当时要让西学进入正规的教育体系

---

① 陈景磐：《中国近代教育史》（第三版），人民教育出版社2004年版，第73页。

② 丁韪良：《同文馆记》，载高时良编：《中国近代教育史资料汇编·洋务运动时期教育》，上海教育出版社1992年版，第142页。

③ 吴宗濂：《上海广方言馆始末记》，载高时良编：《中国近代教育史资料汇编·洋务运动时期教育》，上海教育出版社1992年版，第208页。

④ 同治五年十一月初五日（1866年12月11日）奕䜣奏请在同文馆添设天文算学馆折；同治五年十二月二十三日（1867年1月28日）奕䜣奏拟同文馆学习天文算学章程折。陈学恂主编：《中国近代教育史教学参考资料》（上册），人民教育出版社1986—1987年版，第182—186页。

⑤ 同治六年正月二十九日（1867年3月5日）张盛藻奏天文算学无庸招集正途折；同治六年二月十五日（1867年3月20日）倭仁奏阻同文馆用正途人员学习天算折。陈学恂主编：《中国近代教育史教学参考资料》（上册），人民教育出版社1986—1987年版，第186—188页。

及人才选拔制度，遭遇了相当大的阻力。

1876年，京师同文馆的总教习丁韪良（William A. P. Martin）[①]为京师同文馆制定的课程即遵照西方分科立学之原则开始讲习西学，其内容包括外语、算学、天文测算、格致学、化学、地理学、金石矿物学、万国公法、富国策等。在各个学科门类之下，又按学年学程进行了细致的划分，例如算学包括数学启蒙、代数学、几何、微积分等[②]。其课程设置和编排也已基本反映了按照西学学科知识体系的逻辑进行编排的特点。随着洋务运动的推进，除了以学习洋文为主的同文馆、方言馆外，各地还举办了各类军事技术学堂、武备学堂、电报、医学、铁路等学堂，这些学堂以专门技艺人才培养为宗旨，以中国传统学问与西学课程共同构成了课程内容，教学目的强调对西学的分类讲求、分科研习，以使之成为新式学堂课程设置的基本模式（参见表2.1）。但就当时的影响范围来看，其主要还是限于对专门人才的培养。

表 2.1　洋务运动时期新式学堂课程设置情况举例

学堂	课程
上海广方言馆（1863年）	1869 年并入江南制造局后的课程设置：一、辨志；二、习经；三、习史；四、讲习小学诸书；五、课文；六、习算学；七、考核日记；八、讲实用；九、学生分为上下班。初进馆者先在下班，学习外国公理公法，如算学、代数学、对数学、几何学、重学、天文、地理、绘图等事，皆用初学浅书教习。若作翻译者，另习外国语言文字等书。至年底考试可取者，察其性情相近，并意气所向，再进上班，专习一艺。十、上班分七门：一、辨察地产，分炼各金，以备制造之材料；二、选用各金材料，或铸或打，以成机器；三、制造或木或铁各种；四、拟定各汽机图样或司机各事；五、行海理法；六、水陆攻战；七、外国语言文字，风俗国政。生徒学此各事之时，仍须兼习下班之学，以冀精深。[1]

---

① 丁韪良，毕业于美国新阿尔贝尼神学院，1846 年应美国长老会传教士麦嘉缔（Divie B. McCartee）的邀请来华。1865 年担任京师同文馆英文教习，1869 年被任命为总教习。在其任内，他全力创设了以自然科学为中心的"西学"课。参见肖朗：《我国近代比较教育研究的早期尝试——论丁韪良的外国教育考察及〈西学考略〉》，《比较教育研究》2000 年第 S1 期。

② 光绪二年（1876 年）京师同文馆课程表。陈学恂主编：《中国近代教育史教学参考资料》（上册），人民教育出版社 1986—1987 年版，第 31—32 页。

（续表）

学堂	课程
江南制造局附设操炮学堂（1874年）	学习内容为汉文、外文、算学、绘图、军事、炮法等。[2]
广东实学馆（1881年）	初习西国语言文字，先切音，次字义，次文法；习算学，先笔算，次代数、几何、平弧三角、测量诸术。其升至一班者，择其体质强壮者，教以驾驶，习航海诸法，航海、天文、船艺集成各书；其文秀而心思灵敏者，教以制造，习重学、微积、化学、格致、汽机、造船、制炮各书；其稍次者教以管轮，习重学、汽机各书；文笔畅达者教以翻译，习《万国公法》《星轺指掌》各书；分门笃守，各专一艺。[3]
天津武备学堂（1885年）	课程：第一类，学习天文、地舆、格致、测绘、算化诸学；第二类，操练马队、步队、炮队及行军步阵分合攻守诸式；第三类，兼习经史以充根底。[4]
北洋武备学堂（1886）	每日讲经史一则。习兵法、地利、军器、炮台、算法、测绘等学。[5]
江南制造局附设工艺学堂（1898年）	开设汉文、英文、算学、画图，并仿照日本大版工业学校章程，设立化学、机器两科，一专教分化物质诸理法，一专教重力汽热诸理法。[6]

注1.同治九年三月初三日（1870年4月3日）冯焌光、郑藻如：《上督抚宪禀（附酌拟广方言馆课程十条）拟开办学馆事宜章程十六条》，载高时良编：《中国近代教育史资料汇编·洋务运动时期教育》，上海教育出版社1992年版，第179—182页。2.《〈江南制造局记〉：记操炮学堂》。载高时良编：《中国近代教育史资料汇编·洋务运动时期教育》，上海教育出版社1992年版，第518页。3.光绪七年五月十三日（1881年6月9日）江海关道：《禀南洋大臣刘（附拟西学章程）》，载高时良编：《中国近代教育史资料汇编·洋务运动时期教育》，上海教育出版社1992年版，第531—532页。4.光绪十三年十月二十五日（1887年12月9日）李鸿章：《武备学堂请奖折》，载高时良编：《中国近代教育史资料汇编·洋务运动时期教育》，上海教育出版社1992年版，第497页。5.《北洋武备学堂学规》（1886年），载高时良编：《中国近代教育史资料汇编·洋务运动时期教育》，上海教育出版社1992年版，第501页。6.《工艺学堂章程》，载高时良编：《中国近代教育史资料汇编·洋务运动时期教育》，上海教育出版社1992年版，第519页。

三、西学知识渗入普通教育及民间办学

到洋务运动的后期（19世纪70—90年代），地方官绅及民间人士亦开始创办兼习中西学的书院。这类书院在传统书院的课程内容上增加了西学内容（参见表2.2），以培养实学人才为目标。虽然这类书院的数量极少，但有所突破的是兼习中学西学的课程设置导向已从专门人才的培养扩展到了普通教育，从教会学校辐射到了中国民间人士举办的私学。

表 2.2　洋务运动时期兼习中西学的书院课程设置举例

书院	课程
陕西味经书院（1873 年）	道学类（《易经》、"四书"、儒先性命之书，兼涉外洋教门风土人情等书）； 史学类（《书经》、《春秋》、历代正史、通鉴纲目、九朝东华录等书，兼涉外洋各国之史）； 经济类（《三礼》、《通志》、《通典》、《通考》、续《三通》、皇朝《三通》、及一切掌故之书，兼涉外洋政治《万国公法》等书）； 训诂类（《诗经》《尔雅》《十三经注疏》及《说文》，先儒考据之书，兼涉外洋语言文字之学以及历算）； 地舆；制造；兵事；电气；光镜；化学；医学；矿学；气学；算学；重学。 每日均作六时，以二时讲阅经史，二时习学西艺及西书，二时游息。[1]
上海格致书院[2]（1874 年）	学有二端，听其所向。一为西国语言文字；一为算学、化学、矿学、机器之学等格致实学。[3]
上海正蒙书院[4]（1878 年）	课程设国文、地理、经史、时务、格致、数学、歌诗等。自甲申年（1882）始添课英文、法文，旁及应对、进退、洒扫，与夫练身习武之术。[5]
上海求志书院（1876 年）	设为六斋：经学，史学，掌故之学，算学，舆地之学，词章之学[6]

注：1.《味经书院时务斋章程》，载高时良编：《中国近代教育史资料汇编·洋务运动时期教育》，上海教育出版社 1992 年版，第 710 页。2. 格致书院于 1874 年开始筹建，1876 年开院，1879 年正式开始招生。3.《格致书院招收生徒启》，载高时良编：《中国近代教育史资料汇编·洋务运动时期教育》，上海教育出版社 1992 年版，第 744 页。4. 后扩建校址改名梅溪书院，1902 年改名为梅溪学堂。5. 张在新：《先君兴办梅溪学堂事略》，载高时良编：《中国近代教育史资料汇编·洋务运动时期教育》，上海教育出版社 1992 年版，第 769 页。6.《上海求志书院章程四则》，载高时良编：《中国近代教育史资料汇编·洋务运动时期教育》，上海教育出版社 1992 年版，第 758 页。

　　这类书院开设西学课程又分两种情况，一种是以中国传统学问的知识分科为主，在各科目中增设西学知识，或增添西学科目。如陕西味经书院、上海求志书院。陕西味经书院在道学类课程中，增设了外洋教门风土人情等；在史学类中增设了外洋各国历史；经济类中兼涉外洋政治《万国公法》等书；训诂类中兼涉外洋语言文字之学以及历算。这是在传统的中学科目中，增设了西学的相关内容，将西学知识融入到中学体系中。另外，科目中新增了地舆、制造、兵事、电气、光镜、化学、医学、矿学、气学、算学、重学等传统知识体系中没有的自然科学科目。从时间分配来看，并未设计各个科目具体的时间，只是要求每日讲习经史和西学西艺的修习时间各二时，即在时间上是平均分配的。

另一种书院开设西学课程的情况则是以西学的知识分科设立基本的课程框架，再辅以经史之阅读。如上海格致书院和正蒙书院。格致书院开设两类课程，一类是西国语言文字，一类是实学，实学则是按自然科学的分类开设的科目。然而，无论是哪一种中西学课程杂糅设置的模式，开设西学课程的效果都不尽如人意。

以格致书院为例，1895年在该校西董傅兰雅撰写的《格致书院课程》中还慨叹前20年格致课程实行之艰难：

> 光绪初年，中西名士创办格致书院于沪渎。经年始成。咸以为从此格致可以盛行，西学不难振兴。然历多年，仍无实效。一由于风气未开，鲜知格致之益。一由于经费不足，未能推广扩充。一由于无合宜之师，足课有志诸士。嘻！惜矣。[①]

上海格致书院尚且如此，何况其他经费、师资、校董更为薄弱的书院。正蒙书院的创办者张焕纶之子也记述了其父兴办之初时的艰辛："开设伊始，来学者即四十余人，时风气犹塞，创里中所未见，疑撼群集"。[②]可见，当时在书院开设西学课程面临的主要困难，一是民间尚无学习西学之风气，大家对洋学堂还心存疑虑；二是西学师资的严重匮乏；三是经费筹措的艰难。

总之，洋务运动时期的西学传播虽然已经形成了一定的规模，在士大夫阶层也有了对西学"有用"的认识，但是对于普通教育而言，开设西学

---

① 光绪二十一年十一月（1895年12月）傅兰雅：《格致书院西学课程序》，载高时良编：《中国近代教育史资料汇编·洋务运动时期教育》，上海教育出版社1992年版，第745页。

② 张在新：《先君兴办梅溪学堂事略》，载高时良编：《中国近代教育史资料汇编·洋务运动时期教育》，上海教育出版社1992年版，第768页。

课程仍是小范围的尝试，影响非常有限。[1] 在这一时期，清政府对举办兼习中西学书院的态度，则是一概照准且对修习西学的课程并无任何干涉或规定。这一方面是源于对洋务人才的需求，另一方面则是因为国家对教育尤其是教育内容的控制主要是通过科举制度，只要科举的内容不变，则人才培养的核心就无法撼动。因此洋务运动开始之初，同文馆用正途人员学习天文学算学之所以遭到强烈反对，因为其触动的就是核心人员的培养。1874 年李鸿章等在关于海防的奏折中奏请"另开洋务进取一格"[2]、1875 年礼部奏请增设算学科、1884 年潘衍桐奏请增开艺学科等[3]，也同样引发了较大争议。

第三节　甲午战争后兴办新式学堂开设西学课程的情形

一、甲午战后西学在教育空间中的延伸

"甲午战争改变了很多人思考的方式和人生的轨迹……包括应该读什么书，什么东西要怎么思考才是对的……"[4]

1895 年，康有为再次上书变法，翁同龢予以支持，光绪帝决议拟下诏勅十二道，布维新之令，可还未发出就被慈禧察觉，未能行变法改革。虽自上而下的改革最终失败了，但康有为、梁启超所组织的一系列维新运

---

[1] "甲午战前的新学校的设立，多以为唯知弥缝补苴，'有学堂如无学堂'，所以无济于国家大局。"王德昭：《清代科举制度研究》，中华书局 1984 年版，第 203 页。

[2] 同治十三年十一月初二日（1874 年 12 月 10 日）李鸿章：《筹议海防折》，载陈学恂主编：《中国近代教育史教学参考资料》（上册），人民教育出版社 1986—1987 年版，第 206 页。

[3] 参见陈学恂主编：《中国近代教育史教学参考资料》（上册），人民教育出版社 1986—1987 年版，第 205—229 页。

[4] 王汎森：《执拗的低音：一些历史思考方式的反思》，生活·读书·新知三联书店 2014 年版，第 124 页。

动却轰轰烈烈地展开了。于教育而言，是大开了时代之风气，陈其璋、李端棻、秦绶章、胡聘之等皆于1895、1896年上折，请求广设学堂、变通书院，增设西学课程，这三个奏议都不再是局限于举办一两所学习西学之书院或学堂，而是要在各省设学堂、变通书院（参见表2.3）。

表2.3　甲午战后至戊戌变法前关于兴办学堂、改革书院的奏疏往来

奏疏	主要内容
御史陈其璋：请整顿同文馆疏（1896年1月23日）	1.介绍泰西之学校：略分三等，初学以七岁至十五岁为度，上学以二十一岁至二十六岁上下为度。计每一百万人，设初学一千二百九十五所，举凡算学、化学，以及格致制造等法，分门别类，精益求精，比造乎其极而后已。 2.将同文馆认真整顿，仿照外洋初等、中学、上学办法，限以年岁为度，由粗及精，以次递进。[1]
总理衙门议复（1896年1月）	请旨饬下沿海沿江将军督抚，体察情形。其已设学堂者，量为拓展，其未设学堂者，择要仿行。要以名实相副为本，一切章程仍咨臣衙门备案，以资查考。[2]
刑部左侍郎李端棻奏请推广学校以励人才折（1896年6月12日）	1.自京师以及各省府州县皆设学堂。府州县学，选民间俊秀子弟年十二至二十者入学，其诸生以上欲学者听之。学中课程，诵《四书》、《通鉴》、《小学》等书，而辅之以各国语言文字，及算学、天文、地理之粗浅者，万国古史近事之简明者，格致理之平易者，以三年为期。省学，学中课程，诵经史子及国朝掌故诸书，而辅之以天文、舆地、算学、格致、制造、农、商、兵、矿、时事、交涉等学，以三年为期。京师大学学中课程一如省学，惟益加专精，各执一门，不迁其业，以三年为期。 2.可令每省每县各改其一书院，增广功课，变通章程，以为学堂。[3]
总理衙门议复（1896年6月）	前已按御史陈其璋请推广学堂奏内意见，请旨饬下沿江沿海将军督抚，于已设学堂者，量为展拓，未设学堂者，择要仿行，听令官绅集资奏明办理，亦即该侍郎所谓推广学校之意。业经奉旨通行各省遵办在案。如内地各府县绅者，闻风响慕，自可由督抚酌拟办法，或就原有书院，量加程课；或另建书院，肄习专门。果使业有可观，三年后由督抚奏明该衙门再行议定章程，请旨考试录用，以昭激劝。[4]
山西巡抚胡聘之、山西学政钱骏祥：请变通书院章程并课天算格致等学折（1896年）	将原设之诗文等课，酌量并减。综核经费，更定章程，延硕学通儒，为之教授，研究经义，以穷其理，博综史事，以观其变。由是参考时务，兼习算学、凡天文、地舆、农务、兵事，与夫一切有用之学，统归格致之中，分门探讨，务臻其奥。 拟就令德书院，另订条规，添设算学等课，拟请旨饬下各省督抚，于现在所有书院，详议推行。[5]

（续表）

奏疏	主要内容
翰林院侍讲学士秦绶章奏请整顿书院预储人才折（1896年9月）	国势之强弱视乎人才。人才之盛衰系乎学校，欲补学校所不逮而切实可行者，莫如整顿书院之一法。各省书院之设，每府州县多或三四所，少亦一二所；其陶成后进为最多，其转移风气亦甚捷。整顿书院曰有三端：一曰定课程。宋胡瑗教授湖州，以经义、治事分为两斋，法最称善。宜仿其意分类为六：曰经学，经说、讲义、训诂附焉；曰史学，时务附焉；曰掌故之学，洋务、条约、税则附焉；曰舆地之学，测量、图绘附焉；曰算学，格致、制造附焉；曰译学，各国语言文字附焉。……制艺试贴未能尽革，每处留一书院课之已足。一曰重师道……一曰核经费……[6]
礼部议复（1896年10月）	查各省建立书院，本为育才之地。本年山西巡抚胡聘之奏请变通书院章程，并课天算格致等学，奉旨允准，经臣部通行各省在案。又刑部侍郎李端棻请推广学校，量加书院课程，亦经总理衙门议准有案。……今该侍讲学士所拟定课程、重师道、核经费各条，亦为实事求是起见，应请一并通行各省督抚学政，参酌采取，以扩旧规而收实效。[7]

注：1.高时良编：《中国近代教育史资料汇编·洋务运动时期教育》，上海教育出版社1992年版，第30—31页。2.高时良编：《中国近代教育史资料汇编·洋务运动时期教育》，上海教育出版社1992年版，第31—33页。总理衙门对陈其璋奏折的议复在光绪二十二年五月该衙门对李端棻推广学校折的议复中又再次提及。3.朱有瓛主编：《中国近代学制史料》（第一辑下册），华东师范大学出版社1986年版，第484—488页。4.高时良编：《中国近代教育史资料汇编·洋务运动时期教育》，上海教育出版社1992年版，第696—697页。5.高时良编：《中国近代教育史资料汇编·洋务运动时期教育》，上海教育出版社1992年版，第699—700页。6.高时良编：《中国近代教育史资料汇编·洋务运动时期教育》，上海教育出版社1992年版，第697—698页。7.高时良编：《中国近代教育史资料汇编·洋务运动时期教育》，上海教育出版社1992年版，第698页。

从上述往来的奏疏中可见，甲午战争之后，许多官员都意识到培养实学人才仅靠培养某方面专才的洋务学堂已然不够，还须广设学校。有意思的是，对于这一教育问题，两个部门都同时在管辖。科举与学校本来是礼部的职责范围，但总理各国事务衙门（也简称总署）成立之后，其统管和推进范围包括新式教育、军事、交通、工业、海关等在内的各项洋务事业，并且位于六部之首，当时甚至还被称为"洋务内阁"。因此，改革书院、增设西学课程虽然属礼部管辖，但在各省设新式学堂则需由总理衙门负责。对于上述请奏，清廷中枢都依议施行，而书院的改革、学堂的设置也都只需要在礼部或总理衙门备案即可。上述奏议也基本形成了戊戌变法期间教育改革的雏形。从这一时期开始，西学课程对传统教育的影响就从上往下开始延伸，并从点到面逐渐扩展。

二、戊戌变法推动的教育改革

戊戌变法期间，在康有为、梁启超等维新派人士的推动下，光绪帝发布了一系列政令来推行教育改革，即兴办新式学堂和改革科举考试。康有为于光绪二十四年五月连上两折于光绪帝，请广开学校，提议"远法德国，近采日本，以定学制"，"遍令省府县乡兴学，乡立小学，令民七岁以上皆入学，县立中学，其省府能立专门高等学大学，各量其力皆立图书仪器馆"，并特别提出在京师设立大学。[①]康有为针对如何根据现有学校系统予以改造的问题指出"泰西各国，尤崇乡学，其中等学校小学校遍地，学校以数十万，生徒数万万"，因此"改直省书院为中学堂，乡邑淫祠为小学堂，令小民六岁皆入学，以广教育，以成人才"，并明确了各级学塾、书院改革之后对应的学堂等级："省府州县乡邑，公私现有之书院、义学、社学、学塾，皆改为兼习中西之学校，省会之大书院为高等学，府州县之书院为中等学，义学、社学为小学"。[②]

光绪二十五年五月二十二日（1898 年 7 月 10 日）所发布的兴学堂之谕旨，就是完全按照康有为这两个奏折的建议而颁行的：

> 将各省府厅州县现有之大小书院，一律改为兼习中学西学之
> 学校。至于学习等级，自应以省会之大书院为高等学，郡城之书

---

① 《康有为：请开学校折》光绪二十四年五月（1898 年 6 月—7 月），载汤志钧、陈祖恩编：《中国近代教育史资料汇编·戊戌时期教育》，上海教育出版社 1993 年版，第 50—52 页。

② 《康有为请饬各省改书院淫祠为学堂折》光绪二十五年十五日（1898 年 7 月 3 日），载汤志钧、陈祖恩编：《中国近代教育史资料汇编·戊戌时期教育》，上海教育出版社 1993 年版，第 52—54 页。

院为中等学，州县之书院为小学，……其地方自行捐办之义学社学等，亦令一律中西兼习，以广造就。……至于民间祠庙，其有不在祀典者，即着由地方官晓谕民间，一律改为学堂，以节靡费而隆教育。①

再就学校教育制度的结构来看，戊戌变法之教育改革仿照泰西学校之模式，建立高等、中等、初等三级学堂，已初具西方现代学制的雏形；且兴办的学堂多为普通学堂，不再是专科学馆或技能训练类的学堂。② 就教育内容而言，明确规定了各学堂一律"兼习中学西学"，自上而下对课程内容作出了要求。但至于新式学堂应该如何办学，仅有京师大学堂之章程供各地参照，对中小学堂并无统一章程，因此各地方学堂均需要自行摸索分级、分班，及考虑中西学的配置与分科的模式（参见表 2.4）。

表 2.4　甲午战后至戊戌变法时期各地兴办的主要中小学堂举例③

学堂	筹办人	学堂之分班分级	学堂课程
天津中西学堂（天津，1895）	盛宣怀	设头等学堂（四年）和二等学堂（四年）。	二等学堂课程 第一年：英文初学浅言，英文功课书，英字拼法，朗诵书课，数学； 第二年：英文文法，英文字拼法，朗诵书课，英文尺牍，翻译英文，数学并量法启蒙； 第三年：英文讲解文法，各国史鉴，地舆学，英文官商尺牍，翻译英文，代数学； 第四年：各国史鉴，坡鲁伯斯第一年，格物书，英文尺牍，翻译英文，平面量地法。 汉文：讲读四书经史之学；讲读《圣谕广训》；课策论。[1]

① 《上谕：书院改学校》光绪二十五年五月二十二日（1898 年 7 月 10 日），载汤志钧、陈祖恩编：《中国近代教育史资料汇编·戊戌时期教育》，上海教育出版社 1993 年版，第 55—56 页。

② "其尤可注意者，甲午后至戊戌的数年间，地方疆吏、大员、士绅有自行筹设学校者，虽开设的动机不尽一致，然宗旨都是为作育堪为时用的人才，而性质多属普通学堂。"王德昭：《清代科举制度研究》，中华书局 1984 年版，第 215 页。

③ 根据以下文献整理：汤志钧、陈祖恩编：《中国近代教育史资料汇编·戊戌时期教育》，上海教育出版社 1993 年版，第 115—256 页。

（续表）

学堂	筹办人	学堂之分班分级	学堂课程
南洋公学（上海，1896）	盛宣怀	分立四院：师范学堂、外院学堂（小学院）、二等学堂（中院）、头等学堂（上院）。上中两院之教习，皆出于师范院；外院之幼童，荐升于中上两院。外院生分四班，满三年挑充升中院之四班，中上两院各分四班，岁转一班，阅八年而卒业。	师范学堂：国学并不上课，任选经史子集以自行研究，遇有疑难，则就正于总教；外国文（英文、法文、日文任选）；其余课程分为数学与格致，格致主要为物理、化学、动植物学、矿物学、生理学、地理学。外院：课程定位国文、数学。中院：国学、史学、地舆、英文（或法文、或日文），随学生级数递增，分别增添世界史地，博物理化法制经济等课。[2]
上海三等公学（上海，1896）	钟天纬受盛宣怀赞助，于上海经正学堂旧址设立	小学堂。分蒙馆（三年8—10岁）和经馆（三年11—13岁）。	蒙馆：专习华文，以识字明义为主。经馆：以读经书为正，习西文为辅。[3]
王氏育材书塾（上海，1896）	王维泰	家族私塾，亦对外开放——《章程》原定设蒙馆、经馆、西馆。后来实际上办的是正馆（中学堂）和备馆（小学堂）	正馆课程：经史、词章、掌故、算学、化学、格致、英文、地理诸课，尤注重国文。备馆课程：国文、英文、算学。塾中课程，半日中学，半日西学，一切分班教约各法，由中西师合同商妥而行。[4]
绍兴中西学堂（浙江，1897）	徐仲凡	1899年蔡元培接办后，开始分级。依国学程度之高下，分三级六斋：最高级曰理学斋，次为词学二斋，又次为蒙学三斋。	国学、外国文（英、法文任选一科）、算学三科。[5]

注：1《光绪二十一年盛宣怀拟设天津中西学堂禀（附章程、功课）》，载朱有瓛主编：《中国近代学制史料》（第一辑下册），华东师范大学出版社 1986 年版，第 490—500 页。2.朱有瓛主编：《中国近代学制史料》（第一辑下册），华东师范大学出版社 1986 年版，第 525—527 页。3《三等公学总章程》，载汤志钧、陈祖恩编：《中国近代教育史资料汇编·戊戌时期教育》，上海教育出版社 1993 年版，第 176—178 页。4《育才书塾章程》，载汤志钧、陈祖恩编：《中国近代教育史资料汇编·戊戌时期教育》，上海教育出版社 1993 年版，第 178—185 页。5《绍郡中西学堂规约》、《绍兴府学学友录》、章景鄂：《记绍兴中西学堂》，载汤志钧、陈祖恩编：《中国近代教育史资料汇编·戊戌时期教育》，上海教育出版社 1993 年版，第 220—229 页。

　　需要指出的是，此时各类新式学堂虽已深入普通教育领域，但国家却暂无统一规定，因此均由各地方督抚、学政、筹办者自行议定。灵活性、自由度过大，导致了学堂分级的混乱。如有按年龄分的，有按某一课的学习程度分的；其中中学堂尤为薄弱，各级学堂之间的衔接也很困难。由于当时的学堂多仿照欧美或日本来制定章程，例如育才书塾的西学课程设置仿照约翰书院章程，南洋公学的外院和中院所列课程则仿日本学校。课程的中西学配置上也有"兼习中西"的体现，中学的学习主要集中于蒙学阶段（小学堂、外院），以识字初读为主，到二等学堂、头等学堂，则基本以西学的课程设置为主。中西学在学习时段上的这种分配方式实际上弱化了对中国传统学问学习的要求。傅兰雅在这一时期为规范格致书院的课程，特别撰写了《格致书院西学课程纲目》（1895 年），他在序言中强调算学之重要，说到

　　　　夫西人肄业以三事为不可少：一识字读书，一写字作文，一熟练数学。三事精通，始可进习他学。华人肄业，亦宜仿行此意，毋以涉猎为也。①

　　因此，上述三事也就成为蒙学阶段的教育内容，同时亦为以后进入西学的专门之学奠定了基础。

　　盛宣怀筹建的天津中西学堂（1895 年）分头等学堂与二等学堂。头等学堂共四年，相当于外国的大学堂；二等学堂亦分四年，相当于外国的小学堂。其由美国驻天津副领事丁家立（Tenney C. Daniel）② 协助拟定章程。再就课程而言，亦拟定了西学逐年的课程及学生如何选拔提升等办法。从表 2.4 中可见，其二等学堂的西学课程非常重视英文的学习，同时辅以数学和格物等课程，其强调的就是西学的基础。目标则主要是为进入

---

① 傅兰雅：《格致书院西学课程序》，载高时良编：《中国近代教育史资料汇编·洋务运动时期教育》，上海教育出版社 1992 年版，第 746 页。

② 丁家立后来也受聘为天津中西学堂的总教习。

头等学堂学习西洋法政、史地及格物各科作准备。从中可以看出，这个课程设置对西学有明确的规划。而对于中学的学习，无论是头等学堂还是二等学堂，都未按年度划分课程，仅列出汉文教习需讲授的内容，因此尚不知其在一日或一年之中的课程中占怎样的比重。表面上来看，虽然列了中学课程，但实际操作上却难以确认中学课程修习的时空保证。

又如南洋公学的二等学堂，课程为国学、史学、地舆、英文（或法文、或日文），随学生级数递增，又分别增添了世界史地、博物、理化、法制、经济等课，这也是西学分科设教的方式，中学的内容仅在国学与史学中有所体现。其师范学堂的国学则更不安排课时，任学生自选经史子集作自行研究，遇到问题时再请教总教习。这样的中西学课程配置，在这一时期的新式学堂中十分普遍，中学为体的要求变成了默认学生入学时就具备了相应中学的学习基础和素养，因此进入这类新式学堂，就基本以西学为主了。因而在课程设置上，修习中学变成了学生课后自己的事情，平日的课时安排均以西学的分科设置为蓝本，这样的新式学堂实际上并未真正落实"兼习中西学的要求"，所以"中学为体"事实上是徒有虚名了。

光绪二十四年八月初六日（1898年9月21日）慈禧发动政变，假光绪帝之名停罢变法。对于大学和已经兴办的小学堂，并未一概否认，提出各地斟酌情形，听民自便。

> 大学堂为培植人才之地，除京师及各省会业已次第兴办外，其各府、州、县议设之小学堂，著该地方斟酌情形，听民自便。其各省祠庙不在祀典者，苟非淫祀，著一仍其旧，毋庸改为学堂，致于民情不便。①

---

① （清）朱寿朋编：《光绪朝东华录》（第四册），张静庐等校点，中华书局1958年版，第4204页。

对于书院，在光绪二十四年九月的谕令中要求不必再更改为学校，其理由是设立书院，原本就是为了讲求实学，并非专尚训诂词章，学习天文、舆地、兵法、算学等经世事务，本来就是儒生分内之事，学堂所学也是这些内容，书院与学堂名虽不同，然实质是一样的，因此也不必再改书院为学堂。[①] 可见，此举并非要终止学堂之设立，而是认为书院本来也应以教授实学为主。但实际情形又如何呢？在这一旨意下达以后，两江总督刘坤一就于十月初三上折奏请"书院不必改，学堂不必停，兼收并蓄，以广造就，而育真才"。[②] 但是，他担忧书院"不必改"会带来一个问题，即各士子不能体会朝廷之用心，考试仍用制艺试贴，有的书院及学生只想专注于时文，而不学习实学。因此他委婉地建议"学堂不必停"，应该有学堂与书院相互观摩参照，使书院不至于忽略实学之学习。[③] 由此戊戌变法中的改书院、兴学堂的政策才能得以延续和保存。

综上所述，从甲午战后个别地方官绅的办学尝试，到戊戌变法各省全面兴办新式学堂，清政府已开始酝酿教育制度的整体变革。虽然变法本身从政治意义上来说是失败的，但其产生的影响对新政时期的教育改革却是有延续性的。新政时期建立的现代学制也是以此为基础，而非另起炉灶。

首先，西学引入的范围已扩大到了西政与西法，并经维新运动而取得了合法的地位。但在教育领域，西学还并未真正成为官方知识，如在中央的政策中，虽要求中西兼习，但并未对西学的具体内容予以明确。

其次，西学的实用知识观又在洋务运动的基础上进一步带来了人才观的变化，即培养实用性人才的意识和倾向更为明确，而不再局限于专门人才的培养。

---

① 参见高时良编：《中国近代教育史资料汇编·洋务运动时期教育》，上海教育出版社 1992 年版，第 704 页。

② 高时良编：《中国近代教育史资料汇编·洋务运动时期教育》，上海教育出版社 1992 年版，第 702—703 页。

③ 参见高时良编：《中国近代教育史资料汇编·洋务运动时期教育》，上海教育出版社 1992 年版，第 702—703 页。

第三，分科观念进一步普及，新式学堂中已广泛采用了西学的分科设教方式，这也为壬寅学制中的课程政策提供了参考。

第四，光绪帝对于《校邠庐抗议》和《劝学篇》的推崇，基本确立了中体西用的价值取向，但在新式学堂实际的课程设置中，西学课程仍成为了主导。在这一时期，西学进入课程系统已经完成了由点（少数学堂）到面（大量新式学堂），由上（高等教育、专门教育）到下（基础教育）的辐射与蔓延。

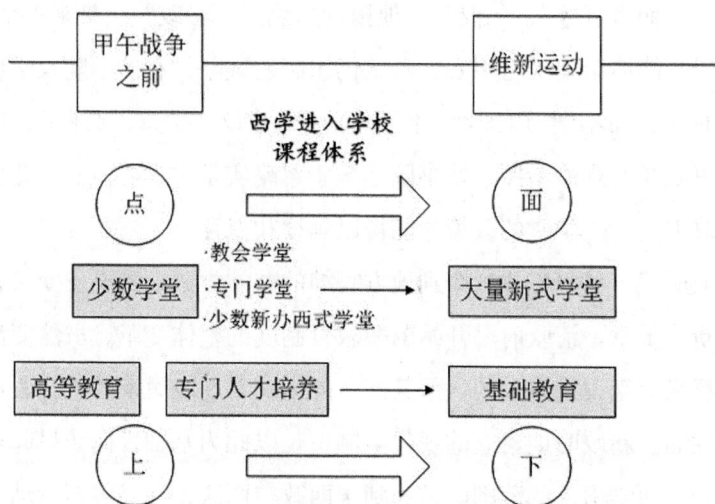

图 2.1　西学进入课程体系范围的变化

虽有维新运动作为基础，但因为戊戌变法的时间实在太为短暂，中央的政令没有来得及落实就戛然而止。再就空间维度来看，西学在基础教育课程中突然大面积地展开，也面临诸多困难。表面上看，西学文化引入时间已经很长，但从空间的深层次结构来看，西学文化仅流行于上层，集中于通商较早的地区。其他地方要骤然全面推开学制尤其是课程的改革，则将遭遇很大的困难。而这也预示了新政时期现代学制推进的难度。

第三章 制度变革的决心:《钦定学堂章程》决策的权力格局

在新政《变法上谕》发布的几个月后,一系列对教育制度的改革就提上了议事日程。光绪二十七年四月十七日(1901年6月3日)谕令科举考试开经济科,七月十六日(1901年8月29日)下令以策论试士禁用八股文,并停武生童生试及武科乡试、会试,代之以建立武备学堂。光绪二十七年八月初二(1901年9月14日)谕令:

> 各省所有书院,于省城均改设大学堂,各府及直隶州均改设中学堂,各州、县均改设小学堂,并多设蒙养学堂。①

由此开始着手建立以新式学堂为主体的现代教育系统。然而这一改革的实际过程远非发布一道谕令如此简单,中央权力的削弱、财政的薄弱、地方的观望等都导致这一谕令发布几个月内,各地并无大的动作。及至《钦定学堂章程》的出台、甚至未及实施便走向终结,其中经历了各种博弈,反映在具体的课程教学内容上,也体现了新政时期中西文化在决策层面的冲突。

甲午战争的失败以及庚子年间的内忧外患,使得慈禧太后急欲"自强

---

① (清)朱寿朋编:《光绪朝东华录》(第四册),张静庐等校点,中华书局1958年版,第4719—4720页。

雪耻"①，而地方的督抚大员也力求变革自强。如李鸿章庚子年十一月上疏"陈请革政"，张之洞、刘坤一与袁世凯、盛宣怀等人也在商议促成国之变革；地方绅民中也有受维新变法思想的影响以及对国事的思虑而主张变革的力量，如沈曾植曾告知张謇，"有拟东南士民与政府书，意行新政"②。从外部的力量来看，西方列强不满顽固派把持朝政，议和时的条件之一便是要清廷严惩顽固派的众大臣，并一直劝行新政。因此，从大的政治环境来看，新政势在必行。于教育而言，建立现代学制以及如何效法西方建立现代学制，还有更为具体的政治背景与文化变革的动力。

第一节　政治势力格局的变化对教育改革决策的影响

一、庚子事变之后保守派势力的削弱

戊戌政变之后，保守派把持着清廷的中央政权。但庚子政局的剧变使得一大批主张对义和团"抚而用之"的保守派纷纷获罪，虽然慈禧太后颇为不忍，但是迫于西方列强的压力，不得不妥协。庚子年闰八月初二（1900年9月25日），清廷上谕惩处庇纵拳匪围攻各国使馆而肇祸的大臣：

> 庄亲王载勋、怡亲王溥静、贝勒载濂、载滢均著革去爵职；
> 端郡王载漪著从宽撤去一切差使，交宗人府严加议处，并著停
> 俸；辅国公载澜、都察院左都御史英年均著交该衙门严加议处；

① "朝廷自经庚子之变，知内忧外患，相迫日急，非仅涂饰耳目，所能支此危局。故于西狩途中，首以雪耻自强为询。……辛丑回銮以后，即陆续举办各项新政。"参见岑春煊：《乐斋漫笔》，载荣孟源、章伯锋主编：《近代稗海》（第1辑），四川人民出版社1985年版，第99页。

② 张謇研究中心、南通市图书馆编：《张謇全集》（第五卷），江苏古籍出版社1994年版，第445页。

协办大学士吏部尚书刚毅、刑部尚书赵舒翘著交都察院、吏部议处。以示惩儆①

王先谦时任岳麓书院山长，他曾作诗对此事评价，可以见得保守一派之观点。

谁遣燕郊走百魔？不应国事尽依阿。竖牛专柄危将至，侯马全身幸已多。（军机大臣刚毅在侯马病故。）终竟晁生须死谢，空闻延广诩横磨。冤魂碧血无人惜，其奈皇舆板荡何！②

这批大臣获罪之后，清廷中央政权的政治势力发生了变化（参见表3.1）。八位军机大臣中有四位因利用义和团事件而被革职，即刚毅、启秀、赵舒翘、端郡王载漪。这些大臣很大程度上代表了清朝的保守势力，不仅在政治上表现为对君主专制统治的维护，在文化上排斥西学、西艺，更拒绝在任何社会制度方面学习西方。到光绪二十七年（1901年），军机处仅增加了瞿鸿禨一人，五位军机大臣均是在庚子事件中脱颖而出，他们大多主张变法图强，虽不一定赞成康、梁式的维新变法，但也不是顽固守旧的势力。如王文韶曾在任直隶总督、北洋大臣期间，在兴办铁路学堂、水师学堂等洋务学堂方面颇有建树。甚至最终促成新政的颁布还来自于军机大臣荣禄和户部尚书鹿传霖的"赞成"，谕旨的文稿即出自荣禄的幕僚樊增祥之手。③而荣禄、鹿传霖、瞿鸿禨后来也是支持张之洞、刘坤一变法主张的重要力量。可见，庚子事变之后，清廷的中央政权确如西方列强

---

① （清）朱寿朋编：《光绪朝东华录》（第四册），张静庐等校点，中华书局1958年版，第4547—4548页。列强并不满意清廷对这些大臣的惩处，甚至提出"若不严办未便收兵"，因此后来慈禧不得不再次连下三道谕令对这些大臣或杀或关或赐死。

② 王先谦：《恭读谕旨，庄亲王及英、赵赐自尽，启、徐、毓正法，赋此》，载王先谦：《葵园四种》，岳麓书社1986年版，第633页。

③ 李细珠：《张之洞与清末新政研究》，上海书店出版社2003年版，第83页。

所期望的那样，改变了"守旧"的模样，保守派势力被削弱，主张学习西方而求国之富强的势力开始占据主导，这是新政诏谕出台的前提，也是其得以实施的基础。

表 3.1　光绪二十五年至二十七年军机处大臣名单[①]

光绪二十五年（1899）	光绪二十六年（1900）	光绪二十七年（1901）
礼亲王世铎	礼亲王世铎（七月，车驾西巡，未随扈。八月，召赴行在。陈病状，未至。）	礼亲王世铎（七月丙寅，罢直。）
荣禄	荣禄（七月，派为留京办事大臣。闰八月，召赴西安行在。）	荣禄（三月，兼督办政务大臣。八月，赐用紫缰，随扈还京。十月，加太子太保。十二月，转授武英殿大学士。）
刚毅(四月，差赴江南各省。十一月，还直。)	刚毅（三月，转吏部尚书。五月，差赴保定一带解散义拳。旋召还。七月，随扈行在。闰八月，卒。）	
王文韶（十一月，协办大学士）	王文韶（二月，加太子少保。七月，扈从行在。十月，授体仁阁大学士。）	王文韶（三月，兼督办政务大臣。六月，兼外务部会办大臣。八月，赐用紫缰，随扈还京。九月，命办理京榆铁路事。旋署议和全权大臣。十二月，兼督办路矿大臣，转授文渊阁大学士。）
钱应溥（四月，病假，五月甲寅，病罢）		
启秀	启秀（五月，兼在总理各国通商事务衙门行走。七月，未随扈。十二月庚申，革逮。）	
廖寿恒（十一月甲寅，免直）		
赵舒翘（十一月甲寅，以总理各国通商事务大臣、刑部尚书在军机大臣上学习行走。旋兼管顺天府尹事。）	赵舒翘（五月，差赴保定一带解散义和拳。越二日回京。七月，扈从行在。九月，革职留任。十二月壬戌，革论。）	
	端郡王载漪（八月丙子，大同行在命为军机大臣。闰八月辛丑，免。）	

---

①　根据《清史稿》卷一百七十七："军机大臣年表二"整理。参见赵尔巽等撰：《清史稿》（第二十一册），中华书局 1976 年版，第 6313—6315 页。

（续表）

光绪二十五年（1899）	光绪二十六年（1900）	光绪二十七年（1901）
	鹿传霖（闰八月辛丑，以随扈行在新授两广总督在军机大臣上行走。旋命以尚书候补。九月，授左都御史，转礼部尚书。十月，转户部尚书。）	鹿传霖（三月，兼督办政务大臣。）
		瞿鸿禨（四月甲辰，以工部尚书在军机大臣上学习行走，兼督办政务大臣。六月，转外务部尚书，兼会办大臣。九月，命办理京榆铁路事。十二月，兼会办路矿大臣。旋去"行走上学习"字。）

二、中央与地方权力结构的微妙变化

清朝的中央集权统治自太平天国运动之后就有所松动，当清廷中央政权直接控制的经制军队被消灭殆尽时，就不得不主动下放部分军政大权，倚靠地方督抚的力量来维持国家的统治。在这一过程中，湘军、淮军势力崛起，地方实力派人物的势力不容小觑。中央与地方督抚的关系已经发生变化，从原先的控制、重用，到后来的依赖。尤其是到了庚子事变时，地方督抚甚至与中央的决策背道而驰①，可见地方的实力与影响力已能与中央抗衡。加之庚子年间，慈禧携光绪皇帝一路西逃，京城被八国联军占领，这在某种程度上也象征着中央政权的溃败。慈禧虽在山西行在发布了新政上谕，但应对内忧外患，清廷中央政权并没有拿出改革的具体解决方案，表面上是广征建议，实际上是对新政改革尚无图谱。可见，在这一时期，清廷的政治权力体系松散无力，中央政权的控制能力减弱，决策能力也受到影响，而地方督抚参与决策、影响决策的效力则明显增强。

光绪二十七年三月初三（1901 年 4 月 21 日），为了推进新政的实施，清廷谕令设立督办政务处，作为办理新政的"统汇之区"，派庆亲王奕劻、

---

① 庚子事变中，清廷利用义和团向西方列强宣战，但两江总督刘坤一、湖广总督张之洞却在联合东南各省督抚，与西方列强策划"东南互保"，公然不履行朝廷的旨意。但事实上后来却因此举挽救了清廷而受到慈禧的褒奖。

大学士李鸿章、崑冈、荣禄、王文韶、鹿传霖为督办政务大臣，刘坤一、张之洞作为地方督抚"遥为参预"。①这是在行政上确立了刘、张参与决策的实质性地位。而后来新政实施初期，采用的就是张之洞与刘坤一的《江楚会奏三折》所提供的较为完整的改革方案。由此可见地方督抚在新政改革中的影响力。

在财力方面，清廷实施新政也面临极大的困难，必须依托地方筹集各个款项。光绪二十七年七月二十五日（1901 年 9 月 7 日）清政府与八国联军签订议和的《辛丑条约》，面临支付西方列强巨额赔款达 9.8 亿两白银，为了筹措赔款，中央及地方财政已非常紧张，难以为各地办学再支付中央的经费，均需靠各地自行解决。因新政的推行而导致的苛捐杂税也使人民怨声载道，各地兴办中小学堂甚为困难。张之洞与刘坤一的会奏变法折中，还附带了一个夹片，即"请专筹巨款举行要政片"②，建议多方筹款以实施新政。由此可见，清廷要兴办学校、建立现代学制，只是在名义上发布中央的政策，但却没有实际的拨款，全靠地方自行筹款。换言之，在政策实施的过程中，地方的实权非常之大，而中央的控制、监管则相对较弱。并且地方督抚在新政实施的筹款、办学、练兵过程中，又进一步扩大了地方的军权、财权以及对文化的影响力，也为清朝最后的覆灭埋下了伏笔。

地方势力的兴起、中央集权的削弱，在教育改革中则体现为"'中央政府'或'顶层人士'对地方社会的渗透与改造能力尚未强大到可以消灭地方社会的传统文化势力。"③这使得国家层面的课程改革政策并非一下子就能在地方层面施行，这也恰好为中国传统学问的保存留下了空间。

---

① 参见（清）朱寿朋编：《光绪朝东华录》（第四册），张静庐等校点，中华书局 1958 年版，第 4655 页。

② 张之洞等：《请专筹巨款举行要政片》（光绪二十七年六月初五），载苑书义等主编：《张之洞全集》（第二册），河北人民出版社 1998 年版，第 1450—1452 页。

③ 周勇：《江南名校的中国文化教育》，教育科学出版社 2008 年版，第 50 页。

三、观望与制衡：对朝廷变法的动机和决心尚存疑虑

自光绪二十六年十二月初十（1901 年 1 月 29 日）新政上谕颁布以后，要求军机大臣、大学士、六部、九卿、出使各国大臣、各省督抚两个月内复奏对新政各方面的具体改革措施各举所知，各抒所见。

> 著军机大臣、大学士、六部、九卿、出使各国大臣、各省督抚，各就现在情形，参酌中西政要，举凡朝章国故，吏治民生，学校科举，军政财政，当因当革，当省当并，或取诸人，或求诸己，如何而国势始兴，如何而人才始出，如何而度支始裕，如何而武备始修，各举所知，各抒所见，通限两个月，详悉条议以闻。①

然而，戊戌政变的阴影仍在，大臣们弄不清慈禧的真实意图，是否真的要变法图强，效法西方的"度"如何把握，也害怕后期被清算。因此，各地督抚四处打探消息，观望事态的发展。如张之洞就曾在致安庆王抚台的电牍（光绪二十六年十二月二十四日）中说"复奏万不可急，东南数大省必须大致商妥"。②

两个月过后，仍迟迟没有奏议，慈禧不得不再次谕令催促"迅速汇议具奏，勿稍迟延观望"③ 各地督抚认为即便要提出具体的改革举措，也试图联衔会奏，以便统一意见、分担责任。但后来由于各种原因，联衔会奏流产，各省单衔具奏，而两江总督刘坤一仍坚持与湖广总督张之洞联衔会

---

① 《变法上谕》光绪二十六年十二月初十（1901 年 1 月 29 日），载（清）朱寿朋编：《光绪朝东华录》（第四册），张静庐等校点，中华书局 1958 年版，第 4601—4602 页。
② 苑书义等主编：《张之洞全集》（第十册），河北人民出版社 1998 年版，第 9497 页。
③ 光绪二十七年三月谕。（清）朱寿朋编：《光绪朝东华录》（第四册），张静庐等校点，中华书局 1958 年版，第 4655 页。

奏，并由张之洞主稿。张之洞也多方征求意见，观察各处动静，联络各地督抚，主张各地虽单奏，但要保持大体一致的论调；同时，他还通过耳目从西安"行在"探听消息，以把握朝廷的态度。①

这种观望也体现在各地遵诏谕"改书院、设学堂"的过程中。光绪二十七年八月初二（1901 年 9 月 14 日）朝廷即谕令各省、府、直隶州及各州、县分别将书院改设为大、中、小学堂。②而至两个多月后③，真正行动起来的地方仍然很少，以各种理由观望迟延者众，唯有袁世凯主政的山东有所行动④。因而政务处奏请督促各省速办学堂，中央不得不再次谕令，要求各省参照山东兴办学堂的模式，立即仿照举办，不许再延宕。到光绪二十八年二月（1902 年 3 月），各省仍未汇报学堂举办的情况，中央不得已再次下令：

> 其各懔遵迭次谕旨，妥速筹画，实力奉行，即将开办情形，详细具奏。如再观望迁延，敷衍塞责，咎有攸归，不能为该督抚等宽也。⑤

这种观望的心态一方面体现了地方大臣对中央意图的揣测和不信任，另一方面也是制度、文化冲突的一种隐性表现。以前设立新学，皆是新增，而"改书院、设学堂"的政策要求全面改建旧学校为新式学堂，这就与旧制度产生了正面的冲突。虽然顽固派不再把持朝政，但仍不乏有大臣

---

① 参见李细珠：《张之洞与清末新政研究》，上海书店出版社 2003 年版，第 92—93 页。

② 参见（清）朱寿朋编：《光绪朝东华录》（第四册），张静庐等校点，中华书局 1958 年版，第 4719—4720 页。

③ 光绪二十七年十月十五日（1901 年 11 月 25 日）。

④ 袁世凯也是较早上疏对于新政建议的地方大臣。袁世凯时任山东巡抚，于光绪二十七年三月（1901 年 4 月）便上疏对新政的看法和建议。而张之洞等人于光绪二十七年五月（1901 年 7 月）才复奏。

⑤ （清）朱寿朋编：《光绪朝东华录》（第四册），张静庐等校点，中华书局 1958 年版，第 4833 页。

官员对学习"西政"持保留态度，对寻求自强的途径仍持有疑虑。而在新的教育改革中，西学作为课程内容，不再是新增的几个门类的知识，而是要全面取代过去的知识分类体系，这在文化上亦产生了较大的抗拒，这也反映在新政改革后期有不少官员、士绅（包括张之洞）呼吁保存国学的行动上。

以张之洞为代表的部分地方督抚，一直在寻求平衡，他可能走向激进，但又时时警惕慈禧等的态度，而如刘坤一则更为保守，这两类官员恰恰起到了平衡作用。而这也反映在对待西学和中学的态度上。

四、寻求稳妥的变法起点：先行变革教育

虽然对新政观望的心态弥漫于地方官员中，但着手教育变法的改革在大家看来还是相对稳妥的举措。当时，朝野上下，议论教育改革之声日盛。① 一方面由于新政中朝廷表明了对人才的渴求，另一方面洋务运动以来官方已经有了在各地兴办各类新式学堂的经验，而地方的士绅则从洋务运动后期开始，就在民间兴办了一些新式学堂，在此基础上提出变革教育的主张就有了实践的基础。另外，在官员们看来，对于教育的变革，仅涉及对人才培养目标和途径的改革，是变法图强培养人才的重要途径，不会危及政权的稳定②。因此，他们认为新政的变法从对教育的改革开始是稳妥的。如袁世凯在与张之洞、刘坤一等商量新政复奏时，曾有电文表达这一意见：

---

① 如梁启超所言"吾国自经甲午之难，教育之论，始萌蘖焉；庚子再创，一年以来，而教育之声，遂遍满于朝野上下，此实渐进文明之一征也。"梁启超：《论教育当定宗旨》，载梁启超：《饮冰室合集》（第二册）（饮冰室文集之十），中华书局1989年版，第53—54页。

② 作者注：后来清末社会及教育的发展恰恰否定了这一对教育变革的假设。废科举、兴学堂这一对教育的重大改革实质上已经打破了中国传统政权统治的格局。

回銮以前，如不先行新政，有大可虑者二：各国以现之政府守旧顽固，倘回銮后，各国要挟以更换执政，拒之不足，国体安在？可虑一。各国皆盼我变法，倘回銮后各国缕列多款，要挟照行，执政不敌，允则干预，可虑二。……拟请两帅或联名电枢，或会衔电奏，如能将兴学堂、改科举等事，先行数件，则各国耳目一新，保全甚多，其弛张横议之流，亦可稍敛。①

袁世凯认为，新政先从教育入手是稳妥之举，其既能展现朝廷变法革新的执政面貌，又能缓和与西方列强的关系。事实上，他在山东就是照此施行的。

张之洞与刘坤一《江楚会奏三折》的第一折就是"变通政治人才为先遵旨筹议折"，即改革教育，且该折最先递送朝廷②。而后两折（除旧蔽、行新法）才更是他们期望的新政改革的核心。而且第二折（整顿中法）与第三折（采用西法）上呈的顺序也颇值得寻味。张之洞原先极力主张以行西法为第一义，并曾在窥探上意时致安庆王抚台的电牍中说"变法不重西，所变何事"③，"如不采纳，再及第二义（即整顿中法）"，但实际递交的奏折，整顿中法为第二折，采用西法为第三折，且第三折还晚一天才上奏。④ 这里既有刘坤一对奏折所定的基调，也有张之洞多方打探消息，对自己变法思想的权衡折中。将改革教育放在第一折，无疑是最稳妥的，而这也是他对中央是否真正要"行西法"的再次试探。

---

① 《辛丑四月十一日济南袁来电》，《张之洞存各处来电》第47函，所藏档甲182—149。转引自李细珠：《张之洞与清末新政研究》，上海书店出版社2003年版，第96页。

② 第一折上奏的时间是光绪二十七年五月二十七日（1901年7月12日），第二折上奏的时间是光绪二十七年六月初四（1901年7月19日），第三折上奏的时间是光绪二十七年六月初五（1901年7月20日）。参见苑书义等主编：《张之洞全集》（第二册），河北人民出版社1998年版，第1393—1449页。

③ 张之洞：《致安庆王抚台》（光绪二十六年十二月二十四日），载苑书义等主编：《张之洞全集》（第十册），河北人民出版社1998年版，第8497页。

④ 参见李细珠：《张之洞与清末新政研究》，上海书店出版社2003年版，第96页。

第二节　新政启动的制度变革及价值核心

一、不自迷本始：变法不变道

清廷在鸦片战争后一直面临的政治矛盾：是继续沿用儒家传统，还是启用西方的政治思想？这种冲突在新政时期尤为突出。而新政《变法上谕》又作出了怎样的选择？由《变法上谕》可见，推行新政的宗旨是变法自强，而"变"的背后也有"不变"的价值基础，即仍坚持以中国传统文化的纲常伦理为价值核心，这一核心是不可变更的。

> 光绪二十六年十二月初十（1901 年 1 月 29 日）谕："世有万禩不易之常经，无一成不变之治法。穷变通久，见于《大易》，损益可知，著于《论语》。盖不易者三纲五常，昭然如日星之照世；而可变者令甲令乙，不妨如琴瑟之改弦……"①

其不易之"三纲五常"，当然有维护清政权统治的一面。但不可否认的是，"三纲五常"也是中国传统文化对人伦关系的基本规范，它是构成政治秩序和社会秩序的基础。而这一规范来自于何处，或者说其合法性又从何而来？上谕中称其"昭然如日星之照世"，日星乃宇宙自然之物，有其自然运行之道，这一比喻明示其并非来自于人的立法，而是来自于天道，是圣人法天道而制作的。因此，这一人伦规范，被认为是"万古不易之常经"。

因此，在教育领域的新政措施中，也以"三纲五常"为实施教化的价

---

① 《变法上谕》光绪二十六年十二月初十日（1901 年 1 月 29 日），载（清）朱寿朋编：《光绪朝东华录》（第四册），张静庐等校点，中华书局 1958 年版，第 4601—4602 页。

值核心。如在制定学制之前，清廷已开始改书院、设学堂，虽有教授西政、西艺的目标，但也强调学堂的教学应以四书、五经为主要内容，主次之分明确：

> 光绪二十七年八月初二（1901年9月14日）谕："……着各省所有书院，于省城均改设大学堂，各府及直隶州均改设中学堂，各州、县均改设小学堂，并多设蒙养学堂。其教法当以'四书''五经'纲常大义为主，以历代史鉴及中外政治、艺学为辅，务使心术纯正，文行交修，博通时务，讲求实学，庶几植基立本，成德达材，用副朕图治作人之至意……"①

可见，清廷希望新的教育改革中，新式学堂虽以西方学堂的模式构建，但不能变易其根本，仍以四书、五经所蕴含的纲常大义来塑造学生的价值观，并将学生"心术纯正"置于教学目标的首位，这与中国传统教育以德行为首的目标是一致的。而这里的"心术纯正"便是遵循三纲五常的人伦规范，这也是"基"与"本"。唯有"植基立本"，才能"成德达材"。

这一价值核心当然也容易得到保守派的认同。同时，力主变法改革的大臣或地方官员、地方士绅们也能在这一价值基础之上兴办新式学堂。这就既保证了国家价值信念系统的延续和统一，避免了道德的真空或混乱状态，又避免了政治和文化权威的丧失。

二、认可对西方制度的学习：不固守，图国之富强

一方面清廷以传统的核心价值观来维持政权统治的合法性，另一方

---

① （清）朱寿朋编：《光绪朝东华录》（第四册），张静庐等校点，中华书局1958年版，第4719—4720页。

面，在不威胁其政权统治的前提下，清廷开始认同对西方现代制度的学习，并将其视为更先进、更文明的代表，以图国之富强。

> 至近之法西学者，语言文字、制造器械而已，此西艺之皮毛，而非西政之本源也。居上宽，临下简，言必信，行必果，我往圣之遗训，即西人富强之始基。中国不此之务，徒学其一言一话、一技一能，而佐以瞻徇情面、自利身家之积习。舍其本源而不学，学其皮毛而又不精，天下安得富强耶？[1]

《变法上谕》对洋务运动学习西艺之皮毛进行了批评，将变革的内容推进到对西政的学习，即进入制度层面的学习。这也是新政时期建立现代学制的现实政治基础。即不仅是在科举内容或学习科目上增加学习西艺、西学的内容，或开设专门学习西艺的学校，而是要以西方教育制度为蓝本，改革整个传统的教育机制。

"居上宽，临下简，言必信，行必果"皆出自《论语》，为中国士人几千年所熟知，是为君王、君子的准则。上谕中将此亦视为西人富强之始基，意在打消中西文化的紧张对立，以建立起二者同源的联系，并为自上而下学习西方制度、西方文化奠定思想基础。

总之，从《变法上谕》来看，新政改革对待中西文化的态度基本与戊戌变法时一样，坚持的是"中体西用"的文化配置方式。但新政对于"中学为体"以及对于政体的维护是始终坚持不变的，这与戊戌变法期间对中国传统政体的挑战有所区别，也与戊戌变法时期慈禧与光绪帝皇权分立为二的权力格局背景有关，新政时期光绪帝的影响已几乎丧失殆尽，仅成为一个象征，但从中央来看，权力的争斗则较之前有所好转，这也为新政的

---

[1] 《变法上谕》光绪二十六年十二月初十日（1901 年 1 月 29 日），载（清）朱寿朋编：《光绪朝东华录》（第四册），张静庐等校点，中华书局 1958 年版，第 4601—4602 页。

推行奠定了有利的基础。而决心进行制度层面的变革，则是新政作出的重要决策。教育制度的变革成为首当其冲的内容。制度层面的变革为"中体西用"的文化配置方式在课程体系中的全面推行奠定了制度基础，反之亦推动了中体西用观从清廷中枢以及官绅层面，通过教育的改革向整个社会推进。

第四章 多重势力的影响：《钦定学堂章程》的决策团体

把政策研究还原到对决策者本身的研究，可以呈现更为丰富、更为全面的决策过程。正如关晓红对清末制度研究的综述中所言，当前的研究存在的问题或困难之一就是将章程条文简单地等同于事实，而未能深究文本和体制的复杂来源及演化。[①] 因此，本章试图从对决策团体中的人与组织的分析，来呈现清末《钦定学堂章程》条文制定背后的文化因素与权力关系。

经历戊戌政变和庚子事变之后，清廷中枢机构的人员也发生了较大变化。光绪皇帝被幽禁，支持维新运动的许多官员被问罪革职；而顽固的保守派势力也在庚子事变后被削弱，锐意革新的激进派更加谨慎。关于学堂章程的制定，则由管学大臣张百熙直接负责。纵观章程起草到最终颁布的过程，可以看出影响章程的制定与出台实是一个围绕着众多复杂人物的决策团体。（如图4.1）

第一节 清廷中枢的组织与人员构成

一、军机处

在这个决策团体中，处于最高层的是清廷政治权力中心——军

---

① 参见关晓红：《清末新政制度变革研究》，中华书局2019年版，第4页。

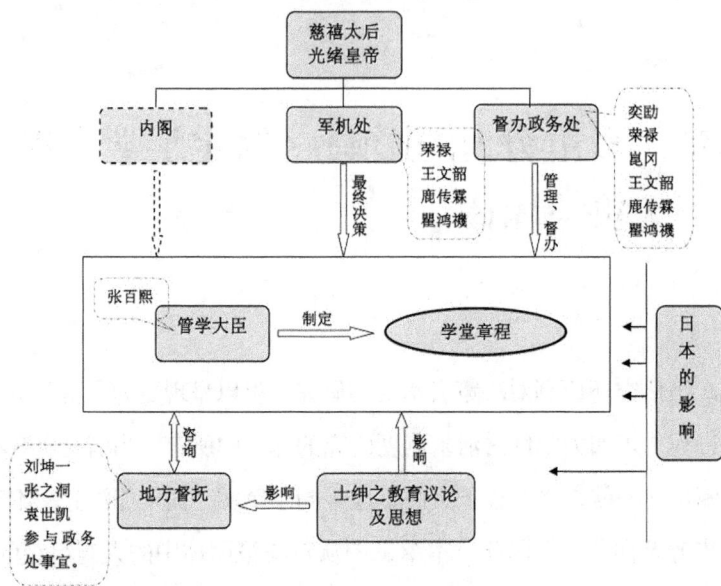

图 4.1 制定及颁布学堂章程的决策团体（光绪二十八年，1902 年）

机处^①，及其背后的慈禧太后，他们拥有最终的决策权。如表3.1所示，自庚子事变以后，军机处的大臣发生了较大变化。而在 1901—1902 的两年之间，除礼亲王世铎因病罢直，还并未发生其他人员的变动，即光绪二十八年（1902 年），军机处共有四位大臣：荣禄、王文韶、鹿传霖、瞿鸿禨^②。但自礼亲王世铎罢直之后，荣禄即升任为军机首领^③。戊戌政变后，荣禄深得慈禧倚信，手握军政大权，但他并非如康、梁等人所评定的始终

① 军机处是清代辅佐皇帝的中枢机构，设立于雍正年间，专办军机要务，逐渐取代内阁地位。军机大臣参与军国大事的决策，负责上谕的撰拟与颁发以及奏折等机密文书的处理，总揽国家机要政务。

② 卷一百七十七："军机大臣年表二"，载赵尔翼等撰：《清史稿》（第二十一册），中华书局1976 年版，第 6315 页。

③ 即军机大臣中为首者，或称领班大臣。军机处向例，凡京外章奏，有皇帝发交军机处议处的折件，必须先待军机领袖阅毕，再由他指定某位军机大臣阅看，而其余几名军机不得聚观。军机领袖对奏章的处置意见，其他军机即使不同意，在值班时，也不允许表示反对。只有当一起被皇帝召见，命各抒己见时，方可直接向皇帝面述。参见赵蕙蓉：《清廷军机处与军机章京》，《故宫博物院院刊》1986 年第 3 期。

站在变法的对立面，代表顽固守旧的势力。从甲午战争后他的信札往来可以看出，他其实也是主张变法图强的。但与康有为、梁启超等维新派激进的变法思路不同，他主张以补偏救弊，不在遇事纷更。① 而且在戊戌政变后他还竭力保护参加过维新运动的人员，缓和慈禧对维新派的震怒。② 如张百熙因保举康有为免试经济特科而受革职留用的处分③，后很快又官复原职，就与荣禄有着密切关系④。

庚子国变后，军机处急需补充人才，遂召张百熙与瞿鸿禨至西安行在，并命二人就变法自强各抒所见。张百熙敬承万言之书，可能因言辞略激进，慈禧对其尚有疑忌，故最终选瞿鸿禨入直军机。而瞿、张二人本关系甚密，生同里闬，同治九年庚午同领乡荐，相继成进士，入词林（瞿辛未，张甲戌）⑤，其后同官学政、尚书，一直多有书信往来，并就诸多办学之事亦相互商量。⑥ 张百熙因与荣禄、瞿鸿禨的关系，在兴办大学堂及制定学堂章程中，亦从军机中枢得到了支持。军机处另外两位重臣王文韶与鹿传霖皆是庚子事变中追随慈禧西狩的旧人，但王文韶为官谨慎，明于趋避，瞿鸿禨是其学生，瞿鸿禨入军机亦有王文韶之提携，据王文韶日记记

① 参见冯永亮：《荣禄与戊戌变法》，《清华大学学报（哲学社会科学版）》1998年第3期。

② 《字林西报周刊》光绪二十四年十月十四日"列强在北京"。见中国史学会主编：《中国近代史资料丛刊·戊戌变法》（第三册），上海人民出版社2000年版，第498页。

③ "二十四年，坐滥举康有为，革职留任。"赵尔巽等撰：《清史稿》（第四十一册），中华书局1976年版，第12441页。

④ "九月，以滥保康有为等，部议革职，加恩改为革职留任。十二月，开复处分。"《清史列传》（第十六册），王锺翰点校，中华书局1987年版，第4819页。"张百熙以保举康梁，奉严旨革职留任。刚往广东筹饷，适张督学其间，刚一见，即牵裾问曰：'你与荣禄总有什么交情？你这个罪名，要在别人手里，断无如此从宽发落'。张猝不能答，唯唯而已。"参见（清）李伯元：《南亭笔记》，薛正兴校点，江苏古籍出版社2000年版，第31页。另据吴汝纶记载，张百熙任职管学大臣后与荣禄的关系也非同一般，几乎大小事宜都征询荣禄意见。"然足见其人唯荣相之指麾也。"参见吴汝纶：《谕儿书》，载吴汝纶：《吴汝纶全集》（第三册），施培毅、徐寿凯校点，黄山书社2002年版，第597页。

⑤ 参见徐一士：《一士类稿·一士谭荟》，重庆出版社1998年版，第318页。

⑥ 参见《致瞿鸿禨书（一）》《致瞿鸿禨书（二）》《致瞿鸿禨书论办学》，载（清）张百熙：《张百熙集》，谭承耕、李龙如校点，岳麓书社2008年版，第68—73页。

载，瞿鸿禨抵达西安以及入直军机后，常到王文韶府邸拜访商谈。① 鹿传霖与荣禄亦交好②，他在任四川总督期间曾因藏事而被免职，他的再次复出就是因荣禄的举荐而出任广东巡抚③，庚子事变时任江苏巡抚，北上山西又随护慈禧与光绪到西安，途中命其以候补尚书入值军机。

总之，从军机处的人员构成来看，庚子国变之后，政治权力还是相对集中的，慈禧及其亲信荣禄是权力的核心，王文韶则位列荣禄之后。④ 新选入军机的人员在对待变法改革一事上都是谨慎而平和的，暂时没有出现保守派与激进派的对立，或是满汉的严重对峙。从张百熙未能入值就可看出整个军机处的基调——确定要变法改革，但不可过于激进。

二、内阁

清廷之内阁沿续明朝的制度，本为协助皇帝处理政务的咨询机构，后来也曾成为最高权力中心，然"雍正以后，承旨寄信有军机处，内阁宰辅，名存而已"。⑤ 内阁实权虽有旁落，但其品列皆为文班之首。至清末，任军机领袖的，除亲王之外，皆为大学士。因而，相比军机处，内阁虽不

---

① 参见王文韶：《王文韶日记》（下册），袁英光、胡逢祥整理，中华书局 1989 年版，第 1024—1058 页。

② 在光绪二十年（1894 年），有一封荣禄写给鹿传霖的便条，评价了当时的军机大臣："常熟奸狡性成，真有令人不可思议者；其误国之处，有胜于济宁，与合肥可并论也。合肥甘为小人，而常熟则仍作伪君子。刻与其共事，几于无日不因公争执；而高阳老矣，又苦于才短，事事为其欺蒙，可胜叹哉！"当时荣禄刚进京任步军统领、总理各国事务大臣，鹿传霖任陕西巡抚，若非二人关系至密，否则不可能如此评价军机处的大员及幕僚内幕。该信札见于中国史学会主编：《中国近代史资料丛刊·中日战争》（第四册），上海人民出版社 1957 年，第 576 页。

③ 在光绪二十四年六月杨锐致张之洞的密信中，曾提到"荣相到津后，奏保中外二十余人，以鹿制军为居首"。转引自茅海建：《戊戌变法的另面："张之洞档案"阅读笔记》，上海古籍出版社 2014 年，第 174 页。

④ 根据王文韶日记记载，若荣禄请假未能入直，则由王文韶领班入对。如光绪二十七年十二月初七日记"荣相家有葬事，请假十五日。"次日（十二月初八日）则记有"领班入对。"王文韶：《王文韶日记》（下册），袁英光、胡逢祥整理，中华书局 1989 年版，第 1055 页。

⑤ 赵尔巽等撰：《清史稿》（第二十一册），中华书局 1976 年版，第 6315 页。

再拥有最高决策权，但内阁大学士个体对新政的决策仍然具有重要影响。如光绪二十八年，内阁大学士有荣禄、王文韶、崑冈、孙家鼐，协办大学士为崇礼、徐郙。[①]其中荣禄与王文韶又同为军机大臣。崑冈是宗室，"学问悠长，老成恪慎"[②]，当时主管兵部事务，兼任督办政务处大臣，但是年崑冈因身体状况较差，其间多次告病退未准[③]。孙家鼐与翁同龢同为帝师，在戊戌变法期间亦支持光绪帝变法，成为首任管学大臣[④]，一应兴办学堂之事均由其裁夺。戊戌政变后，因孙之变法主张多平和中正，故并未受牵连，但后因反对"废立"而自己告病还乡[⑤]。庚子国变銮舆西幸，孙家鼐趋赴行在，补礼部尚书，复拜翰林院掌院学士之命[⑥]。返京后，晋大学士，主要管理吏部事务。此时之孙家鼐虽不再主管学堂事务，但因曾任管学大臣，主持兴办京师大学堂并详定规则，因而其对学堂章程决策的直接影响不可忽视。从张百熙与瞿鸿禨的书信中亦可见，张百熙平日常与孙家鼐讨论办学之道。[⑦]

---

① 卷一百七十五："大学士年表二"，载赵尔巽等撰：《清史稿》（第二十一册），中华书局1976年版，第6222—6223页。

② 《清史列传》（第十五册），王锺翰点校，中华书局1987年版，第4507页。

③ "二十八年，以病加恩开去对引差使，并加恩在西苑门内乘坐肩舆。二十九年五月，授文渊阁大学士。两次因病奏请开缺，均得旨慰留。"《清史列传》（第十五册），王锺翰点校，中华书局1987年版，第4507页。

④ 胡思敬《戊戌履霜录》（卷一政变月纪）中记载"孙家鼐本东宫旧傅，在廷臣中最称拘谨。官书局初起，编修熊亦奇等区处既定，求家鼐代陈，以此得名，遂领学务。"载杨家骆主编：《戊戌变法文献汇编》（第一册），台北鼎文书局1973年版，第362页。

⑤ 参见赵尔巽等撰：《清史稿》（第四十一册），中华书局1976年版，第12439页。

⑥ 《清史列传》（第十六册），王锺翰点校，中华书局1987年版，第5095页。

⑦ "所难者，则学堂也。（从前京师议论皆以学堂为无父无君之地。今犹是见解，犹是议论也。时与夔臣（孙家鼐）相国言及，同为太息久之。）"参见《致瞿鸿禨书论办学》，载（清）张百熙：《张百熙集》，谭承耕、李龙如校点，岳麓书社2008年版，第71页。

三、政务处

督办政务处（简称"政务处"，后改名为"会议政务处"）设立于光绪二十七年（1901年）三月，正式开用关防是在两宫返京后，据王文韶的日记记载，光绪二十七年十二月十七日（1902年1月26日）"政务处开用关防，偕滋、玖两公同日到任，设在东华门内旧时会典馆"。[1] 日记中所提到的"偕滋、玖两公同日到任"，是指政务处正式开始办公，同日到任的官员包括了鹿传霖（滋轩）、瞿鸿禨（子玖）。

据《政务处开办条议》所载，虽"向来军机处为政事统汇"，而"今别设政务处以军机大臣领之并添派王大臣。领之事体重要，天下观风，在事之员皆当力任其难勿劳勿怨。"[2] 可见政务处之设立，在于"新政"兹事体大，需特设部门统汇"新政"各项政事。它不同于以前衙门办事之法还在于，新政之具体举措并非完全由清廷中枢产生，而是先从各级官员中汇集新政改革之各项举措，然后"体察时势，抉择精当，分别可行不可行，并考察其行之力不力"[3]，最后再上奏抉择之政策方案，并由上而下推行实施。因此，政务处是新政进行政策方案征集和选择的重要机构，同时还要督促政策之实施，避免"有名无实、有始无终"[4]，是名为"督办"之意，兼有征集变法举措、决策和监督的职能。

政务处内部机构设置尚未见到明确之记载。但据《政务处开办条议》，亦各有明确分工：

---

① 王文韶：《王文韶日记》（下册），袁英光、胡逢祥整理，中华书局1989年版，第1056页。

② 《政务处开办条议》，载（清）刘锦藻撰：《清朝续文献通考》（第二册）卷一百十七，商务印书馆1955年版，第8763页。

③ （清）朱寿朋编：《光绪朝东华录》（第四册），张静庐等校点，中华书局1958年版，第4655页。

④ 《政务处开办条议》："若仍照各衙门事例，凡当行之政于各奏疏中抽取一条由政务处办一通，行由各省办一复奏，有名无实、有始无终，则与变法自强之本意大谬也矣。"（清）刘锦藻撰：《清朝续文献通考》（第二册）卷一百十七，商务印书馆1955年版，第8763页。

政务殷繁，各官章疏别择以后，当区分门类，各认各股，专心办理。类如官制、学校、科举、吏治、财政、军政、邦交、商务、工艺、刑律，举办虽有缓急，考订不容疏漏，而每门之中又分子目：如官制则有文员武职裁并添置诸事；学校则有国子监、府州县学以及各省书院学堂，而报馆、译书局、方言、测绘、天算均隶之；科举则有小试、乡会试、特科诸目……每举一事，各归各股，由该管章京妥议办法，再由提调复核商订参议，公同斟酌，呈堂审定，然后奏请圣裁。①

由于学堂的兴办及学堂章程的决策是新政改革的重要内容，由政务处直接管理与监督。因此政务处的职能及决策模式对学堂章程的出台也具有重要影响。1902 年间，担任政务大臣的有庆亲王奕劻、崑冈、荣禄、王文韶、鹿传霖、瞿鸿禨，同时还将三个有影响力的地方督抚刘坤一、张之洞、袁世凯纳入其中，以提供决策方案，甚至参与决策。从政务处来自清廷中枢的人员结构来看，基本由军机大臣和内阁大学士组成，再加上外务部总理大臣庆亲王奕劻，内阁大学士中则只有孙家鼐一人未列其中。孙家鼐是在光绪二十七年十二月二十二日（1902 年 1 月 31 日）授的大学士，补李鸿章之遗缺。即在督办政务处成立及开关防之后才授的大学士，因而最初的政务处人员中并没有他。直到光绪二十九年九月十八日（1903 年 11 月 6 日）才与荣庆、张百熙一同进入政务处。②

从上述分析可见，对学堂章程决策具有影响力的重要中枢人物有：庆亲王奕劻、荣禄、王文韶、崑冈、鹿传霖、瞿鸿禨、孙家鼐。庆亲王奕劻和荣禄是满大臣之核心，汉大臣以王文韶为首。这个经过戊戌政变及庚子国变之后新组成的中枢显然都深得慈禧太后的信任，内部暂无大的满汉或

① 《政务处开办条议》，载（清）刘锦藻撰：《清朝续文献通考》（第二册）卷一百十七，商务印书馆 1955 年版，第 8763—8764 页。

② 参见钱实甫编：《清代职官年表》（第四册），中华书局 1980 年版，第 3072 页。

派系之争。这些核心人物中汉人大臣皆是科举正途出身，满大臣中崑冈亦是科举正途，荣禄与奕劻则皆在国子监受学①。他们都深受传统学问之滋养，学问深厚，同时对当时科举之弊病亦有认识。其中多人都有过兴办新式学堂的经历，如王文韶曾在直隶任总督时兴办北洋大学堂、铁路学堂、育才馆、俄文馆；鹿传霖曾筹办四川中西学堂；孙家鼐则是筹办京师大学堂的核心人物。此时的清廷中枢虽厉行新政改革，但对西学之用仍持谨慎态度，因此仍坚持中学为体，主张改革应因时损益，这也是经历戊戌政变、庚子事变之后形成的新的中枢团体的基本立场。

清廷中枢对中西学态度的微妙之处，通过设立政务处时的《开办条议》亦可略见一斑。如该条议认为新旧之极端对立会导致祸端，"维新之极而有康逆之乱，守旧之极而有拳匪之乱"。而"偏私恪遵圣训"、"惟是崇尚西法者"、"不揣本末"、"锐意更张"者都是贤智之过。中国幅员辽阔，骤令变革并不适宜。需"因地制宜、因势利导"。而西法亦有"西政西艺之不同"，"今学西法欲学其事先学其心。"②"心"是本源，该条议对西人之心和中人之心进行了对比：

> 西人之心公而中人多私，西人之文简而中文太繁，西人之事实而中事多虚，西人之言信而中人多伪，本原大异而徒取，则于事为文貌之间，虽累万人不为功累，百年难求效也。自同治初年以来，非不讲求洋务，局厂如栉、船炮如云，积三十年有何成效，所以然者西人作事千人一心共利其国，国利而身亦利，中人作事百人百心各利其身，身有利有不利而国，则决无一利，此所以股票不售，公司涣群。凡西人有利之事，中国效之皆赔钱之事，必先正中国之人心，乃可行西人之善法，正本清源匪异人

任矣。"①

这段对比显然认为西人之心优，而中人之心劣。要学西学，首先要以西人之心正中人之心。可见，清廷中枢对待西学虽然谨慎，但实则心向往之，这也为新政后续的发展埋下了伏笔。

简言之，从当时决策的中枢来看，其考虑变革的问题，更多的是从政治的角度去思考，而章程的起草者，还要考虑教育政策实施细则的问题。固然，就当时的政治形势而言，教育问题就是政治问题。在这一中枢的领导下，章程起草团队的人员构成及其思想主张将进一步体现《钦定学堂章程》的基本价值取向。

第二节　章程起草团队的基本立场与价值基础

就清朝教育行政管理的中央机关来看，主要是礼部和国子监，洋务运动以后兴办各类新式学堂则由总理衙门具体负责。戊戌变法期间为了兴办京师大学堂，清廷任命孙家鼐为管学大臣并"管理京师大学堂事务"，同时"节制各省所设之学堂"②，因此京师大学堂实际上就成为了统管全国各类新式学堂的代理机构。光绪二十五年十二月（1900年1月），孙家鼐病假归乡，吏部侍郎许景澄继任管学大臣。光绪二十六年七月（1900年8月），许因极力反对围攻使馆事件被戮。其后京师大学堂遭停办，管学大臣一职也暂空缺。

光绪二十六年十二月初十日（1901年1月29日）新政《变法上谕》

---

① 《政务处开办条议》，载（清）刘锦藻撰：《清朝续文献通考》（第二册）卷一百十七，商务印书馆1955年版，第8763—8764页。

② （清）朱寿朋编：《光绪朝东华录》（第四册），张静庐等校点，中华书局1958年版，第4109页。

发布，至光绪二十七年十二月初一日（1902 年 1 月 10 日）张百熙被任命为管学大臣，其间一年的时间里，新政兴学事宜均由政务处会同礼部决策。[①] 复办京师大学堂及任命张百熙为管学大臣之后，兴学之事务的归属再次得到明确，即凡礼部涉及教育的职掌仍以科举为主。光绪二十七年十二月初二日（1902 年 1 月 11 日），京师同文馆归入京师大学堂，自此亦将总理衙门（外务部）对新学堂的管理权划归给了管学大臣。[②] 由此，直接负责制定学堂章程的就是当时的管学大臣张百熙及其领导的京师大学堂诸位教习。

一、张百熙

张百熙系湖南长沙县沙坪乡人，出生书香门第[③]，自幼接受儒家传统教育，少年时曾受教于湖南长沙妙高峰的城南书院[④]，又深受湖湘文化的影响，强调为学之经世致用，亦有"方我少年时，读书气嶙峋，常怀四海志，放眼横八垠"[⑤] 的修齐治平之志。这一时期，恰是郭嵩焘回籍任教的

[①] 例如光绪二十七年八月初二日关于各省、府直隶州及各州、县分别将书院改设大、中、小学堂的上谕，具体实施的办法章程都"着政务处咨行各省悉心酌议，会同礼部复核具奏。将此通谕知之"。参见璩鑫圭、唐良炎编：《中国近代教育史资料汇编·学制演变》，上海教育出版社 1991 年版，第 5—6 页。

[②] "光绪二十七年十二月初五日奉上谕：昨已有旨饬办京师大学堂，并派张百熙为管学大臣。所有从前设立之同文馆，毋庸隶外务部，着即归入大学堂，一并责成张百熙管理。"璩鑫圭、唐良炎编：《中国近代教育史资料汇编·学制演变》，上海教育出版社 1991 年版，第 7 页。但对照《光绪朝东华录》，该上谕应为光绪二十七年十二月甲午发布，也正合"昨已有旨饬办京师大学堂"之说。故此处更正为十二月初二日。参见（清）朱寿朋编：《光绪朝东华录》（第四册），张静庐等校点，中华书局 1958 年版，第 4798 页。

[③] "吾家世诗书，清白贫亦好。"《退思轩诗集卷第二·归述》，载（清）张百熙：《张百熙集》，谭承耕、李龙如校点，岳麓书社 2008 年版，第 372 页。

[④] 城南书院是湖湘学派理学大师张栻创办，"经世致用"是该书院的一贯传统。参见（清）张百熙：《张百熙集》，谭承耕、李龙如校点，岳麓书社 2008 年版，前言。

[⑤] 《退思轩诗集卷第二·归述》，载（清）张百熙：《张百熙集》，谭承耕、李龙如校点，岳麓书社 2008 年版，第 372 页。

时候，[①] 虽仅一年时间（1870 年），但郭对张颇为赏识[②]。郭嵩焘较早接触西方书籍，熟悉洋务，他在城南书院执教的一年，恰在其出使英法之前，但这时他所接触的西学及对洋务的了解，在传统士人中已属少见。后来，郭嵩焘出使英法，对西方制度及学问有着深度的考察，对传统经世致用思想的认识也有了较大的转变，现在虽尚无史料证实郭在出使英法期间与张是否有书信往来，但张百熙的《退思轩诗集》中有几首诗词是关于郭嵩焘的。[③] 而且，王先谦是郭嵩焘晚年的密友之一，张百熙又与王先谦是同乡，在王先谦官居京师时，多有往来[④]。据此可以推测，张百熙可能一直与郭有所往来[⑤]，且关注郭嵩焘的为官为学之路，也曾担忧其出使英国期间的流言蜚语，在其退居湖南之后亦有交往。郭所秉承的知行合一、经世致用之治学思想，以及后期的实学思想转变以及对西学的认识，都可能对张百熙产生了重要影响。

张百熙同治十三年（1874 年）考中二甲进士，改翰林院庶吉士，1876年授翰林院编修。他在担任管学大臣之前，曾经担任过的与教育相关的职位还有：山东乡试副考官、山东学政、四川乡试正考官、国子监祭酒、江西乡试正考官、广东学政。在任广东学政期间，还倡设时敏学堂；与两广总督谭钟麟、巡抚鹿传霖奏办广西学堂，附设于广雅书院内，由廖廷相负

---

① 同治九年（1870 年）三月初一日记"是日始定主讲城南之局。"至十一月，他结束了城南学院的教务，仅执掌一年。郭嵩焘：《郭嵩焘日记》（第二卷），湖南人民出版社 1981 年版，第585、618 页。

② 据其日记记载，"门生中稍属意者：易鼎勋、张百熙、陈理泰、曹昌琪、瞿鸿禨。"郭嵩焘：《郭嵩焘日记》（第二卷），湖南人民出版社 1981 年版，第 618 页。

③ 《郭二丈意城京卿云卧山庄诗三首》《怀郭侍郎师伦敦》《题郭绮仙先生抚粤时荔湾话别图一首》，载（清）张百熙：《张百熙集》，谭承耕、李龙如校点，岳麓书社 2008 年版，第 355、369、378 页。

④ 张百熙"既成翰林，适其乡王先谦官京师，颇考古，因从之游，学以日进，书亦腴秀。"沃丘仲子：《近代名人小传》，中国书店 1988 年据崇文书局 1918 年版影印版，第 118 页。

⑤ 另，郭嵩焘在光绪十五年（1889 年）年尚与瞿鸿禨有书信往来，可能当时或与张百熙亦有联系。

责兼办，并对书院课程进行改革；学科改为国文、英文、数学三科。① 到京任职后，其又先后历任礼部右侍郎、都察院左都御史、工部尚书、刑部尚书、吏部尚书。② 对人才培养及教育改革亦多有奏论。

在甲午战后，随着西学书籍的翻译及引介越来越多，西洋报刊的发行数量和种类也大大增加。从张百熙的《奏筹办大学堂大概情形折》中，即可以看出他对各类西书均有阅读和了解：

> 民间旧本、时务新书，并已译、未译西书，均由臣择定名目，随时购取。③

在当时的士人中，他对西学的关注和研究也是持积极的态度，有人称他为"甲午至戊戌京师士夫研究新学之第一人"④，而这也与其受教和从政的经历密切相关。除了求学时郭嵩焘对其影响之外，后来他与通晓西学之人也多有交往。他自光绪二十三年（1897 年）底开始任广东学政，广州开埠较早，也是最早开始译介出版西学的城市之一。在广州的三年期间，是他大量接触和阅读西学的时候，同时也是他尝试将西学课程纳入传统书院的时期。这一经历对其作为管学大臣而言，都是极为可贵的实践经验。

张百熙也有亲历西方国家发展的经历。光绪二十六年（1900 年）

---

① 参见中国人民政治协商会议广东省广州市委员会文史资料研究委员会编：《广州近百年教育史料》，广东人民出版社 1983 年版，第 65 页。

② 参见《清史列传》（第十六册），王锺翰点校，中华书局 1987 年版，第 4816—4824 页。

③ 张百熙：《奏筹办大学堂大概情形折》，载璩鑫圭、唐良炎编：《中国近代教育史资料汇编·学制演变》，上海教育出版社 1991 年版，第 63—69 页。

④ 张百熙的弟子苏泽东做诔诗四首，其一曰："尚书藻翰手摩挲，文苑传人纪阮多。荐士春明推北海，和诗秋感识东坡。名垂竹史维新派，泪洒华朝感旧歌。宏奖风流遗爱在，长沙怅望痛如何。"在名垂竹史维新派的诗句下，加了一个注曰"甲午至戊戌京师士夫研究新学以师为最先"。陈毅辑：《长沙张文达公荣哀录》，德兴堂印字局 1909 年。转引自张洪萍：《教育改革与政治制约——张百熙与京师大学堂的重建》，《北京大学教育评论》2009 年第 3 期。

十二月他被派为头等专使大臣出访英国，在考察了英国政治经济与教育的情况以后，光绪二十七年（1901 年）二月，他回国复命。① 因张百熙并无日记、手札等记载这段经历，甚至也无诗文反映其出使英国的感受，而只有在北京大学的校史中有寥寥数笔，说及百熙赴英之后，深感中国与世界上的先进国家差距太大，若要赶上这些国家，非从本源做起不可。而他认为的这个本源就是重视科学技术和重视人才的培养。

从张百熙撰写的奏折和诗文来看，他对国家与民族都抱有强烈的忧患之心，这当然是传统士人齐家治国的基本理想。但在甲午前后，从他的奏折中，还是可以看到其思想发生的较大转变②，而这也与其读书及从政后受到的西学冲击，以及当时清廷外交内政发生的重大事件有着密切关系。他的政治思想以及寻求的救国途径，从传统儒家士人的经世致用，开始转向以学习西方制度作为革新的主要手段。

---

① 对于张百熙出使英国的这段经历，在张百熙的曾孙张希政、张希林兄弟所撰的论文《恢复重建京师大学堂的张百熙》中有详细的去、回时间记载。参见张希林、张希政：《恢复重建京师大学堂的张百熙》，《北京大学学报（哲学社会科学版）》1998 年第 2 期。另外，在光绪二十六年十二月十五日的谕旨中，也有派张百熙出使英国的记载。"张百熙充头等专使大臣前往英国啨贺由电盛宣怀张百熙充头等专使大臣催齐迅来行在请训由。"1901 年 2 月 3 日，中国第一历史档案馆，军机处随手档 03-0305-2-1226-365。但暂未发现其他的如关于此行的电文、书信等史料。

② 例如张百熙在同治九年参加乡试时所作的文章是《唐虞之际，于斯为盛》，《吾学殷礼，有宋存焉》，同治十三年殿试所作的文章为《大禹以五声听政论》和《亲贤任能疏》，皆是对传统经世思想的阐释。而甲午后他的奏折，如《上条呈时事疏》就突破了传统的通经致用与治术，提出了招商兴修内地铁路、劝华商捐资购办铁甲兵轮、添设机器局、听民开矿、改革绿营等改革主张；在新政颁布后，上谕令京外大臣就变法酌中para论，以便甄择。在这种情形下，张百熙与瞿鸿禨被同时召至行在，奉命各疏变法建议，张百熙上呈了《敬陈大计疏》（光绪二十七年），提出请变通科举、广建学堂、创立官报、翻译书籍、经理财政等五条建议，对新政变法从政治、经济、军事、教育等方面提出了全面的改革思路。或许也正因为此疏关于变法的意见过于激烈大胆，而未能列入直军机。上述文章及奏疏见（清）张百熙：《张百熙集》，谭承耕、李龙如校点，岳麓书社2008 年版，第 1—6、11—18 页。

戊戌年间，张百熙任广东学政，对于变法之事也非常热衷①，他保举了康有为免试经济特科。当时康有为已颇具名声，张与康并不相识，只因"康有为讲求财务，所识通雅之士多称道其才者，因以其名咨送特科"②，并在保举时声明了"蠲除忌讳，酌中采取"。当然，张百熙主张变法救国，但即便在维新运动激变的过程中他也并不赞同康有为的学术理念和政治思想。他在与瞿鸿禨的书信中特意澄清过此事，说自己在保举康有为时还附有片陈，大意为"中国自强，在政不在教；在讲求政事之实际，不在比附教派之主名，请名降谕旨，严禁用孔子纪元及七日休沐等名目，以维持名教而免为从西之导等语"。③ 即，他并不认同康有为等人倡导的孔子纪年以及立孔教的政治企图，这一立场与孙家鼐、张之洞等人是一致的，也是当时清廷无论是保守派还是改革派的主流立场。

后来在政变中，张百熙虽因此而受牵连，被处以革职留任，但相较于其他被革职弃用的官员而言，对他的处理是较轻的。一方面有荣禄的帮助，另一方面也得益于他早年入朝为翰林后行走南书房，并作过皇帝的侍读、侍讲，他自己在诗中也自注"百熙入直南斋亦七年"比于苏东坡诗中的"七年供奉殿西廊"④，被慈禧称为"里边人"，某种程度上还是为慈禧所信任的，正如他在给瞿鸿禨的信里说到关于保举康有为之事时所载：

> 熙谓："咨送与奏保，同一谬妄，处分实属应得。"刚云："东
> 朝初顿生气，谓'张某里边人，何亦如此'。枢庭当奏：'张某此

---

① 关于张百熙的信札、奏议等史料非常少，在孔祥吉教授的一篇论文中谈及他搜集的张氏信札，恰恰反映了他在维新变法上的一些态度。"近年来，我搜集了张百熙未刊信札二、三十种，深知张氏一贯力主开新，重视改革，百日维新前，他任广东学政，多次写信给其兄祖同，劝其在长沙弃旧图新，赞助变法。"孔祥吉：《读书与考证——以陈宝箴保荐康有为免试特科事为例》，《广东社会科学》2003年第5期。
② （清）张百熙：《张百熙集》，谭承耕、李龙如校点，岳麓书社2008年版，第69页。
③ （清）张百熙：《张百熙集》，谭承耕、李龙如校点，岳麓书社2008年版，第69页。
④ （清）张百熙：《张百熙集》，谭承耕、李龙如校点，岳麓书社2008年版，第411页。

片，不是保他，因曾咨送考试，恐其心术不可靠，故尔声明如此。'东朝意亦释然，此所以不久即开复也。"①

所以张百熙能很快复职启用②，仍任广东学政。

光绪二十六年（1900 年），张百熙与瞿鸿禨被召至西安行在，张虽未能入值军机，但正为清廷用人之际，所以短短一年多时间，张百熙就轮了多个职位，补礼部右侍郎、升左都御史、迁工部尚书、刑部尚书、吏部尚书，开始进入清廷中枢，并主管一部之事宜。

光绪二十七年十二月初一（1902 年 1 月 10 日），张百熙被任命为管学大臣。当时新政谕令发布已有一年，教育的改革就是新政的重要内容，各地"改书院、兴学堂"政策的推进也颇为艰难，且无章程可循，因而清廷中央急需有人来专门负责这一事宜。虽无法查证张百熙被任命为管学大臣背后的具体缘由，但就其学识、从政经历、对改革的态度、与枢庭关键人物的关系就亦可略知一二。

其一，张百熙的学识出众，在翰林院的大考中，名列前茅，如光绪二十年（1894 年）"大考翰詹列二等"③。且对西学有较多的接触和学习，符合新政用人的需求。

其二，张百熙曾担任山东、四川、江西等地的乡试考官、国子监祭酒、山东学政、广东学政，有着担任教育行政官员的丰富经历，并曾办过时敏学堂。甚至他不在教育官员的任上，仍非常关注教育的改革，例如光绪二十七年（1901 年）三月，张百熙奏"停办乡试，有碍大局"。④ 光绪二十七年（1901 年）七月，张百熙从工部尚书补调为刑部尚书。八月初

① 《致瞿鸿禨书（一）》，载（清）张百熙：《张百熙集》，谭承耕、李龙如校点，岳麓书社 2008 年版，第 69—70 页。

② 光绪二十四年九月被革职留任，十二月即开复处分。

③ 《清史列传》（第十五册），王锺翰点校，中华书局 1987 年版，第 4817 页。

④ 光绪二十七年三月《大清德宗景皇帝实录》，卷之四百八十一。中国第一历史档案馆：《清实录》，http://quanwen.lsdag.com/index2.jsp?bj=qsl

二（9月14日）上谕改书院设大、中、小学堂，要求各省督抚、学政切实兴办，政务部会同礼部商议详细章程等。对此上谕，本与张百熙所在之刑部无太大关系，但他仍非常关心作为培育人才的大事，于九月十六日（10月27日），上折"奏请将京师大学堂改隶国子监，外务部同文馆改隶大学。并请变通翰林院规制"。[①]

其三，张百熙对于变法改革的积极态度符合清廷推行新政的意向。如前所述，张百熙在求学与为官初期，均受到变法西学思想的影响，尤其在广东时，开放的风气，使其多有机会接触西学，也因此积极主张变法。即便经历了戊戌政变受挫的经历，也并未改变他主张变革的态度，从其在庚子事变之后受召前往西安仍然"言辞激烈"的万言书就可以看出这一点。彼时新政谕令还未发布，慈禧对待变法的态度亦不明朗，他在这种情形下依然敢于直言改革，足见其内心的态度与立场。

此外，张百熙与枢庭的关键人物关系密切也是重要原因之一，他曾行走南书房，是慈禧和光绪皇帝身边的近臣，又有荣禄的关系，瞿鸿禨也是其同窗好友，这二人当时都是军机大臣，因而可以推测，张百熙被命为管学大臣，确实有其强大的人脉基础。

二、吴汝纶

张百熙被任命为管学大臣后，主要负责京师大学堂和全国建新式学堂的工作。而京师大学堂不仅是学校，也是当时的教育行政管理机构。为此，张百熙组建了自己的团队，同时对京师大学堂的人事进行了大的调整，重要举措之一是将以教士丁韪良为首的西学教习全部

---

① 《清史列传》中对此亦有记载，张百熙"请旨将国子监定名大学，简放管学大臣，由政务处王大臣会同管学大臣，并集京外通人，酌采中西有用之学，妥定划一章程，俾生徒得以时肄习。又请改总理衙门附设之同文馆隶于大学，派员办理提调事宜。"《清史列传》（第十六册），王锺翰点校，中华书局1987年版，第4822页。

辞退①，部分因循守旧的中学教习及职员亦不用。张百熙认为：

> 大学堂之设，所以造就人才，而才人之出，尤以总教习得人
> 为第一要义，必得德望具备、品学兼优之人方足以膺此选。②

其时，致力西学者多为青年，学问根基薄弱且资望尚浅，而许多学问深厚之士，对西学又无涉足或有抵触，几经参详之后，百熙认为吴汝纶"学问纯粹，时事洞明，淹贯古今，详悉中外，足当大学堂总教习之任"③，遂郑重聘请了吴汝纶为京师大学堂总教习。

吴汝纶，安徽桐城人，文才出众，同治四年（1865年）进士。中举后即被招入曾国藩门下，为曾国藩之幕僚，曾氏奏稿多出其手，"师事曾公，与闻大谋，参章奏"④。后任直隶州深州知州，天津府知府，直隶州冀州知州，并受李鸿章倚重。吴汝纶辞官告归后，李鸿章坚持留其主持保定莲池书院。吴汝纶在中学上有深厚的积淀，堪称大家，在西学的倡导方面又有积极甚至激进的态度，符合张百熙的期望，也有丰富的教育教学管理经验。吴汝纶接触西学始于做曾、李二人的幕僚时所涉及的洋务事宜，这时也是洋务运动刚刚开始不久，吴汝纶的日记中就体现出了这一点。吴的第一篇涉及洋务的日记写于1867年10月12日，此后，随着洋务运动的徐徐开展，吴汝纶日记中涉及洋务的内容逐渐增多。⑤ 而这一时期他对西

① 张百熙对洋教习全盘解聘。自此，西学总教习一职被取消，西方传教士对大学堂的直接介入干预，或从同文馆起对中国最高官办教育机构的直接干预至此告终。参见郭卫东：《西方传教士与京师大学堂的人事纠葛》，《社会科学研究》2009年第1期。
② 北京大学、中国第一历史档案馆编：《京师大学堂档案选编》，北京大学出版社2001年版，第111页。
③ 北京大学、中国第一历史档案馆编：《京师大学堂档案选编》，北京大学出版社2001年版，第111页。
④ 马其昶：《桐城吴先生墓志铭》，《政艺通报》1903年第二卷第23期，第4页。
⑤ 王珞霞：《浅探吴汝纶、张之洞的学术渊源与学制思想》，硕士学位论文，河北师范大学，2005年，第8页。

学的了解还主要限于工业军事以及外交方面。

甲午战争对许多学人而言，都是一个精神上的转折点，吴汝纶也不例外。他在对战争的反思中认为朝政必须改、士学亦必须改①。由此开始了对西学的重视，甚至在言辞间对西学极端推崇。他在给严复的信中曾提到中国之书就独留《古文辞类纂》一书即可②：

> 此后必应改习西学，中国浩如烟海之书，行当废去。③

在其后几日于严复的另一封书信中，吴汝纶又更正了自己的这一说法：

> 某前书未能自达所见，语辄过当，本意谓中国书籍猥杂，多不足行远，西学行，则学人日力夺去太半，益无暇浏览向时无足轻重之书，而姚选古文则万不能废，以此为学堂必用之书。④

但他始终认为"今日士大夫应精研西学为第一要义。"⑤ 在行动上，吴汝纶于光绪二十二年（1896年）九月率先在莲池书院开设了英文班和东文班，旨在英文、东文为主培养通西学的人才。

这一时期开始，他的日记中也多次记录日本关于学制改革的新闻或事件。例如，在丁酉年（1897年），他的一篇日记就是关于1896年11月，

---

① 参见吴汝纶:《答贺松坡》，载吴汝纶:《吴汝纶全集》(第三册)，施培毅、徐寿凯校点，黄山书社2002年版，第129页。

② 参见吴汝纶:《答严几道》，载吴汝纶:《吴汝纶全集》(第三册)，施培毅、徐寿凯校点，黄山书社2002年版，第231页。

③ 吴汝纶:《答严几道》，载吴汝纶:《吴汝纶全集》(第三册)，施培毅、徐寿凯校点，黄山书社2002年版，第231页。

④ 吴汝纶:《答严几道》，载吴汝纶:《吴汝纶全集》(第三册)，施培毅、徐寿凯校点，黄山书社2002年版，第234—235页。

⑤ 吴汝纶:《答严几道》，载吴汝纶:《吴汝纶全集》(第三册)，施培毅、徐寿凯校点，黄山书社2002年版，第234—235页。

日本报纸中有关于日本教育沿革的文章，他将其大意记录在日记中，涉及日本如何改革教育制度、设置学校、经费、课程等概况。[1] 戊戌年（1898年）的一篇涉及教育的日记中，也概述了日本、法国教育发展概况，辛丑年六月二十二日（1901 年 8 月 6 日）的日记，记载了官书局、四国志略等所载的西洋各国教育的规制、课程内容等，还有当时一些报刊所载关于教育的评论、新学堂建设的情况；还特别记载了六月十日（1901 年 7 月25 日）总署派章京顾肇新、徐承煜询问日本使臣林权助以学堂章程的事宜[2]，说明当时清廷在颁布"改书院、兴学堂"（1901 年 9 月 14 日）的谕令之前，已在询问日本学制之具体章程办法。此时吴汝纶正在筹办保定学堂，对于教育时务关注较多。日记中还记载了他与日本的伊藤博文关于德智体三育的交流。伊藤认为"今中国志在智育，似未善，无德育则乱，无体育则弱"，吴汝纶则主张"智开然后德教"。[3]

1902 年 1 月 16 日，刚上任六天的管学大臣张百熙便登门拜访吴汝纶[4]，请他出任京师大学堂总教习。吴汝纶一开始力辞[5]，后来感张百熙之

---

① 吴汝纶：《日记·教育》，载吴汝纶：《吴汝纶全集》（第四册），施培毅、徐寿凯校点，黄山书社 2002 年版，第 657—658 页。

② 参见吴汝纶：《日记·教育》，载吴汝纶：《吴汝纶全集》（第四册），施培毅、徐寿凯校点，黄山书社 2002 年版，第 660—671 页。

③ 吴汝纶：《日记·教育》，载吴汝纶：《吴汝纶全集》（第四册），施培毅、徐寿凯校点，黄山书社 2002 年版，第 675—676 页。

④ "张冶秋尚书亦先施，执礼甚谦，面请余为教习，余面辞之。"参见郭立志编撰：《桐城吴先生年谱》，台湾文海出版社 1973 年版，第 164 页。

⑤ 关于吴汝纶力辞的原因，有学者对吴汝纶与友人及儿子的通信及日记进行了深入的分析，认为从吴答官方的推辞意见来看，主要归结于自己不通西学无力胜任、不适官场之风气、年事已高精力不济等。而在他与儿子吴闿生的信件中，则透露了其推辞的真实心理，其中最为重要的则是对张百熙的评价，认为张唯荣禄之命是从且不主张废科举，张所组建的团队都是他自己的人，"我一老翁周旋其间，安能有所作为！"而吴对张百熙的不信任，更深层次的原因在于张百熙在甲午战后弹劾李鸿章主和，而吴一生最尊崇曾国藩和李鸿章，且为李之主和辩护，因此，与张百熙的结怨始于此，而张百熙对此并无所知。参见曾光光：《力辞的隐情：吴汝纶与京师大学堂》，暨南史学 2007 年第 5 期；吴汝纶：《谕儿书》，载吴汝纶：《吴汝纶全集》（第三册），施培毅、徐寿凯校点，黄山书社 2002 年版，第 597 页。

诚意及朝廷所下的命令，勉力为之，并认为需先立大学堂之章程，且立请赴日考察学堂规制[①]，然后再看是否适合出任总教习一职。光绪二十八年五月至九月（1902年6月至10月），吴汝纶赴日本考察教育，这是其思想发展的又一转折点。在日期间，他与张百熙及其他友人均有关于国内学制制定问题的书信往来，归国后又将考察所见写成《东游丛录》，"具书期间所闻，以备张尚书采择"[②]。

其中，关于中西学课程内容的配置比例，吴汝纶一直颇为踌躇和忧虑，他担忧的主要问题是，学习中学太废时间，现在又要学西学，恐皆无法精深。权宜之计，解当下之困，则主张以西学为重。这也代表当时许多士绅精英面临的困惑和选择。甲午战后，他对学习西学、否定中学的态度是比较激进的，例如，他认为：

> 学堂当以西学为重，重西学则中学不必探索深处，止求文理通畅足矣[③]。

此语见于吴汝纶光绪二十八年二月初五（1902年3月14日）给儿子的信中，当时张百熙已奏报朝廷要他担任总教习，但吴仍然想辞，写下了大学堂应重视设置西学课程之语。

即便他如此推崇西学，深厚的中学学养亦让他非常清楚中学不可绝，例如他在光绪二十五年二月二十三日（1899年4月3日）与严复的书信中提到：

---

① "虑学校初立，其法未能尽善也，日本用西法久，学制尤明备，自求赴日本考求之。"参见汪兆镛辑：《吴先生行状》，载《碑传集三编》，沈云龙主编：《近代中国史料丛刊续编》（第七十三辑），台湾文海出版社1980年版，第2094页。

② 吴汝纶：《与李亦元》，载吴汝纶：《吴汝纶全集》（第三册），施培毅、徐寿凯校点，黄山书社2002年版，第397页。

③ 参见吴汝纶：《谕儿书》，载吴汝纶：《吴汝纶全集》（第三册），施培毅、徐寿凯校点，黄山书社2002年版，第600页。

独姚选古文，即西学堂中，亦不能弃去不习，不习，则中学绝矣。世人乃欲编造俚文，以便初学，此废弃中学之渐，某所私忧而大恐者也。[①]

因此，去日本考察前，吴汝纶关于课程中西学配置的观点是学堂应以学习西学为重，中学不可废，但必须简化。

例如他于辛丑（1901 年）秋作寄深冀诸友的日记中，详细说明了他对学堂课程的设想。这一设想应该就是他后来在日访问期间提出"减课之法"的源头。

表 4.1 吴汝纶于 1901 年提出的学堂课程设想[②]

蒙学（两年）	识字→唐人五七言绝句之明浅者[1]
	暇时：授以狄考文[2] 心算法
小学堂（四年）	绝句乐府→《论语》→《孟子》→选《国策》中的小品[3]
	暇时：可授狄考文笔算法
中学堂（四年）	应有西师：粗浅图算、格致等学
	经史：史学《左传》《礼记》→国朝政治[4]
	诗文：文以姚姬传氏《古文辞类纂》为主；诗以王阮亭古诗以及姚氏《今体诗选》为主。
大学堂	西学：精、多
	经书：《诗》《书》《易》《周礼》《仪礼》[5]
	史学：选读《史记》《汉书》
	国朝政治：《圣武记》《先正事略》《大清通礼》及简本会典，选阅《经世文编》，外国历史。
	诗文：诗仍读王姚二选，古文读姚选序跋书说赠序杂记诸类
二十岁以后	西学专门：应各聘专门教习。
	中学专门：
	熟读之书：六经外为《史记》《汉书》《庄子》《楚辞》《文选》韩文、曾选、经史百家杂抄、十八家诗抄。
	浏览之书：《通典》《通考》、温公《通鉴》、秦氏《五礼通考》、国朝官修之书，外国已译政治法律之书。
	备考之书：（略）

[①] 吴汝纶：《答严几道》，载吴汝纶：《吴汝纶全集》（第三册），施培毅、徐寿凯校点，黄山书社 2002 年版，第 234—235 页。

[②] 根据吴汝纶的日记记载整理。吴汝纶：《日记·教育》，载吴汝纶：《吴汝纶全集》（第四册），施培毅、徐寿凯校点，黄山书社 2002 年版，第 672—674 页。

注:1.吴汝纶认为,以前村塾蒙学所用《三字经》《千字文》等,皆非童子所解,所以要换成学习唐人的五言七言诗。参见吴汝纶:《日记·教育》,载吴汝纶:《吴汝纶全集》(第四册),施培毅、徐寿凯校点,黄山书社2002年版,第672页。2.狄考文(Calvin Wilson Mateer),字东明,基督教北长老会传教士。1863年底来华,1864年1月到登州传教,开办蒙养学堂。他编有《笔算数学》《代数备旨》等,成为当时中国初办学堂时的数学教科书。3."《国策》及绝句乐府,皆宜选定一本发给各学堂。"参见吴汝纶:《日记·教育》,载吴汝纶:《吴汝纶全集》(第四册),施培毅、徐寿凯校点,黄山书社2002年版,第673页。4."国朝政治,则用日本人所编《清国史略》。"吴汝纶:《日记·教育》,载吴汝纶:《吴汝纶全集》(第四册),施培毅、徐寿凯校点,黄山书社2002年版,第673页。5."资性钝者去《易》《仪礼》,更钝者则去《周礼》。"吴汝纶:《日记·教育》,载吴汝纶:《吴汝纶全集》(第四册),施培毅、徐寿凯校点,黄山书社2002年版,第674页。

从他的这篇日记来看,吴汝纶主要是详细安排了在新式学堂中,从蒙学堂到20岁以后,中学内容应修习什么,以及选用什么内容。对于经书的学习,他非常重视史学和文学。升入中学堂后,就应先从史学开始,且建议了具体的学习材料①,不主张直接读全史,而是择其纲要为主。其核心就是要简化经史的学习。他在日记最末还指出:"中学门径甚多,要以文学为主,不能文则不能得古文奥义,无以达胸臆所得,言皆俚浅,中学必亡。"② 这一篇日记较为充分地体现了他在庚子事变之后、赴日本考察之前,对于新式学堂课程的设计,尤其是对于中国传统学问在新式学堂中学习的内容及具体进程的安排。关于西学,他提出在蒙学和小学阶段,若学有闲暇,可以讲授算学,建议采用的是狄考文的数学教科书。到中学堂、大学堂以及20岁以后,西学具体学什么,他并未进行阐释,但基本是主张是要把中学的内容进行精简,为西学的学习留出时间。

赴日考察后,他发现日本在学习西学的同时,对于中国的传统文化也非常的重视,这使他在甲午战后形成的中西文化观悄然发生变化。他多次

① "资性稍钝者选读《左传》,或用曾文正《经史百家》叙记类中所录诸篇,凡左氏高文大篇,粗备曾选。又曾公所录《通鉴》,通篇可并读之,此史学也,至于全史,未易骤读,中学讲授,宜用陈文恭《纲鉴正史约》,此皆简而不陋。"吴汝纶:《日记·教育》,载吴汝纶:《吴汝纶全集》(第四册),施培毅、徐寿凯校点,黄山书社2002年版,第673页。

② 吴汝纶:《日记·教育》,载吴汝纶:《吴汝纶全集》(第四册),施培毅、徐寿凯校点,黄山书社2002年版,第674页。

向日本的学者请教这一问题，探求日本的解决之道，尤其是日本明治维新初年办学之办法。

在与长尾槙太郎①的笔谈中，吴汝纶认为中学与西学兼习，造成"课程过多"，但若"益以汉文，则幼童无此脑力；若暂去汉文，则吾国国学，岂可废弃？"②长尾的建议是"小、中学、高等学校（大学预备校）课程，半汉文，半西学，而晋入大学，则专修其专门学，则庶乎免偏弃之忧。"③日本教育家古城贞吉的建议是"勿废经史百家之学，欧西诸国学堂必以国学为中坚。"④也有日本学者认为当前应以西学为重，是权宜也是趋势。通过考察和与日本学者的交流，吴汝纶发现日本的课程设置虽兼顾中西，但最大的问题是课程过多，有些科目每七日仅学一二时，无甚功效。⑤他在与贺松坡的书信中，也提到担心课程设置广博不专，"新旧二学，恐难两存"。⑥

因此，吴汝纶明确提出以"减课之法"来缩短学制年限：

---

①　长尾槙太郎在 1903 年冬到 1904 年初，还参与编撰了商务印书馆《最新国文教科书》的讨论，这套教科书是近代兴办新式学堂以来最为重要的一套教科书，从印制技术到教材编撰都大量学习了日本的经验。

②　吴汝纶：《东游丛录》，载吴汝纶：《吴汝纶全集》（第三册），施培毅、徐寿凯校点，黄山书社 2002 年版，第 764 页。

③　吴汝纶：《东游丛录》，载吴汝纶：《吴汝纶全集》（第三册），施培毅、徐寿凯校点，黄山书社 2002 年版，第 765 页。

④　吴汝纶：《东游丛录》，载吴汝纶：《吴汝纶全集》（第三册），施培毅、徐寿凯校点，黄山书社 2002 年版，第 724 页。

⑤　他在考察东京府第一中学校时与校长胜浦鞆雄说"吾谓日本中学功课多而时刻少，学徒无益。"参见吴汝纶《东游丛录》，载吴汝纶：《吴汝纶全集》（第三册），施培毅、徐寿凯校点，黄山书社 2002 年版，第 738 页。在与贺松坡的书信中也提及"日本学校课程，中学十三四门，七日之中，有仅习二小时者。鄙意以为博而不专，无甚功效。"参见吴汝纶：《答贺松坡》，载吴汝纶：《吴汝纶全集》（第三册），施培毅、徐寿凯校点，黄山书社 2002 年版，第 406—407 页。

⑥　壬寅年七月十三日答贺松坡："新旧二学，恐难两存。执事与启儿书，意极深挚，而事亦未易办到。日本学校课程，中学十三四门，七日之中，有仅习二小时者。鄙意以为博而不专，无甚功效。然此课程乃欧、美公学，屡经教育名家递修递改，久而乃定，则亦未可轻议。"吴汝纶：《答贺松坡》，吴汝纶：《吴汝纶全集》（第三册），施培毅、徐寿凯校点，黄山书社 2002 年版，第 406—407 页。

今约计西学程度，非十五六年不能卒业，吾国文学又非十五年不能卒业，合此二学，需用卅余年之日力。今各国教育家皆以学年限过久为患，群议缩短学期。①

具体减什么课？在《东游丛录》中他给出了具体的"减"法：

减课之法，于西学则宜以博物、理化、算术为要，而外国语文从缓。中学则国朝史为要，古文次之，经又次之。经先《论语》，次《孟子》，次《左传》，他经从缓。每人每日止学五六时，至多止能学五六科，余则无暇及矣。②

由下表中可见，吴汝纶对中学的"减法"顺序，与中国传统教育重视从四书、五经入手的学习是不同的，所选经书也较少，且按他在辛丑年（1901年）的日记所记，《论语》《孟子》是在小学堂学习，进入中学堂之后，首先要学的是史学。他非常重视史的学习，例如他谈及近日之学者不谈四史，认为史学只是记录事迹而已，他很不赞同。③

从吴汝纶的治学经历来看，他是由训诂而通文辞，"无古今，无中外，唯是之求"。④ 对于群经皆博求慎取，究其原委。在史学方面，他校勘了大量史部典籍，考订史实，正如李景濂所作《吴汝纶传》所述：

---

① 吴汝纶：《与张尚书》，载吴汝纶：《吴汝纶全集》（第三册），施培毅、徐寿凯校点，黄山书社2002年版，第436页。

② 吴汝纶：《与张尚书》，载吴汝纶：《吴汝纶全集》（第三册），施培毅、徐寿凯校点，黄山书社2002年版，第436—437页。

③ "鄙论尝谓六经、四史不可废，近日议兴学者亦绝不议及四史。盖所谓史学者，记事迹而已，仆私心病之。"吴汝纶：《东游丛录》，载吴汝纶：《吴汝纶全集》（第三册），施培毅、徐寿凯校点，黄山书社2002年版，第720页。

④ 赵尔巽等撰：《清史稿》卷四百八十六（第四十四册），中华书局1977年版，第13443页。

于史，则《史记》、《汉书》、《三国志》、《新五代史》、《资治通鉴》、《国语》、《国策》皆有点校，尤邃于《史记》，尽发太史公立言微旨。①

可见他自己钻研史学，尤其重视史学的经世之用，对于明清以来科举八股考试忽视史学之做法甚为不满②。因此，在考虑学制章程对中国传统学问的选择时，他首列"国朝史"，其后才是古文和经。

表 4.2　吴汝纶主张的"减课之法"

重要性次序	西学	中学
1	博物、理化、算术	国朝史
2	外国语文	古文
3		经（《论语》→《孟子》→《左传》，他经从缓）

吴汝纶在日期间因留日学生吴稚晖事件令清廷不满，并迁延于张百熙，认为他用人不当。而据严复的日记记载，原因不仅于此：

挚甫先生东渡后，鄙处未蒙一书，言动起居，只从报纸得其梗概，然未敢遽以为实。近者因同行伴侣稍稍先归，于是辇下哗然，谣诼蠡起。其所指为先生罪者，不肯具仪以谒孔像，一也；谓四子六经可以竟废，二也；耸诱留学生以与蔡公使冲突，三也。夫谒像废经二事，籍令有之，皆足诧怪，而言各有当，先生不任咎也；乃至耸诱学生抵其使者，则不待辞毕，吾能决知其必无。贤者处世，与其文章正同，大惭则大好，倘不为流俗之所怪，也不足以为先生矣。③

---

① 赵尔巽等撰：《清史稿》卷四百八十六（第四十四册），中华书局 1977 年版，第 13444 页。

② 在维新运动中，清廷发布了一系列"改科举废八股"的政策，并将中国史事列为乡试第一场。

③ 王栻主编：《严复集》（第三册），中华书局 1986 年版，第 580—581 页。

可见，除了留学生事件，吴汝纶主张废经，也是被清廷诟病的主要原因之一。

七月底，张百熙便召吴汝纶回国①。归来后的吴汝纶先回了安徽②，辞去了京师大学堂总教习一职，托人将《东游丛录》转交于张③，并回家乡创办桐城学堂，直到光绪二十九年正月十二日（1903 年 2 月 9 日）病逝。

从时间上来看，吴汝纶并未与张百熙等人共事并直接参与壬寅学制的起草。光绪二十八年七月二十三日（1902 年 8 月 26 日），吴汝纶在日本与常济生的通信中提到：

> 前见《经济编》第十册内称，管学大臣已将大、中、小、蒙学堂课程拟定，日内出奏，其课程以沈小沂、李亦园、张小浦三君参议为多，云云。某近日颇以课程难定为苦，沈、李、张所定课程，望迅速抄示。如尚秘密，亦请展转代觅为要。④

有学者比较了吴汝纶和罗振玉的访日之行，认为吴汝纶在访日前准备较充足、考察时间长、参访学校总数较多（达 51 所）、类型遍及各级各类学校、地理分布较广；访谈时，人数较多、背景较广、讨论问题较为深入。⑤吴汝纶回国前，课程基本已定。其时，《东游丛录》还未带回国

---

① 壬寅年（1902 年）七月二十六日，吴汝纶给张百熙的回信中称"接奉电音，召令还京"。吴汝纶：《与张尚书》，载吴汝纶：《吴汝纶全集》（第三册），施培毅、徐寿凯校点，黄山书社 2002 年版，第 418 页。

② 在与张百熙的书信中，吴汝纶两次提到归国要先回安徽，"某归时拟先过皖一视"、"归国先过皖"。参见吴汝纶：《与张尚书》，载吴汝纶：《吴汝纶全集》（第三册），施培毅、徐寿凯校点，黄山书社 2002 年版，第 408、418 页。

③ "汝纶返国，未至京，卒。"吴汝纶：《吴汝纶尺牍》，徐寿凯、施培毅校点，黄山书社 1990 年版，第 12441 页。

④ 吴汝纶：《与常济生》，载吴汝纶：《吴汝纶全集》（第三册），施培毅、徐寿凯校点，黄山书社 2002 年版，第 414 页。

⑤ 参见周愚文：《吴汝纶日本教育考察与对晚清学制建立影响程度的再探讨》，《教育科学研究期刊》2015 年第 3 期。

内，但此前与张、李等有书信往来，为章程起草团队真实了解日本的学制情况起到了一定的参考作用。在他与友人、儿子的书信中，还更多地表达了他对日本学校课程设置之真实看法。

表4.3　吴汝纶在日期间给张百熙等章程起草者的信及主要建议[①]

	时间	关于兴办学堂的主要建议
答张小浦（张鹤龄）观察	四月九日	自谦"未闻西学"无力胜任总教习一职，认为"学堂章程，经执事（张鹤龄）与小沂舍人创议，必臻妥适"。
与张冶秋（张百熙）尚书	五月九日	与新泻县视学官汤原元一交流，此人屡至江鄂，讥鄂中学堂如大寺观，谓兴学不在屋宇广大。由此吴建议学校新立，无取多备空室，但基址宏拓，后可随时增购足矣。另建议学舍之外，不宜修建孔庙和行宫。并以欧美尊奉耶稣，但学堂并不祭祀为例，认为可以仿行。
与张尚书（张百熙）	五月二十七日	日人建议：劝中国先小办，后渐扩充，勿遽起大房；劝讲体操，兴医学及兴女学。
与张小浦	五月二十八日	已寄书管学，而所请代查各事尚未及访询，且都属深微细节，须待访问专家后再覆。
与张尚书	六月十二日	日本官民皆重视此次中国关于学校之政的访问，建议将来张尚书能认真仿办。若有机会，亦可时时到日访问。建议重视学堂卫生之术，如房室高矮、墙壁明暗、窗牖位置、座位相距远近，上下尺寸等。
与李亦元（李希圣）	六月十二日	提及日本文部大臣及外务大臣皆建议兴医学。
与张尚书	七月四日	建议张百熙在李亦元或王书衡（王式通）等人中，择二人继续到日本来访问教育之事，认为日本几经改易规制基本整齐，应多派人前来学习，百闻不如一见。
与张尚书	七月十三日	因留学生之事，被催促回国。答曰因与文部省约令听讲，不得不稍迟回国。拟赴京外查阅学堂之有名者，及穷瘠之区从权办理者。回国时将先回皖一视。
与张尚书	七月二十六日	拟九月归国。再辞总教习一职，认为张小浦能够胜任。再次强调已与文部省议定排日听讲，势不可辞，待听讲事毕，再行回国。并再提回国时先过皖。

① 参见吴汝纶：《吴汝纶全集》（第三册），施培毅、徐寿凯校点，黄山书社2002年版，第390、391、392、394、395、396、397、402、407、418、435、438页。

（续表）

	时间	关于兴办学堂的主要建议
与张尚书	九月十一日	总结在日本访问所得，呈予张百熙：其一，吾国开办学堂，苦乏教员，又壮年入官诸人，需粗明新学，谓百熙先开师范馆、仕学馆，实为扼要之办法。以及延聘日本的服部、岩谷二君也颇受日人肯定。其二，建议取高材生教以西学。尔后逐步由中、小学校循序而进，而小学不惟养成大中学基本，乃是普国人而尽教之，不入学者有罚。其三，建议在全国通行省笔字，至于将求成学，则必教读华欧文字，此是造就成材，与普教全国人民，当分为二事。其四，认为日本科学（科目）太多，每日教肄时刻太少，学徒无甚进益。其五，文部菊池君建议，各国初行教育，先建大学，次立小学，次立中学。其六，建议行减课之法。其七，关于专门教育，政治、法律之外，以矿山、铁道、税关、邮政数事为最急，海陆军法、炮工、船厂次之。学成之后，应予以进用之路。其八，教育与政治有密切关系，非请停科举则学校难成。
答大学堂执事诸君饯别时条陈应查事宜	九月十一日	答李亦元：皆关于日本钱币、养兵、警察、道路等制度。 答张小浦：官私学徒，高材甚多，但卒业后回国恐不愿当各省教习之任。建议借鉴日本用人才之法，学生卒业还国，政府实能破格录用，由此能用西法，人才奋兴。期望管学张百熙能入政府，积极主持此事。
答大学堂执事诸君饯别时条陈应查事宜	九月十一日	关于延请教育名家之事，聘请甚难。今所聘服部先生，即是教育名家，考求学务，服部可备顾问之选。关于建筑学堂，应明卫生之学。关于速成师范科，最是当今之要务，惟欠通译耳。故向管学推荐范源濂。关于速成仕学的教材及教习。关于中等学堂与大学堂衔接的问题，日本别立高等一科，但近来有识者欲去高等，以减学年，尚未得善法。日本高等学校各科皆用外国文，现有留学生所译物理、生理等教科书转交给管学及大学堂，希望能为学堂所用。关于学校建筑，请文部据三岛通良（卫生之名家）所绘建筑各图，印刷百本，请管学遍赠各省之立学者，使之得所依据。关于学堂需用各仪器，将陶制军去年所购价值清单核对后转呈管学，以备参考。关于学堂约束生徒之法，前见势荣《管理术》中言之颇详，其他教育书亦可多采。但需注意此等在教师得人，非有成法之可拘。 答柳溪兄（京师大学堂副总办李家驹）：日本汉学，近已渐废，吾国不可自废国学。华学与西学有不能并在一学者，今开办之始，不能遽臻妥叶。日本现行学制，大氐西国公学，而尤以德国为依归。鄙心所疑者在中学，科目太多，时刻太少，程度太浅，余则似无可议。关于行政之法未善，如何实行的问题，日本权专，而众皆争竞上进，其所以能实行，则在得人。详询当时开办，纯在以精神提倡，所谓"日本魂"者是也。

此外，吴汝纶对日本的课程设置，多次表达出疑虑，除了担心因需要

兼顾中西课程而广博不专之外，他还担心中国之课程改革重蹈日本德川幕府之旧辙。他在《东游丛录》中记有：

> 吾问花板垣维新以前学堂课本，据云："《四书》《五经》《史记》《汉书》。"吾国自八股盛行，无人能读史汉。鄙论尝谓六经、四史不可废，近日议兴学者亦绝不议及四史。盖所谓史学者，记事迹而已，仆私心病之。今闻花板少佐此论，吾又爽然自失，恐吾所勤勤谋改革者，适得日本德川幕府时之旧迹也。[①]

这也体现他对清廷坚持的中学为体背景下的教育改革能否改变八股之风颇为疑虑。他对课程中应设置的中国传统之学问如何进行选择也是犹疑不定。

三、张鹤龄、李希圣、沈小沂

除了吴汝纶以外，张百熙在任管学大臣以后，还多启用主张变革的人才。这为新政的教育改革注入了活力，但清廷中枢的谨慎态度与起草团队的激进态度构成冲突，由此埋下了张百熙及其学制失败的伏笔。

表 4.4　张百熙组建的京师大学堂管理团队

职位	姓名	籍贯	学术背景	张百熙的评价[1]	备注
总教习	吴汝纶	安徽桐城	同治三年（1864）乡试第九名举人，次年第八名进士及第	学问纯粹，时事洞明，淹贯古今，详悉中外	在日期间因留日学生吴稚晖事件令清廷不满
副总教习	张鹤龄（起草章程）	江苏阳湖	二甲第二名进士，选翰林院庶吉士	学识宏富、淹贯中西	甲午战后，积极倡议变法

---

① 吴汝纶：《东游丛录》，载吴汝纶：《吴汝纶全集》（第三册），施培毅、徐寿凯校点，黄山书社 2002 年版，第 720 页。

（续表）

职位	姓名	籍贯	学术背景	张百熙的评价[1]	备注
正总办	于式枚	广西贺县	光绪六年（1880）进士	才识练达、学问精深	曾入李鸿章幕府，充政务处帮提调，对新学颇为留心，在吴汝纶处借读严复之《原富》
副总办	李家驹	广州	光绪二十年（1894）进士	办事熟习、学识明通	与李盛铎赴日本考察学务
副总办	赵从蕃		进士	处事精详、洞达中外	曾加入中国议会，任干事
提调；编译书局编辑总纂	李希圣（起草章程）	湖南湘乡	进士		"荣相指为康党"[2]
	沈兆祉（起草章程）	江西南昌	举人，欧阳中鹄的弟子，张百熙的门生		曾加入中国议会，任干事；与谭嗣同等交好

注：1.张百熙片"再大学堂生徒甚众，功课綦繁，拟于总教习之外添派副总教习二人。查有湖南试用道张鹤龄，学识宏富、淹贯中西，堪派为副总教习。尚缺一人，俟臣采访续派再行陈奏。至教习之外又特总办以综理庶务亦关紧要，兹拟分派正副三员。查有候补五品京堂于式枚才识练达、学问精深，堪派为正总办，翰林院编修李家驹办事熟习、学识明通，工部主事赵从蕃处事精详、洞达中外，堪派为副总办，所有现派副总教习并正副总办缘由理合附片陈明伏乞。"北京大学、中国第一历史档案馆：《京师大学堂档案选编》，北京大学出版社2001年版，第112页。
2."李希圣妙才也，张尚书欲用之，荣相指为康党，遂止不敢用。张、李湖南同乡也，然尚如此。"吴汝纶：《谕儿书》，载吴汝纶：《吴汝纶全集》（第三册），施培毅、徐寿凯校点，黄山书社2002年版，第597—598页。

　　就当时张百熙组建的章程起草团队来看，其核心人物是张鹤龄、李圣希、沈兆祉三人。吴汝纶在日期间与张、李等有书信往来交流（见表4.3）。

　　张百熙当时选聘的京师大学堂副总教习是湖南试用道张鹤龄。后来，吴汝纶游日返国后不久便去世，张鹤龄开始接任总教习一职。张鹤龄，江苏阳湖人，生于1867年，25岁便考取二甲第二名进士，选翰林院庶吉士，散馆授户部主事，后捐道员，候补湖南试用道。[1]甲午战后，刚刚步入仕

---

　　①　王春林：《张鹤龄》，《辽海讲坛》第九辑（历史名人传）2012年，第425—433页。

途的张鹤龄便积极倡议变法，并自学英文和算学，与维新人士多有往来。光绪二十六年（1900年）十一月出版了《变法经纬公例论》①，在戊戌政变后的这一敏感时期，张鹤龄依然发表该书，足见其主张变革的勇气与决心。该书"大量引用了西方现代哲学、社会学、生物学、物理学、化学以及经济学的研究成果与中国传统的人文理念进行比较"②，有学者认为，他的变法思想主要来源于斯宾塞的社会进化论③。在书中，他论述了自由与平权的问题，并认为欧美诸邦深明此理，以"线界"和"比例"为自由与平权的两大公理④，同时依据社会进步发展的规律，应让整个社会理解社会发展的道理和趋势。他对当时的君臣关系、君民关系也进行了批判。这些内容即便在新政颁布以后，对皇权也极具挑战性。

《变法经纬公例论》中对于兴学的看法，在《学豫篇》《兴学篇》中有集中的体现。他论及教育与政治的关系：

> 学与政合，学兴而政亦成。学与政分，学坏而政亦败。⑤

这与中国自古所论的为学与为政之关系相一致。他提出要通过新式教育来培养符合变法要求的人才，在学校制度上，要设置蒙学堂、中等学堂、师范学堂等，加强对教习的考核，要获得相应之"文凭"才准授徒。

---

① 参见张鹤龄：《变法经纬公例论》，载沈云龙主编：《近代中国史料丛刊（续编）》（四百七十二卷），台湾文海出版社1984年版。

② 袁丙澍：《张鹤龄维新变法思想研究》，硕士学位论文，河北师范大学，2009年，第10页。

③ 参见张士欢、王宏斌：《究竟是赫胥黎还是斯宾塞——论斯宾塞竞争进化论在中国的影响》，《河北师范大学学报（哲学社会科学版）》2007年第1期。

④ "自由线界之说曰：人人自由必以他人之自由为界。其平权比例之说曰：两利两害，己轻群重。"参见：张鹤龄：《变法经纬公例论》，载沈云龙主编：《近代中国史料丛刊（续编）》（四百七十二卷），台湾文海出版社1984年版，第166页。

⑤ 张鹤龄：《学豫篇》，《变法经纬公例论》，载沈云龙主编：《近代中国史料丛刊（续编）》（四百七十二卷），台湾文海出版社1984年版，第166页。

民间幼童八九成群，即可自设蒙学。即至中等学堂，购书置
器亦奉课本为之，导师合力而举，事半功倍。至如教师定范，各
省宜设师范总学堂一所，分学堂数所。由学部派员考察，次其等
第领有堪胜教习之文凭，方准受徒。①

对于课程及教材的编撰，他提出要：

延聘中西通儒，译编课本。自蒙课递及普通，依次分门纂为
定本，通行天下划一遵守。②

可见，他认为普通教育阶段课程不仅要学习中学，还要译编西学之
教材，全国统一编订后推行。要"罢黜虚浮无用之学"③，在张鹤龄看来，
何为虚浮无用之学，他并未直接论及，但从他对斯宾塞社会进化论思想的
继承来看，可推之在"什么知识最有价值"这一问题的回答上，他接近于
斯宾塞的观点。

而且，在《变法经纬公例论》中，他常用物理力学、化学、生物学的
实验或概念来阐述他对社会问题的看法。可见他对于当时西学之声、光、
电、化的崇敬和信服。虽然在具体的课程科目上，他也提及了关于中国传
统学问如何开设的问题，但总的思路就是要择其精要，删减繁琐的、不必
要学的东西，建议开设群经通义、历代通史、性理之学。他还认为近来西
儒名理专家之学亦为精要，应加入性理之学中。这实际是对于中西学融合
进入课程的一种处理方式，即把当时西方之学问纳入到中国性理之学的知

---

① 张鹤龄：《学豫篇》，《变法经纬公例论》，载沈云龙主编：《近代中国史料丛刊（续编）》
（四百七十二卷），台湾文海出版社1984年版，第60—61页。

② 张鹤龄：《学豫篇》，《变法经纬公例论》，载沈云龙主编：《近代中国史料丛刊（续编）》
（四百七十二卷），台湾文海出版社1984年版，第60—61页。

③ 张鹤龄：《学豫篇》，《变法经纬公例论》，载沈云龙主编：《近代中国史料丛刊（续编）》
（四百七十二卷），台湾文海出版社1984年版，第61页。

识体系中。其余的如周秦诸子、略宗班志等勒成一书即可。

> 窃谓宜取各经中微言大宜、训话名物，门分类别提要钩元，著为群经通义。史学则取历思代大政大事，表其沿革，纪其本末，著为历代通史。性理之西儒名理专家近盖益邃，唐宋以来儒家派别刺取精要，各存门径以备参稽，亦关要义。周秦诸子涂径较繁，其于治理各有所见。有明以前，究心盖寡。国朝学家颇事校勘，实亦未洞源流，宜分别真伪，略宗班志之例，析其派别而引伸发明其义旨，勒成一书。①

以上关于学校教育制度、课程设置等方面的设想可能就成为他1902年担任副总教习时，起草呈递给张百熙的学堂章程的重要内容。

张鹤龄出于王先谦门下，王先谦在维新运动及后来的新政改革中都以维护儒学传统地位，被视为当时的"保守派"。从王先谦给张百熙的书信记载来看，他给张百熙写信的原因，似乎就是要解释传言中他将"鹤龄不贤"归咎于张百熙。而王先谦说"鹤龄办理学务，引用俭邪，败坏风气，湘中尽人能言之。"② 可见当时张鹤龄参与章程起草，在湖南士绅中的评价很差。王先谦谈及了他如何对待张鹤龄，以及后来绝交的原因。他在信中说到：

> 鹤龄昔出先谦门下，相待意亦颇厚。以其不容于公论，不得不与之绝交。其先书札争持，致生嫌隙，乃在贝纳赐一事，不与学务相涉。犹忆晤谈，偶及学务，仅告以胡元俊、俞诰庆不可任用。鹤龄谩词相答，先谦遂不复言。

---

① 张鹤龄：《兴学篇》，《变法经纬公例论》，载沈云龙主编：《近代中国史料丛刊（续编）》（四百七十二卷），台湾文海出版社1984年版，第63—64页。

② 王先谦：《致张冶秋尚书》，载《葵园四种》，岳麓书社1986年版，第926页。

……先谦当湘中设师范馆时，俞廙轩强以总理相属。及赵次山到任，论事不合，因即辞退。此后并未一向官场言及学务，官场亦实无以学务咨商先谦者。而群小惟恐先谦干预，横被以把持学务之名，使不敢不引嫌缄口。陆春江到任，鹤龄每见，必言春帅欲令先谦入学务处。伊复再四相劝，且云即将具奏，先谦正色拒之乃已。然春帅相见，从未提及，其虚实不可究知。今闻阁下出示鹤龄致李书，有春帅与先谦至契，将来必仍使先谦参预学务之语，悬拟揣摩，专为自争权力起见，与面告先谦者，情事全不符合。即此一端，其居心诈伪，难逃洞鉴。①

王先谦待张鹤龄甚厚，后来因王先谦认为他的言论不容于公论，就与其绝交。他们曾谈及学务，王先谦告之胡元倓、俞诰庆不可任用，张鹤龄谩词相答，可见张鹤龄与其观点不一。从后来的任用来看，张百熙也并不在意王先谦对于张鹤龄之看法。从张鹤龄与王先谦的关系变化来看，他很不赞成保守派的做法以及对于人才任用和学务的态度。

张鹤龄还深受严复的影响。在其《变法经纬公例论》序言中就引用了严复关于翻译"信""达""雅"的说法②。可见他关注且读过严复的相关论著、译作。如前所述《变法经纬公例论》也体现出非常典型的斯宾塞社会进化论的观点，而"严复一生主要哲学、政治、社会思想本于斯宾塞"③。虽然严复翻译的赫胥黎（Thomas H. Huxley）的《天演论》备受关注，但从观点的比较来看，其思想更体现出对斯宾塞社会进化论观点

---

① 王先谦：《致张冶秋尚书》，载《葵园四种》，岳麓书社 1986 年版，第 926—927 页。

② 张鹤龄：《变法经纬公例论》，载沈云龙主编：《近代中国史料丛刊（续编）》（四百七十二卷），台湾文海出版社 1984 年版，第 3 页。

③ 参见张士欢、王宏斌：《究竟是赫胥黎还是斯宾塞——论斯宾塞竞争进化论在中国的影响》，《河北师范大学学报（哲学社会科学版）》2007 年第 1 期。

的继承。① 严复从 1897 年开始翻译斯宾塞的《社会学研究》（*The Study of Sociology*）并发表了部分内容在《国闻汇编》②,《国闻报》和《国闻汇编》是当时宣传维新思想的重要阵地，张鹤龄作为积极主张变法的人士对严复主编的这个报刊和旬刊应是有所关注的。

1902 年，张鹤龄被聘为京师大学堂副总教习时，总教习吴汝纶尚在日本访问。大学堂的诸多事宜尤其是学堂章程的起草工作就主要由张鹤龄担当。他到京后，张百熙即命他负责草创章程，于是张鹤龄"直书二万余言"，但递交给张百熙后，才知与当时情势不合，可见他的章程定有诸多激进及与清政府新政的主导思想不合之处。后来又由沈兆祉改拟一本呈上。③

张鹤龄任京师大学堂副总教习和总教习期间，对当时京中的风气多有不满和灰心，虽有新政召令，但官员行事之眼光、手段仍如庚子事变之前的保守势力徐桐、刚毅一样，这让他感觉到非常失望。张鹤龄在给汪康年的信中写道：

> 都门风气壅塞如前，覆实而言，则眼光、手段殆与前之徐、刚如出一辙，第慑于外力，未敢轻发难端耳。苟去此辈，则后之徐、刚将又接踵而起，天意茫茫，正未可知。④

可见张鹤龄在当时属于思想观点较为激进的一派，他毫不避讳地自称

---

① 参见张士欢、王宏斌：《究竟是赫胥黎还是斯宾塞——论斯宾塞竞争进化论在中国的影响》，《河北师范大学学报（哲学社会科学版）》2007 年第 1 期。

② 参见邓希泉：《〈群学肄言〉的发表和出版时间及英文原著辨析》，载《社会》2003 年第 4 期。

③ 在张鹤龄给汪康年的书信中写道"弟抵此以来，眴忽月余，到京后管学即命草创章程，维时尚未知此间情况，直书二万余言，既上，始知情势不合。复由小沂改拟一本，由管学并呈政府，请为折衷。"参见上海图书馆编：《汪康年师友书札》（第二册），上海古籍出版社 1986 年版，第 1818 页。

④ 上海图书馆编：《汪康年师友书札》（第二册），上海古籍出版社 1986 年版，第 1819 页。

"维新人"①，较为急迫地想要改变学界、官场之情势。在这种环境中，亦表现得独立无援，郁郁不得志，如他给汪康年的信中所言：

弟孤立无援，每有建议，辄慨同声之寡。②

光绪二十九年（1903年）春，清政府增命荣庆为管学大臣，有制衡张百熙之意。据罗惇曧的记载，在癸卯学制的制定过程中，"之洞与张鹤令③论学科不合，亦深恶之，鹤令乃辞去。"④张鹤龄于光绪二十九年（1903年）冬，辞去了总教习一职，并投奔盛宣怀，其在上海南洋公学任总理约半年，后又前往湖南任职。在湖南任学务总办、署按察使期间，亦发表过学务管见，刊载于《教育世界》。其时，奏定学堂章程已经颁布，他提出"学堂课本宜切实考订以兴实学也。"⑤针对当时所用教材译书质量较差等问题也提出了具体的办法，对章程之实施多有建议。

张百熙章程起草团队的另一个重要人物是李希圣。李希圣生于1864年，湖南湘乡人，光绪十八年（1892年）考中进士，授刑部主事。李希圣在维新运动中倾向于维新，主张学习新学。1900年庚子国变时，他正在北京，并著《庚子国变记》，排日记载义和团运动的始末，书中对那拉氏等后党多有讥讽，并因"触犯多"以至"忌讳"。⑥这也导致他在清廷中枢的印象不好。1902年，李希圣任京师大学堂庶务提调，参与章程的起草讨论，并与吴汝纶多有书信往来，但并未具体讨论课程设置等问题。

① "弟本维新人，而此中守旧之病甚为顽固。"上海图书馆编：《汪康年师友书札》（第二册），上海古籍出版社1986年版，第1823页。

② 上海图书馆编：《汪康年师友书札》（第二册），上海古籍出版社1986年版，第1819页。

③ 此文中将"张鹤龄"写为"张鹤令"。

④ 罗惇曧：《京师大学堂成立记》（节录），载朱有瓛主编：《中国近代学制史料》（第二辑上册），华东师范大学出版社1987年版，第958页。

⑤ 张鹤龄：《湖南张观察鹤龄学务管见》，《教育世界》1904年第85期。

⑥ 参见祁龙威：《关于〈庚子国变记〉的作者李希圣——读义和团运动史札记》，《扬州师院学报（社会科学版）》1982年第1期。

至于他在章程起草中扮演何种角色，关于课程设置等有何意见，尚未见到相关史料的说明。

还有一个重要人物是沈兆祉（沈小沂，沈晓宜），他是张百熙的门生，从 2 份史料记载来看，他才是章程的直接起草者。其一，是张鹤龄给汪康年的书信中写道：

> 弟抵此以来，晌忽月余，到京后管学即命草创章程，维时尚未知此间情况，直书二万余言，既上，始知情势不合。复由小沂改拟一本，由管学并呈政府，请为折衷。①

其二是罗惇曧的《京师大学堂成立记》中写道：

> 百熙慷慨陈时事，力请兴学，遂被命为管学大臣。其门人南昌沈兆祉，为草奏陈四大纲，规画宏远。②

罗惇曧当时任职于编译书局，为副总纂，其内容有一定的可信度。其他关于沈兆祉的史料甚少。在吴汝纶给他儿子的一封书信中，曾转述了袁世凯来京后与他人谈论的对沈的评价——"沈小沂乃票匪"③，但后来沈兆祉却成为了袁世凯的智囊团成员④。从他与谭嗣同的书信来看，谭嗣同称他为"仁兄同门足下"，是欧阳中鹄的弟子。戊戌政变前，沈兆祉与谭嗣同还有书信往来，谭对其从"不脱经气"到甲午战后的"猛进"颇为称道：

①　上海图书馆编：《汪康年师友书札》（第二册），上海古籍出版社 1986 年版，第 1818 页。

②　罗惇曧：《京师大学堂成立记》（节录），载朱有瓛主编：《中国近代学制史料》（第二辑上册），华东师范大学出版社 1987 年版，第 956 页。

③　吴汝纶：《谕儿书》，载吴汝纶：《吴汝纶全集》（第三册），施培毅、徐寿凯校点，黄山书社 2002 年版，第 647 页。

④　张国淦：《北洋述闻》，上海书店出版社 1998 年版，第 78 页。

南昌沈小沂兆祉，吾辦姜先生（欧阳中鹄）弟子也。于考据学致力颇深，词章绵缈处大似嗣同，亦好格致算学，时时谈西法。往与同学京师，渠治目录，嗣同治纬，相得甚欢。但稍觉其不脱经生气。东事（甲午战争）后，久不相闻。迩忽得其书，以为'学西法，惟平等教、公法学最上；农矿工商有益于贫民者亦不可缓；兵学最下。'此正嗣同蚤暮卷卷焉欲有事者也，不图小沂猛进乃尔！自惟年来抱持公理平等之说，长号索偶，而乃近得之吾同门之友！①

谭嗣同给唐才常的信中，谈到了沈兆祉对于学习西法的主张，"学西法，惟平等教、公法学最上；农矿工商有益于贫民者亦不可缓；兵学最下。"②可见沈在甲午战后的转变、所受西法之影响，及对于学习内容的基本主张。另据《上海新闻志》记载，1899年9月，《五洲时事汇报》创刊，名义上由日本人佐原笃介创办，实际由沈小沂主持③，该报仅出版了4期，于当年停刊，主要报道中外大事新闻，设论说、谕折章程、五洲近事、文编等栏目，从该报的发刊词和目录可见，其对西方政事多有介绍，并主张议论政事，且由议论而辨是非，进而实现好的政治治理。其在政治主张上，则倾向于维新立宪，拥戴光绪帝。沈小沂的这一政治立场也体现在他参加中国议会这一事件上。1900年庚子事变，唐才常、汪康年等人在上海筹建了中国议会（又称中国国会），沈是干事之一。中国议会的宗旨是"保全中国自立之权，创造新自立国"，"决定不认清政府有统治中

① 谭嗣同：《与唐绂臣书》，载蔡尚思、方行编：《谭嗣同全集增订本》（上册），中华书局1981年版，第259页。

② 谭嗣同：《与唐绂臣书》，载蔡尚思、方行编：《谭嗣同全集增订本》（上册），中华书局1981年版，第259页。

③ 上海市新闻志：《大事记》http://shtong.gov.cn/node2/node2245/node4522/node5500/index.html

国之权"，"请光绪皇帝复辟"。① 虽在改良与革命之间犹疑，但沈的这一政治经历显然不为新政时期的中央政权所喜。

另外，桑兵指出，李家驹也参与了"壬寅学制"的制订。② 戊戌年间，李家驹曾被孙家鼐派出，赴日考察学务，将日本大学、中学的规制课程以及考试之法逐条详查，著有《日本东京大学规则考略》一书。后来他还参与了预备立宪过程中的宪法起草。李家驹曾公派考察日本学务，又被张百熙选用为京师大学堂副总办，他应该是参与了章程的制定等事宜，但是否直接参与《钦定学堂章程》的起草，还有待其他资料的证实。

对于这个章程起草团队，当时就有人评价其对大臣延揽不慎，导致章程不能实施。③ 所谓不慎，就是其启用的人士多为锐意革新之人。在这一点上，通过吴汝纶在书信中转述袁世凯与他人的谈论即可证实。袁世凯与人说大学堂请吴汝纶为总教习有所不当，又说副总办赵从蕃主张革命，沈小沂是票匪，而荣禄见张百熙时，也是如此告知。④ 赵从蕃与沈小沂曾任中国议会干事，张鹤龄与汪康年、唐才常交往甚密，这二人又是中国议会的发起人；而李希圣，也被荣禄指为康党⑤。这些人事任用都为这个管理团队及章程不被认可埋下了伏笔。

此外，张百熙还欲启用戊戌罢官的陈三立和张元济⑥；且与严复交好。严复虽不是章程起草团队的核心成员，但对张百熙管理京师大学堂的决策

---

① 参见汤志钧：《戊戌政变后的唐才常和自立军》，《近代史研究》1979 年第 1 期；桑兵：《论庚子中国议会》，《近代史研究》1997 年第 2 期。

② 桑兵：《清季变政与日本》，《江汉论坛》2012 年第 5 期。

③ "张百熙信用李希圣、张鹤龄、沈兆祉，未及败而身死。"胡思敬：《国闻备乘》，载荣孟源、章伯锋主编：《近代稗海》（第 1 辑），四川人民出版社 1985 年版，第 267 页。

④ "昨得常济生书，谓袁慰帅到京，告人谓大学堂请我为非；又谓赵从蕃主张革命，沈小沂乃票匪云云。张尚书见荣相，荣相告之如此。"吴汝纶：《谕儿书》，载吴汝纶：《吴汝纶全集》（第三册），施培毅、徐寿凯校点，黄山书社 2002 年版，第 647—648 页。

⑤ 吴汝纶：《谕儿书》，载吴汝纶：《吴汝纶全集》（第三册），施培毅、徐寿凯校点，黄山书社 2002 年版，第 597—598 页。

⑥ 关晓红：《晚清学部成立前的中央教育行政机构沿革》，《近代史研究》1998 年第 4 期。

有着重要影响。他与章程起草团队的核心人员关系非常密切，和张百熙、吴汝纶等都有密切的联系，张鹤龄也深受严复的影响。

张百熙辞退京师大学堂洋教习的决策，严复就在幕后起了重要作用。① 辞退洋教习，与当时洋教习水平参差不齐、且以传教士为主有关，更重要的则是这是收回国家教育权的重要举措。另一方面，当时京城亦流传，严复对就职于大学堂很有兴趣。有两种说法，一是"自复振大学命下，冶秋尚书之意，甚欲得吴挚甫（吴汝纶），而以复（严复）辅之。"② 即以严复为吴汝纶之副手，任副总教习。而吴汝纶与严复关系甚好③，并相互推许，吴为严所翻译的《天演论》作序，严有新译书稿，亦常寄予吴审读④。吴汝纶在戊戌年间，就曾推荐严复任京师大学堂总教习⑤。二是，以严复为西学总教习，取代丁韪良的位置。虽严复最终未能任命，但仍被聘为译局总办。而张百熙等人也曾就京师大学堂的课程设置等问题咨询严复。严复重视西学，他在给张百熙的回信中建议以西学为主设置四斋（见下表），皆为培养新学人才。从他对大学堂的建议中即可以看出，其对西学之重视，人才培养目标亦指向实用性的新式人才。

---

① 参见郭卫东：《严复与京师大学堂辞退洋教习事件》，《福建论坛》（人文社会科学版）2009 年第 6 期。

② 王栻主编：《严复集》（第三册），中华书局 1986 年版，第 547 页。

③ "候官严幼陵先生博学能古文，精通外国语言文字，所译西书，自译书以来，盖未有能及者，而必就质于先生（吴汝纶），先生每为审正。"汪兆镛辑：《吴先生行状》，载《碑传集三编》，沈云龙主编：《近代中国史料丛刊续编》（第七十三辑），台湾文海出版社 1980 年版，第 2092—2093 页。

④ "因文字芜秽，每初脱稿时，常寄保阳，乞吴先生挚甫一为扬榷。"王栻主编：《严复集》（第三册），中华书局 1986 年版，第 537 页。

⑤ "大学堂总教习，若求中西兼通之才，则无以易严幼陵。"吴汝纶：《吴汝纶尺牍》，徐寿凯、施培毅校点，黄山书社 1990 年版，第 140 页。

表4.5　严复建议京师大学堂的课程设置①

设置四斋	课程内容	招生要求	培养目标
正斋	以西文入手，驯至头等学业	少年之俊与各省学堂所送之高才生	
附斋	以中语演译西文，专讲西史、理财、立法、交涉诸科	年稍长之京朝官	
外斋	课以中学，如掌故、词章之类	自备资斧游学外洋已得学凭子弟	
改同文馆为外交学堂	以言语、公牍、国际课之		外部出使之取材

　　从上述分析中可以看出，张百熙组建的章程起草团队至少有两大特点：一是力求学贯中西，二是力求革新。从团队的组成人员来看，也大多接触过西学，而且变法态度积极主动。尤其是在甲午战后，他们对中西学的认识已经发生了较大转变，同时深受维新派的影响，甚至参与了维新派的诸多政治活动。而张百熙置身其中，也在不断调整章程的内容，顾及清廷中枢的政治态度，平衡革新与维护皇权统治的关系。两度起草的章程实际上就是经过平衡与调整的结果。

---

　　①　"请设四斋：一正斋，从西文入手，驯至头等学业，以待少年之俊与各省学堂所送之高才生；二附斋，以中语演译西文，专讲西史、理财、立法、交涉诸科，以待年稍长之京朝官；三外斋，募自备资斧游学外洋已得学凭子弟，课以中学，如掌故、词章之类；四改同文馆为外交学堂，以言语、公牍、国际课之，以备外部出使之取材。"王栻主编：《严复集》（第三册），中华书局1986年版，第547—548页。

第五章　延续与革新:《钦定学堂章程》的
　　　　　　决策过程

庚子国变后,慈禧开始决意改革,实行新政,其中对于教育的改革乃是重头戏,也是最具争议的先锋。从新政的上谕来看,虽明确了以中国传统文化的纲常伦理为价值核心,兴办学堂也务必以四书五经为主要教学内容,而西学只是为辅,但其中的"度"又该如何把握?这是决策过程中必须予以考虑的重要问题。在具体的决策过程中,除了以慈禧为首的清廷中枢和以张百熙为首的章程起草团队在作出具体选择和判断,来自地方督抚的奏议以及实践和来自日本的影响也成为决策过程中的重要影响因素。

从决策的过程来看,《钦定学堂章程》的出台并非自上而下地直接发布政令,而是在新政谕令的背景下,基于正在重新形成的变法政策场域,向地方督抚广征改革建议,实践先行,并参考日本经验,由此形成的政策文本。

第一节　政策议题的形成:延续与新的诉求

一、戊戌变法教育改革政策在新政中的延续

新政上谕颁布以后,一系列关于教育改革的谕旨也相继出台,究其内容基本延续了戊戌变法中改革科举、兴办新式学堂等改革举措。(参见表5.1)

表 5.1　戊戌时期的教育改革政策在新政中延续

戊戌时期教育改革政策[1]		新政时期沿袭的政策[2]
改革科举（设经济特科）	上谕：特科岁举两途，著照所议准行（光绪二十四年正月初六日）（1898 年 1 月 27 日）[3] 上谕：命举经济特科，各省各举所知保荐人才（光绪二十四年五月二十五日）（1898 年 7 月 13 日） 上谕：开经济特科，严禁滥保（光绪二十四年六月十二日）（1898 年 7 月 30 日）	懿旨：开经济特科（光绪二十七年四月十七日）（1901 年 6 月 13 日）
改革科举（废八股改策论）	上谕：自下科为始，乡会试及生童岁试，向用四书文者，一律改试策论（光绪二十四年五月五日）（1898 年 6 月 23 日） 上谕：经济岁科归并正科，各省生童岁科完即改试策论（光绪二十四年五月十二日）（1898 年 6 月 30 日） 上谕：嗣后一切考试均着毋庸五言八韵诗（光绪二十四年五月十八日）（1898 年 7 月 6 日） 上谕：乡会试改为三场，第一场试中国史事、国朝政治论五道；第二场试时务策五道，专问五洲各国之政、专门之艺；第三场试四书义两篇，五经义一篇。今后考试，均以讲求实政实学为主（光绪二十四年六月初一日）（1898 年 7 月 19 日） 上谕：变通科举，嗣后一经殿试，即可量予授职（光绪二十四年六月初三日）（1898 年 7 月 21 日） 上谕：各部院堂官考试认真试以策论（光绪二十四年七月二十七日）（1898 年 9 月 12 日）	上谕：自明年始，嗣后乡、会试，头场试中国政治、史事论五篇，二场试各国政治、艺学策五道，三场试"四书"义、"五经"义各一篇。考试试差、庶吉士散馆，均用论一篇、策一道。进士朝考论疏，殿试策问，均以中国政治、史事及各国政治、艺学命题。以上一切考试，凡"四书""五经"义均不准用八股文程式，策论均应切实敷陈。（光绪二十七年七月十六日）（1901 年 8 月 29 日）
兴办学校	上谕：开京师大学堂（光绪二十四年五月十五日）（1898 年 7 月 3 日） 上谕：能独立创设学堂者予特赏（光绪二十四年五月十七日）（1898 年 7 月 5 日） 上谕：各省设学堂（光绪二十四年六月十一日）（1898 年 7 月 29 日） 上谕：京城设小学堂（光绪二十四年六月十七日）（1898 年 8 月 4 日） 上谕：命谭钟麟等立即筹办学校（光绪二十四年七月十二日）（1898 年 8 月 28 日）	上谕：各省、府、直隶州及各州、县分别将书院改设大、中、小学堂，并多设蒙养学堂。其教法当以"四书""五经"纲常大义为主，以历代史鉴及中外政治、艺学为辅。（光绪二十七年八月初二日）（1901 年 9 月 14 日） 上谕：从前所建京师大学堂，应即切实举办。着派张百熙为管学大臣。（光绪二十七年十二月初一）（1902 年 1 月 10 日）
改革书院	上谕：书院改学校（光绪二十四年五月二十二日）（1898 年 7 月 10 日） 上谕：江阴南菁书院改为高等学堂（光绪二十四年七月二十七日）（1898 年 9 月 12 日）	上谕：各省妥速筹划学堂并将开办情形详细具奏。（光绪二十八年二月初二）（1902 年 3 月 11 日）

注：1. 根据以下文献整理：汤志钧、陈祖恩编：《中国近代教育史资料汇编·戊戌时期教育》，上海教育出版社 1993 年版，第 27—59 页。2. 根据以下文献整理：璩鑫圭、唐良炎编：《中国近代教育史资料汇编·学制演变》，上海教育出版社 1991 年版，第 4—6 页。3. 根据贵州严修所奏及总理衙门和礼部所奏。

如上所述，自甲午战后及维新运动的推进，兴办新式学堂已经从"点"扩展到了"面"。而戊戌变法后更明确要求各省、府、州、县均改书院建学堂。虽然期间因戊戌政变有所中断，但新政甫一实施，即再次谕令各省、府、州、县分别将书院改设为大中小学堂①，并多次督促尽快办理。而至于如何办，均是各地方政府或学政、学堂自己拟定办学章程。需要指出的是，上谕还是就教学内容做了要求："当以'四书''五经'纲常大义为主，以历代史鉴及中外政治、艺学为辅"②。诚然，这比戊戌变法时期仅提出"兼习中学西学"③的原则更为清晰，明确了学堂课程中修习中学与西学的具体内容及配置关系。

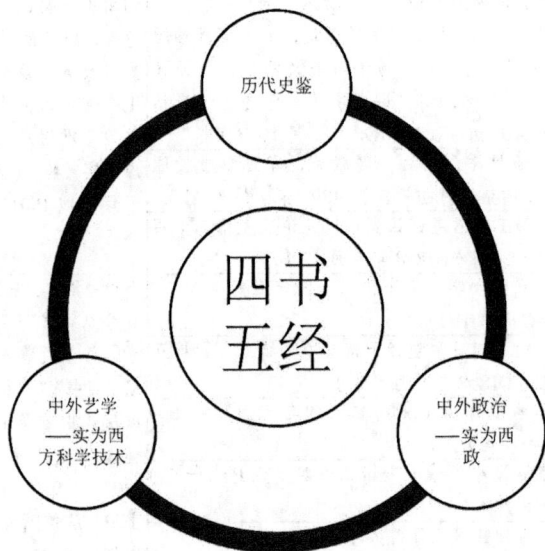

图 5.1　光绪二十七年八月初二（1901 年 9 月 14 日）谕各地改书院设学堂之教学内容

---

①　璩鑫圭、唐良炎编：《中国近代教育史资料汇编·学制演变》，上海教育出版社 1991 年版，第 5—6 页。

②　光绪二十七年八月初二（1901 年 9 月 14 日）谕于各省、府、直隶州及各州、县分别将书院改设大、中、小学堂。参见璩鑫圭、唐良炎编：《中国近代教育史资料汇编·学制演变》，上海教育出版社 1991 年版，第 5—6 页。

③　光绪二十五年五月二十二日（1898 年 7 月 10 日）上谕：书院改学校。参见汤志钧、陈祖恩编：《中国近代教育史资料汇编·戊戌时期教育》，上海教育出版社 1993 年版，第 55—56 页。

二、出台学堂章程的诉求

虽上谕就教育改革作了多次督办，但各地"改书院""办学堂"仍多有延宕。除前面提及的对朝廷变法的观望与怀疑以外，还有更为实际的困难是经费的落实以及无可行之章程的难题。如沿海沿江地区因通商较早，亦有些许办理洋务学堂的经历，或有教会学校之西学章程可资参考；但内陆偏瘠之地则根本无法可循，办新学堂的过程亦甚为艰难。

为此，新政时期教育改革面临的当务之急就是需提供一个可资参择的办学章程，这成为政策推进与实施过程中急需解决的关键问题。光绪二十七年十月十五日（1901 年 11 月 25 日），清廷中枢终于提出了一个可以暂行解决的办法，即按袁世凯在山东办理学堂的试行章程来参照：

> 查袁世凯所奏山东学堂事宜及试办章程，拟先于省城立学堂一区，分斋督课，先从备斋、正斋入手，俾初学易于速就。渐有师资，再行次第推广。其教规课程参酌中西，而谆谆于明伦理、循礼法，尤得成德达材本末兼资之道。着政务处即将该署督原奏并单开章程，通行各省，立即仿照举办，毋许宕延。其如何选举鼓励之处，着遵前旨，由政务处会同礼部速行妥议具奏。①

光绪二十七年十二月初一（1902 年 1 月 10 日），在重建京师大学堂的上谕中，同时任命了张百熙为管学大臣②，其职责是负责学堂的一切

---

① （清）朱寿朋编：《光绪朝东华录》（第四册），张静庐等校点，中华书局 1958 年版，第4784 页。

② 璩鑫圭、唐良炎编：《中国近代教育史资料汇编·学制演变》，上海教育出版社 1991 年版，第 7 页。

事宜①。该上谕最后还说"应如何裁定章程，并着悉心妥议，随时具奏。"②
需要说明的是，这还不只是要求制定京师大学堂的章程，而是对管理全国
学堂的管学大臣提出的"裁定章程"之任务。因而，后来《钦定学堂章
程》的颁布，就不仅单指一所学堂，而是包含所有学堂的章程。目前，除
了这一上谕之外，尚未有从其他文献资料中看到明旨要求制定学堂章程的
批示或文字。即在任命管学大臣时，就对制定全国通行的学堂章程提出了
要求。

由此可见，制定全国性的统一学堂章程的政策议题本身就是伴随着
"改书院设学堂"这一政策③而来的。其一方面是来自上层对培养人才的
教育内容需要有所规划、有所限定，即中西学如何配置的问题必须符合清
廷推行新政的核心价值；另一方面则是来自教育系统内部的，下级对国家
统一学堂章程的诉求。比如湖南巡抚俞廉三、四川学政吴郁生在兴办学堂
过程中都提出过需要统一章程课表，免致各自分歧，便于斟酌中西之配
比、教习之延聘、学堂之衔接以及考试之选拔等。

以下即为光绪二十八年三月十五日（1902年4月22日）湖南巡抚俞
廉三奏敕颁学堂功课表格折：

> 惟育才本为当务之急，而学课贵又一定之程。兹准政务处会
> 同礼部酌议山东章程咨行到湘，宏刚备举，已便遵循。然经史、
> 舆地、中西政治及方言、算数之学多寡，分数与何，应习何业，

---

① "着派张百熙为管学大臣，将学堂一切事宜，责成经理。"参见璩鑫圭、唐良炎编：《中国
近代教育史资料汇编·学制演变》，上海教育出版社1991年版，第7页。

② 璩鑫圭、唐良炎编：《中国近代教育史资料汇编·学制演变》，上海教育出版社1991年
版，第7页。

③ 书院自宋元以来盛行，开始多为民间私立。至清代，书院皆需受地方官的审查，其地
产、资金或受公帑，或动用公项，即使由私家出资，其所置书院产业亦属于公产，故书院院长
（山长）例由地方官延聘。且书院考课分官课与师课，官课皆由地方官主之，师课由院长主之，
师生学业皆受政府审查。参见王德昭：《清代科举制度研究》，中华书局1984年版，第103—104
页。因此，清末书院改建为学堂的政策才能发挥作用。

尚未有划一课程，而各属禀报立中小学堂，虽办理情形略有不同，亦均请明定功课程式，以资业习。伏思京师大学堂已奉旨开办，一切入学次第，习业时刻，自己斟酌尽善，定有表格，合无仰恳天恩敕下管学大臣，将大中小学堂章课表通颁各省，资为程式，俾学有定业时，皆可一律遵守，免致分歧。①

光绪二十八年四月十九日（1902 年 5 月 26 日）四川学政吴郁生奏请颁定学堂所定课程折：

朝廷以为人才之尤而欲尽纳之于学堂，法至美也。惟是兴设学堂，以定立课程为要义。定立课程，以各省一律为要义。然而有难言者，东南数省求师较易，士多乐从。偏瘠之区，风气未开，书籍阙少，教者学者无所折衷。其难一也。或以当务之急，偏重西学，而略涉中学，病在舍近而图远；或以西师难致，偏重中学，而缓置西学，病在因陋而就简。其难二也。学堂者非为科举而设也，顾朝廷求才于学堂，士子求名于科举，则其实无别于书院。其难三也。因此三难而不示以一定之课程，教者以意为教，学者以意为学，各省分歧而不能合，中西杂糅而无所专，是有学堂之名而无其实也……夫小学堂之课程不同，异时学生考升京师大学堂，更何从而一之乎？且课程不同，成就亦异，将来考选之法，必多迁就，而弊流以滋，此又学堂课程之不能不归一律者也……仰祈饬下管理大学堂大臣张百熙，核定大中小学堂各等课程，奏颁各省。惟斯事体大，虑非一人之心思所能周遍，请准其奏调京外通知学务人员，以资襄行。自后或需随时修改，仍

---

① 载朱有瓛主编：《中国近代学制史料》（第一辑下册），华东师范大学出版社 1986 年版，第 781 页。

由各省奏请饬下管学大臣核定，不得私自增损，以免歧异。如是则各省学堂有一定之条规，兼有一定课程，斟酌中西，学有准的，一便也；教习易聘，书籍易备，二便也；退陬僻邑，无所疑阳，三便也；私家设学，考试合格，四便也……①

俞廉三和吴郁生的上奏，有一定的代表性，在不同的区域，课程中兼习中学和西学面临的问题以及解决问题的方式可能有所不同，偏重中学或偏重西学的情况可能都有，依据实际情况而定，但是与清廷中枢的以中学为体的原则是否符合，则是地方学务官员在面临实际情况时可能并未仔细考虑的问题，也导致各地在没有章程的实践中面临抉择的难题。

从以上的阐述中可以看出，制定学堂章程的想法不仅来自中央，也是各地的共同诉求。尤其是对于中学西学课程应该如何开设，这更是关涉人才培养的核心大事。虽有诸多争议，但也是必须予以操办的要事。因此其很快就从一个教育实践过程中遇到的问题上升为一个引起各方强烈关注的政策议题，被提上议事日程。

三、张百熙任管学大臣后对兴学办法之思考

光绪二十八年正月初六（1902年2月13日）履职管学大臣刚一个月的张百熙即上奏回复筹办大学堂及兴学的事宜。他拟了五条办法上呈给慈禧太后和光绪皇帝。包括了制定总的办法、大学堂讲舍的添建、附设译书局、广购书籍仪器、筹措经费等。此折虽被璩鑫圭等资料整理者命名为"奏筹办大学堂大概情形折"②，但因当时之大学堂不仅是一个高等学校

---

① 朱有瓛主编：《中国近代学制史料》（第一辑下册），华东师范大学出版社1986年版，第782—783页。

② 张百熙：《奏筹办大学堂大概情形折》，载璩鑫圭、唐良炎编：《中国近代教育史资料汇编·学制演变》，上海教育出版社1991年版，第63—70页。

机构，而是兼有统管全国学校事务之责，职能类似于后来设置的"学部"。因此，张百熙的这个奏折里也论及了全国学校建设之思考。他提出：

> 大学堂理应法制详尽，规模宏远，……是今日而再议举办大学堂，非徒整顿所能见功，实赖开拓以为要务，断非因仍旧制、敷衍外观所能收效者也。①

可见他所主导的京师大学堂及整个学务的改革不是依循旧制的整顿，而是力主开拓。

（一）仿照西方学堂制度

张百熙所列办法第一条即"办法宜预定也"。此处所谓"办法"即学堂之制，也就是章程。可见他意识到这是兴学的第一要务。他查阅了各国学堂之制：

> 大抵取幼童于蒙学卒业之后，先入小学堂。三年卒业，乃升入中学堂。如是又三年，乃升入高等学堂。如是又三年，乃升入大学堂。②

对照中国当时之学堂，分别对应县学堂、府学堂、省学堂。（见图5.2）并由此提出：

> 暂不设专门，先立一高等学堂，功课略仿日本之意，以此项

---

① 张百熙：《奏筹办大学堂大概情形折》，载璩鑫圭、唐良炎编：《中国近代教育史资料汇编·学制演变》，上海教育出版社1991年版，第64页。

② 张百熙：《奏筹办大学堂大概情形折》，璩鑫圭、唐良炎编：《中国近代教育史资料汇编·学制演变》，上海教育出版社1991年版，第64页。

学堂造就学生为大学之预备科；一面由臣催请办各省学堂，三年之后，预备科所造人才与各省省学堂卒业学生，一并由大学堂考取，升入专门肄业。①

这是他对高等学堂之后学堂如何设立的思考。他计划颁发京师大学堂章程后，颁发各直省高等学、中学、小学各章程。待按现拟章程先行开办各类学校后，再"慎选通达纯正之员，派赴欧、美、日本，考察其现行章程，应用书籍，又讲求化学、电学……"②从此时他的计划来看，是打算先根据各国章程拟定全国章程，这是应急之需，然后再派人前往各国考察，包括课程、书籍、校舍建设等方面的做法，基本计划以西方之学校及学校体系为仿照对象来进行建设。

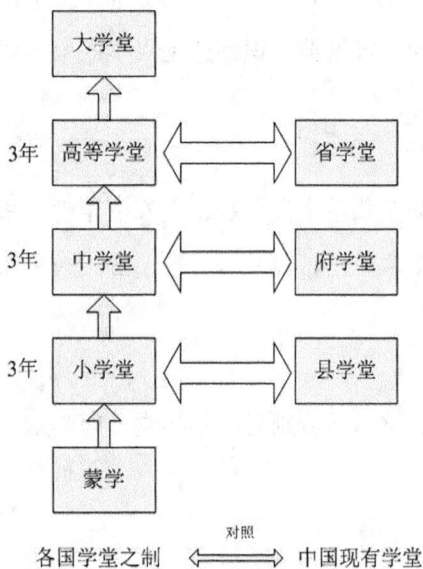

图 5.2　新政之初张百熙对于国内外学制对比的认识

---

① 张百熙：《奏筹办大学堂大概情形折》，璩鑫圭、唐良炎编：《中国近代教育史资料汇编·学制演变》，上海教育出版社 1991 年版，第 64 页。

② 张百熙：《奏筹办大学堂大概情形折》，璩鑫圭、唐良炎编：《中国近代教育史资料汇编·学制演变》，上海教育出版社 1991 年版，第 66 页。

（二）关于新式学堂课程及教材之思考

张百熙建议在"附设译书局"这条建议中，提出译局不仅要翻译一切书籍，还须翻译一切课本。

> 泰西各国学校，无论蒙学、溥通学、专门学，皆有国家编定之本，按时卒业，皆有定程。今学堂既须考究西政西艺，自应翻译此类课本，以为肄习西学之需。①

可见，因课程中要开设西学，就需要翻译西艺西政的课本。当然他也注意到外国的课本中有与中国风气不同的，以及牵涉宗教之类的地方应加以损益或增删润色，适合中国的文化与要求②，但他并未完全否定或阻止对于这一类课本的翻译。

对于中学传统课程的选择，张百熙认为"四书""五经"是人人都必须学习的内容，应"分年计月，垂为定课"③。而对于百家学问，内容浩如烟海，则宜择其精要，编为简要的课本，"按时计日，分授诸生"④。对于编年纪传、诸子百家之籍，则是学生自己根据兴趣随意研求即可。

此时张百熙对于中学进入课程内容的重要性排序与吴汝纶考察日本期间对中学课程内容重要性的排序是不同的。吴汝纶认为最重要的是国朝

---

① 张百熙：《奏筹办大学堂大概情形折》，璩鑫圭、唐良炎编：《中国近代教育史资料汇编·学制演变》，上海教育出版社 1991 年版，第 67 页。

② "惟其中有与中国风气不同及牵涉教宗之处应增删润色，损益得中，方为尽善。"张百熙：《奏筹办大学堂大概情形折》，璩鑫圭、唐良炎编：《中国近代教育史资料汇编·学制演变》，上海教育出版社 1991 年版，第 67 页。

③ "至中国'四书''五经'为人人必读之书，自应分年计月，垂为定课。"张百熙：《奏筹办大学堂大概情形折》，璩鑫圭、唐良炎编：《中国近代教育史资料汇编·学制演变》，上海教育出版社 1991 年版，第 67 页。

④ 张百熙：《奏筹办大学堂大概情形折》，璩鑫圭、唐良炎编：《中国近代教育史资料汇编·学制演变》，上海教育出版社 1991 年版，第 67 页。

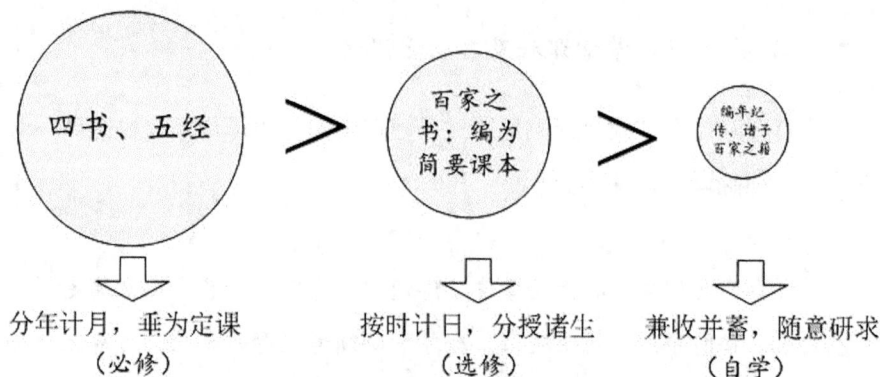

图 5.3 张百熙对中国传统学问进入课程的重要性排序

史，古文次之，最后才是"四书""五经"（见表 5.2）。张百熙与之观点
几乎完全相反，而张之观点更符合传统中学在学校课程中的排序。吴汝纶
则更看重"国朝史"的学习，他认为"吾国自八股盛行，无人能读史汉"，
应该破除科举的桎梏，以史学经世。

表 5.2 张百熙与吴汝纶关于传统学问进入课程的重要性排序比较

重要性排序 相关决策者	1	2	3
张百熙（1902）	"四书""五经"	百家之书	编年纪传、诸子百家之籍
吴汝纶（1902）	国朝史	古文	"四书""五经" （《论语》→《孟子》→《左传》）

除了对内容重要性的排序，张百熙还提出当前学堂第一要事是编辑课
本，这样才能让教者有所依据、学者稍傍津涯，需对课程内容按循序渐
进、由浅入深的原则进行编排，成为教者、学者教学之依据。他主张应由
国家统一编定，方有教法。而目前各新式学堂以自编课本授课，是不得已
之举。

在张百熙看来，统一编定教材，不只是为了教学有法，更重要的是要
统一人才培养的要求：

　　　臣惟国家所以变法求才，端在一道德而同风俗，诚恐人自为

学，家自为教，不特无以收风气开通之效，且转以生学术凌杂
之虞。①

　　他建议新式学堂应通过统一的课程、教材来统一国家所要求的道德与
风俗，特别是对于中国传统的学问作为课程内容，其更应该发挥这样的作
用，为国家人才的培养建立统一的价值目标，这也体现了新式学堂中学习
中国传统学问的用处，是"中学为体"的精神内核。

　　关于如何编撰中学之教材，张百熙认为应由管学大臣来"慎选学问淹
通、心术纯正之才，从事编辑，假以岁月，俾得成书。书成之后，请颁发
各省、府、州、县学堂应用，使学者因途径而可登堂奥，于详备而先得条
流，事半功倍，莫切于此。"②

　　即张百熙主张课程教材应统编统用，尤其是涉及中国传统学问的教
材要统一组织学问淹通、心术纯正的人来进行编写，统一使用。在光绪
二十八年十月（1902 年 11 月）政务处的"奏复贝子载振③ 条陈事宜"中
就提出用张百熙在年初时的这一建议，由全国统一编译课本，颁行各省统
一使用：

　　　教科各书，前经管学大臣张百熙奏明编译中西各书，用为学

　　①　张百熙：《奏筹办大学堂大概情形折》，璩鑫圭、唐良炎编：《中国近代教育史资料汇
编·学制演变》，上海教育出版社 1991 年版，第 68 页。
　　②　张百熙：《奏筹办大学堂大概情形折》，璩鑫圭、唐良炎编：《中国近代教育史资料汇
编·学制演变》，上海教育出版社 1991 年版，第 68 页。
　　③　爱新觉罗·载振，是庆密亲王爱新觉罗·奕劻的长子。在 1902 年曾访问英、法、比、
美、日等国，关于新政建议的奏折是其回国后所奏。政务处就是回复其条陈建议。关于学堂，他
说"世变至极繁极赜之会，非广设学堂、定教科书，不能齐视听而一心志。教科各书，自政治
理财法学武备，以至一切艺术之事，泰西各国皆有一定教规，但须编译颁行，学者即知法守。"
参见"十月政务处奏复贝子载振条陈事宜"，载沈桐生辑：《光绪政要》卷 28，上海崇义堂刊本
1909 年，第 35 页。

堂课本，请敕下该大臣迅速编译，颁行各省，俾有遵依。①

在章程制定之后，实施中更大的困扰就是教科书的编纂和使用问题。张鹤龄、张百熙、张之洞等后来都曾在奏议或书信中提出过。而张百熙在章程酝酿时期，就明确了教材应统编统用。

（三）关于办学经费之筹谋

张百熙提出"经费宜宽筹"②。要通过京师大学堂的重新建设来"开拓"教育的改革，需以经费之保障作为基础。他提出京师大学堂恢复办学之后规模相比从前扩大许多，从原来只分语言、文字数科，略教公法、格致数事，到现在各项硬件（讲舍、书籍、仪器）的维修、扩增，尤其提到了翻译西书、编辑课本、推广博物院、派员考察、学生游历等事宜都需扩增经费来落实。他一方面提请将原来清政府的拨款继续进行拨付，原来的拨款约为每年20万两③，但因常年款项所剩无几，仍需增拨经费，方足以资挹注。另一方面则强调要专款专用，这20万两的经费来源是户部存于华俄银行的库平银500万两④所生之利息。光绪二十四年（1898年）的拨款尚有11370两未拨，张百熙请求这个款项应全数拨归大学堂，且应专款专用，存、支、取皆由学堂与银行结算。

关于经费问题，张百熙在上此折的同时，还有一个附片，内容是关

---

① "十月政务处奏复贝子载振条陈事宜"，载沈桐生辑：《光绪政要》卷28，上海崇义堂刊本1909年，第35页。

② 张百熙：《奏筹办大学堂大概情形折》，璩鑫圭、唐良炎编：《中国近代教育史资料汇编·学制演变》，上海教育出版社1991年版，第68页。

③ 原来的拨款是存放于华俄银行库平银500万两所生之利息，约20万两。即京师大学堂的常年拨款为20万两。参见璩鑫圭、唐良炎编：《中国近代教育史资料汇编·学制演变》，上海教育出版社1991年版，第69页。

④ 璩鑫圭、唐良炎编：《中国近代教育史资料汇编·学制演变》，上海教育出版社1991年版，第69页。

于奏请将同文馆的经费也划拨到京师大学堂统一进行管理和使用①。同文馆的经费以往是由总理衙门拨付的，"同文馆常年经费在海关项下拨用三成"②，其实船钞的三成，并非都是支付给同文馆了，总理衙门其他部分开支也是从三成船钞中开列的。③ 即，三成船钞并非京师同文馆专款专用。同文馆并入京师大学堂统一管理后，实际经费并没有增加，反而会占用大学堂的经费。张百熙认为原来同文馆是为造就翻译之才，为外务部及各使馆提供人才，④ 并入京师大学堂后，没有了这部分经费的支持，张百熙上折的同时附上这一片，就是想将三成船钞划归于京师大学堂。对此，当时《大公报》上《时事要闻》所言"张尚书百熙将聘总税务司赫宫保为北京大学堂总教习，盖因同文馆经费银两有须税务司拨解者，不得不曲为联络也。"⑤但实际上不得不仍占用华俄银行存款的利息来支付同文馆的开支。几天之后，还有翰林院侍读宝熙关于八旗官学归并于京师大学堂的提议⑥，八旗官学本来的经费来源为户部拨款，宝熙的奏折中未言明经费划拨的问题，但提及了"各学官既请改为中小学堂十所，经费容有不敷，大学堂存款较多，若以一手经营，亦可藉资挹注"⑦。可见，当时京师大学

---

① 《管学大臣张百熙奏请将同文馆经费指拨的款片》（1902 年 2 月 13 日）。载北京大学、中国第一历史档案馆编：《京师大学堂档案选编》，北京大学出版社 2001 年版，第 110 页。

② 《管学大臣张百熙奏请将同文馆经费指拨的款片》（1902 年 2 月 13 日）。载北京大学、中国第一历史档案馆编：《京师大学堂档案选编》，北京大学出版社 2001 年版，第 110 页。

③ 任智勇：《晚清财政开支的另一种面相——以三成船钞为例》，《近代史学刊》2010 年第 7 辑，第 90—96 页。

④ "同文馆历来附设总署，岁支巨款。一旦归臣办理，竟成无米之炊。"见《管学大臣张百熙奏请将同文馆经费指拨的款片》（1902 年 2 月 13 日）。载北京大学、中国第一历史档案馆编：《京师大学堂档案选编》，北京大学出版社 2001 年版，第 110 页。

⑤ 《时事要闻》，《大公报》（天津）1902 年 6 月 18 日，第 2 版。

⑥ 《光绪二十八年正月十二日翰林院侍读宝熙奏请变通八旗学校章程折》（1902 年 2 月 19 日），载朱有瓛主编：《中国近代学制史料》（第二辑下册），华东师范大学出版社 1989 年版，第 782 页。

⑦ 《光绪二十八年正月十二日翰林院侍读宝熙奏请变通八旗学校章程折》（1902 年 2 月 19 日），载朱有瓛主编：《中国近代学制史料》（第二辑下册），华东师范大学出版社 1989 年版，第 782 页。

堂被赋予了管理全国新学的职能，亦使得其经费面临极大的压力，原有的办学经费来源被不断新增并入的各类其他学校教育所挤占。由京师大学堂统一协调全国各级各类新学的办学经费，这本身对一机构而言是很大的难题，也是在章程制定过程中，需要具体考量中央和地方财政如何支出办学经费的问题。

张百熙还提出地方应筹措经费拨济京师。其理由是原来各直省送学生出洋留学，现在京师大学堂要开设更全面的高等课程、聘请专门的教习，这部分学生就可以送到京师大学堂来学习，所支出之费用就节省出来了。因此他在奏折中写到"应请饬下各直省督抚，大省每年筹款二万金，中省一万金，小省五千金，常年拨解京师大学堂。"他的这一提议得到清廷的确认，要求各省量力认解。但实际落实情况不尽如人意，"至光绪三十二年止，除山东、陕西两省业已如数解齐，毫无蒂欠外，其余各省欠款数目综计至 16 万余两之多"①。

办学经费关系着章程出台后是否能有效地执行。从张百熙当时的计划来看，主要还是关注京师大学堂的办学经费问题，依赖中央财政来办京师大学堂，而对于章程拟定后，地方经费如何筹措，当时他还没有具体的筹划。

第二节　广征建议：地方督抚的影响

新政谕令颁布后，首先对教育进行改革是一个较为稳妥且容易达成共识的变法内容。与戊戌变法决策过程不同的是，戊戌变法的改革政令，来自于几个人或可称为智囊团（康有为、梁启超等人）的决策建议，虽有前

---

① 《咨催各省速解大学堂欠解经费文》（1906 年 10 月 13 日），载北京大学校史研究室：《北京大学史料》（第 1 卷），北京大学出版社 1993 年版，第 540 页。

期维新运动的群众基础，但忽略了地方权力的参与，很难实现"上下一心"。而新政变法，对地方权力有较大的依赖，这也与当时地方权力的日益扩大密切相关。因此，新政变法的具体办法不是来自慈禧和军机处，而是广征各级官员的建议，尤其是要求地方督抚条陈上疏如何变法。学堂章程也是"着政务处咨行各省悉心酌议，会同礼部复核具奏"①。由于观望情绪浓厚，地方督抚中袁世凯是最及时奏复的，张之洞、刘坤一的《江楚会奏》则是对新政实施影响最大的奏议。

另外，督办政务处的成立也颇有拉拢地方督抚的意味。新政开始后，总理各国事务衙门的职能被削减，只承担外交事务，而其他的新政变法事宜则由新成立的政务处来督办。政务处的成员基本是扩大版的军机处，还特别增加了三位地方督抚刘坤一、张之洞、袁世凯参与政务处事宜。

刘坤一、张之洞、袁世凯三位进入政务处的地方督抚大员对新政改革的具体举措有着实际的改革经验和直接的影响。当时，刘坤一与张之洞"分守南京与武昌，率领着两个最大的政治派系"②，对中央决策及地方改革等都具有很强的影响力。刘张二人的《江楚会奏三折》（以下简称《江楚会奏》）详细规划了变法的方案，颇受慈禧重视，因此新政变法一开始基本按此执行。究其原因有二，一是就《江楚会奏》本身而言，这是关于变法复奏中最为全面、最为系统的一个改革方案。且张之洞、刘坤一在会奏撰稿过程中多与各地督抚沟通，在一些原则问题上基本达成了共识，因此具有总结性发言的意味。二是张之洞与刘坤一在当时的地方大臣中，无论是资历、功绩还是威望都非常大，地位举足轻重，是地方的实力派人物。而清政府对《江楚会奏》的肯定和批准，也是要借势于这些地方大员

---

① 光绪二十七年八月初二（1901 年 9 月 14 日）谕于各省、府、直隶州及各州、县分别将书院改设大、中、小学堂。璩鑫圭、唐良炎编：《中国近代教育史资料汇编·学制演变》，上海教育出版社 1991 年版，第 6 页。

② 茅海建：《戊戌变法的另面："张之洞档案"阅读笔记》，上海古籍出版社 2014 年版，第 8 页。

来维护政权和推行变革。① 尤其是在兴办学堂方面，刘坤一、张之洞在地方均有丰富的经验，袁世凯也不例外，其所奏山东办学章程和办法在学堂章程尚未出台之前，就已被上谕确定为各省办学的参照对象。

一、刘坤一

刘坤一，湖南新宁人，少年时为廪生，起家军旅，屡建功勋②，新政时位居两江总督兼通商大臣。他经历了早期的保守、谨慎到中期的犹疑徘徊③，直到甲午战争的冲击，才使他从"地主阶级的经世致用者转化为洋务派"④，并在新政时期积极参与改革。从现有的资料看，刘坤一虽在新政期间积极参与，但在之前的戊戌变法中，刘坤一却一直持消极的态度。如光绪帝要求其完成的政治、经济、军事、文教等方面的政务，有些事务刘坤一已着手在做，有些则可列入筹办事项，上述事宜按谕令要求都应有所回复，但他在戊戌变法的两个多月里，却仅有一条遵谕回复总理各国事务衙门关于拨款给福州船政局经费的事宜，其余概无回复，态度十分消极。他的消极在当时的地方督抚中亦有一定的代表性，后被光绪帝明谕斥责：

> 光绪二十四年七月辛酉（1898 年 8 月）"谕内阁、近来朝廷整顿庶务。如学堂商务铁路矿务一切新政……乃各省积习相沿，因循玩愒，虽经严旨敦迫，犹复意存观望，即如刘坤一、谭钟麟总督两江、两广地方。于本年五、六月间，谕令筹办之事，并

---

① 参见李细珠：《张之洞与清末新政研究》，上海书店出版社 2003 年版，第 109—110 页。

② 参见《清史列传》（第十五册），王锺翰点校，中华书局 1987 年版，第 4644—4651 页。

③ 参见王玉棠：《刘坤一评传》，暨南大学出版社 1990 年版，第 11—14 页。

④ 崔运武：《清末近代化中的地方督抚——刘坤一个案研究》，博士学位论文，华东师范大学，1993 年，第 2 页。

无一字复奏，追经电旨催问，刘坤一则藉口部文未到，一电塞责。谭钟麟且并电旨未复，置若罔闻。该督等皆受恩深重，久膺疆寄之人，泄沓如此，朕复何望。倘再藉词宕延，定必予以严惩……"①

此后，他在各项改革中开始有所作为，如在教育方面，开始积极筹办学堂，改江南储才学堂为江南高等学堂，将书院一并改为学堂，经费自筹，并要求于一年内一律告成，同时鼓励民间设学，逐步筹设地方教育体系。

刘坤一在戊戌变法前期的消极可能被认为是老于官场世故，对帝后两党的权力之争了然于心，故持观望态度。但更重要的原因，是他对康有为、梁启超在变法中对平权的宣传、对"中体"的威胁并不认同，所以在一开始他是被动的。后来的转变在于戊戌变法的内容与其已开展或想要开展的洋务活动有诸多交叉或重合之处，如经济、军事、文化教育方面的事务。但政治上的改革却并未在这一时期有所体现。因此，在光绪帝的斥责下，刘坤一开始了积极的改革，并在政变后仍维护百日维新的一些改革成果。这也源于他作为传统士人和封疆大吏对国家危亡的深刻认识和使命感。② 随后他与张之洞等人在东南互保、回銮与惩凶问题上又与清廷中枢抗衡，以及新政初始时的《江楚会奏》等都受到这种情结的影响。当然如何运用西学，又如何维护中国的传统学问，这样的问题也使其常常左右徘徊，但相比张之洞而言，他更加趋于保守，从而使《江楚会奏》以更为稳健的姿态出现于观望心态甚浓的新政初始之际。

---

① 《清实录·德宗景皇帝实录》卷 423，中华书局 1987 年影印本。
② 参见崔运武：《清末近代化中的地方督抚——刘坤一个案研究》，博士学位论文，华东师范大学，1993 年，第 2—7 页；刘坤一：《刘坤一遗集》（第三册），中国科学院历史研究所第三所工具书组校点，中华书局 1959 年版，第 1045—1046 页。

二、张之洞

张之洞，直隶南皮人，进士出身，起于清流，仕途平顺，自光绪七年出任山西巡抚，后调任两广总督、湖广总督，其思想宗旨在其主政一方、以及甲申中法海战之后发生了较大转变，从清流党转向了洋务派。[①] 但在对待西学西法积极践行方面，却又始终保持警惕，在中西学的配置问题中，他亦将"中体西用"的观点进行了系统的论证，并得到了清廷中枢的认可，从而成为新政时期各项改革的基本原则。

张之洞相较于之前的洋务大臣以及同时期的督抚而言，更具有文化意识和文化自觉。[②] 正如辜鸿铭对他进行的总结：

> ……尚知六经大旨，以维持名教为己任。是以文襄在京曹时，精神学术无非注意于此。即初出膺封疆重任，其所措施亦尤是欲行此志也。洎甲申马江一败，天下大局一变，而文襄之宗旨亦一变。其意以为非西法图富强无以保中国，无以保中国即无以保名教。……文襄之效西法，非慕欧化也；文襄之图富强，志不在富强也。盖欲借富强以保中国，保中国以保名教。[③]

张之洞在晚年所作的《抱冰堂弟子记》是他对自己人生的总结，其中谈到了师承经历：

> 经学受于吕文节公贤基，史学、经济之学受于韩果靖公超，

---

① 李细珠：《张之洞与清末新政研究》，上海书店出版社 2003 年版，第 43 页。

② 参见陆胤：《政教存续与文教转型：近代学术史上的张之洞学人圈》，北京大学出版社 2015 年版，序二（杨国强）；李细珠：《张之洞与清末新政研究》，上海书店出版社 2003 年版，第 50 页。

③ 辜鸿铭：《张文襄幕府纪闻》，载黄兴涛等译编：《辜鸿铭文集》（上册），海南出版社 1996 年版，第 419 页。

小学受于刘仙石观察书年，古文学受于从舅朱伯韩观察琦。学术兼宗汉、宋，于两汉经师、国朝经学诸大师及宋明诸大儒，皆所宗仰信从。汉学师其翔实而遗其细碎，宋学师其笃谨而戒其骄妄空疏，故教士无偏倚之弊。①

他还谈到最恶之学问乃公羊之学：

平生学术最恶公羊之学，每与学人言，必力诋之。四十年前，已然谓为乱臣贼子之资。至光绪中年，果有奸人演公羊之说以煽乱，至今为梗。②

而康梁恰以公羊之学推进戊戌改革。他与康有为有过短暂的交流和合作，其后便分道扬镳，张之洞戊戌年（1898年）所做《劝学篇》也有针对康有为的"邪说"之意。

张之洞对于洋务、新政的施行背后都有一种传承中国文化与文明的意识，这也体现在他的教育改革思想和实践中。在兴学、教育改革的事务上，张之洞从主政一方以来，就是积极的践行者，并成为其洋务活动的主要内容。甲午战争后，张之洞在湖北的兴学渐成体系，在中国教育实践的空间版图上亦是非常重要的一隅。就在这一时期，他对于国家层面教育改革的建言也逐渐开始发生影响。如其在戊戌年所作的《劝学篇》以及新政之初与刘坤一的《江楚会奏》（第一折）就对壬寅学制的课程设置及其内容有着直接影响。从张之洞的教育改革实践和奏议内容来看，他虽力主革新，注重实学人才之培养，但又特别强调儒家经典在教育中应该具有的位

---

① 张之洞:《抱冰堂弟子记》，载苑书义等主编:《张之洞全集》（第十二册），河北人民出版社1998年版，第10631页。

② 张之洞:《抱冰堂弟子记》，载苑书义等主编:《张之洞全集》（第十二册），河北人民出版社1998年版，第10631页。

置，这就是他在新政改革中所具有的文化意识和文化自觉。

1.《劝学篇》中体现的中学、西学观

《劝学篇》是反映张之洞学术思想和政治思想之作，共二卷、二十四篇，"《内篇》务本以正人心，《外篇》务通以开风气。"[1] 要解决旧者不知通、新者不知本的问题。在序中，张之洞详述了各篇撰写之目的（见表5.3），并将二十四篇之义概括为五知（知耻、知惧、知变、知要、知本)[2]，其中"知要"就明确了中西学何为"要"，何为"非要"，即在中学中，考古不重要，应以致用为要；西学中，应以西政为要，西艺并非重要。[3] 这就构成了张之洞对中、西学学习内容的价值选择。

表5.3 《劝学篇》各篇内容之目的[4]

卷	篇名	各篇之目的
内篇 （9）	同心	明保国、保教、保种为一义，手足利则头目康，血气盛则心志刚，贤才众多，国实自昌也。
	教忠	陈述本朝德泽深厚，使薄海臣民咸怀忠良。以保国也。
	明纲	三纲为中国神圣相传之至教、礼政之原本、人禽之大防，以保教也。
	知类	闵神明之胄裔，无沦胥以亡，以保种也。
	宗经	周、秦诸子，瑜不掩瑕，取节则可，破道勿听，必折衷于圣地。
	正权	辨上下，定明志，斥民权之乱政也。
	循序	先入者为主，讲西学必先通中学，乃不忘其祖也。
	守约	喜新者甘，好古者苦，欲存中学，宜治要而约取也。
	去毒	洋药涤染我民，斯活绝之，使无萌枿也。

---

[1] 张之洞：《劝学篇》，载苑书义等主编：《张之洞全集》（第十二册），河北人民出版社1998年版，第9704页。

[2] 张之洞：《劝学篇》，载苑书义等主编：《张之洞全集》（第十二册），河北人民出版社1998年版，第9705页。

[3] "中学考古非要，致用为要，西学亦有别，西艺非要，西政为要。"张之洞：《劝学篇》，载苑书义等主编：《张之洞全集》（第十二册），河北人民出版社1998年版，第9705页。

[4] 张之洞：《劝学篇》，载苑书义等主编：《张之洞全集》（第十二册），河北人民出版社1998年版，第9704—9705页。

（续表）

卷	篇名	各篇之目的
外篇 （15）	益智	昧者来攻，迷者有凶也。
	游学	明时势，长志气，扩见闻，增才智，非游历外国不为功也。
	设学	广立学堂，储为时用，为习帖括者击蒙也。
	学制	西国之强，强以学校，师有定程，弟有适从，授方任能。咎出其中，我宜择善而从也。
	广译	从西师之益有限，译西书之益无方也。
	阅报	眉睫难见，苦药难尝，知内弊而速去，知外患而豫防也。
	变法	专己袭常，不能自存也。
	变科举	所习、所用，事必相因也。
	农工商学	保民在养，养民在教，教农、工、商，利乃可兴业。
	兵学	教士卒不如教将领，教兵易练，教将难成也。
	矿学	兴地利也。
	铁路	通血气也。
	会通	知西学之精意，通于中学以晓固蔽也。
	非弭兵	恶教逸欲而自毙也。
	非攻教	恶逞小忿而败大计也。

《劝学篇》作于戊戌年，其时维新运动正轰轰烈烈，康有为、梁启超等势力渐强，并得到了光绪帝的赏识和重用。张之洞选择这一时机作《劝学篇》并大力推行，在很大程度上是针对康有为的学说，试图与康、梁撇清关系。[1] 后来，张之洞在与他人的信札中亦谈到了当时作《劝学篇》的意图，比较清晰地表露出对康、梁思想的不满，而这一点当时的光绪帝却没有意识到，康有为、梁启超本人也没有意识到，至于许多保守人士则更是难以分清。[2]

因为在具体的改革策略上，《劝学篇》中的对策建议与维新运动以来的变法有许多交叉重叠之处。但在改革背后的学术思想和政治观点上，张之洞与他们却是不同的。在学术思想上，他批评了从今文经、《公羊传》中引申出来的"康学"，即新学伪经、孔子改制等内容，认为这些有

---

① 茅海建：《戊戌变法的另面："张之洞档案"阅读笔记》，上海古籍出版社2014年版，第39页。

② "从现有的材料来看，《劝学篇》刊布后，康有为、梁启超很可能忙于自己的政治事务，没有对此发表评论，更没有批评性的意见。他们逃亡日本之后，尤其是'庚子勤王运动'失败后，似乎才意识到《劝学篇》中的'非康'之意。"参见茅海建：《戊戌变法的另面："张之洞档案"阅读笔记》，上海古籍出版社2014年版，第41—42页。

大毒，^①应"宗经"，即：

> 诸经之义，其有迂曲难通、纷歧莫定者，当以《论语》《孟子》折衷之。《论》《孟》文约意显，又群经之权衡矣。（伊川程子曰："穷得《语》《孟》，自有约要处，以此观他经，甚省力。《语》《孟》如丈尺权衡相似。"）^②（《劝学篇·宗经》）

由此可知他在经学课程设置上的基本方向。^③而在政治观点上，他批评了康学中的"民权"思想，^④他说：

> 今日愤世嫉俗之士，恨外人之欺凌也，将士之不能战也，大臣之不变法也，官师之不兴学也，百司之不讲求工商也，于是倡为民权之议，以求合群而自振。嗟乎！安得此召乱之言哉？民权之说无一益而有百害。^⑤（《劝学篇·正权》）

民权之说就是他所谓的"邪说"，也是他最担心的"中国之祸，不在

---

① "哀平之际，造谶益纬，以媚巨奸，于是非常可怪之论益多，如文王受命，孔子称王之类，此非七十子之说，乃秦、汉经生之说，而说《公羊春秋》者为尤甚。乾、嘉诸儒，嗜古好难，力为阐扬，其风日肆，演其余波，实有不宜，于今日之世道者如禁方奇药，往往有大毒，可以杀人。假如近儒《公羊》之说，是孔子作《春秋》而乱臣贼子喜也。"（《劝学篇·宗经》）张之洞：《劝学篇》，载苑书义等主编：《张之洞全集》（第十二册），河北人民出版社1998年版，第9720—9721页。

② 张之洞：《劝学篇》，载苑书义等主编：《张之洞全集》（第十二册），河北人民出版社1998年版，第9721页。

③ 张之洞早年在湖北、四川、山西任学政或巡抚时，先后设立了经心、尊经、令德堂三所经古书院就是以汉学（与宋学相对）为主要的修习内容。

④ 茅海建：《戊戌变法的另面："张之洞档案"阅读笔记》，上海古籍出版社2014年版，第41页。

⑤ 张之洞：《劝学篇》，载苑书义等主编：《张之洞全集》（第十二册），河北人民出版社1998年版，第9721页。

四海之外，而在九州之内矣"①。

因此，在教育改革的建言中，虽然张之洞的兴学主张与戊戌变法中康梁的建议似乎是相似的，戊戌变法的教育改革成果也在新政中得以延续，但其背后的思想根基却是不同的，特别表现在对待中西学的态度上就有差异，张之洞更为强调中学为体的重要性，这对新政时两个学制的制定都有重要影响，也体现了张之洞作为汉人士绅对传统文化传承的重视。

具体而言，《劝学篇》中关于中西学的地位以及具体在学堂课程中应该怎样进行设置都做了具体阐释。

首先，在《正权》篇中明确了教育权中的民权与官权的问题：

> 将以开学堂欤？从来绅富捐资，创书院，立义学，设善堂，例予旌奖，岂转有禁开学堂之理？何必有权。若尽废官权，学成之材既无进身之阶，又无饩廪之望，其谁肯来学者？②（《劝学篇·正权》）

张之洞认为，开办学堂古来有之，并非近日之新事新闻，亦不应将开办学堂视为西学所带来的影响，更不是呼吁民权的成果，中国民间历来就有办学之传统。若是要以民权废官权，就办学而言，学成之才难以获得相应的社会地位和经济收入，办学就不可能长久。可见，张之洞在办学问题上对民权思想的批评，从某种意义上说，是对国家教育权的维护，这一点也是实现中学为体的制度保障。

其次，张之洞意识到时人因图富强而急功近利，如只学西学，以求快速掌握富强之术，故作《循序》篇。在当下不得不讲西学，是因为要强中

---

① 张之洞：《劝学篇》，载苑书义等主编：《张之洞全集》（第十二册），河北人民出版社1998年版，第9704页。

② 张之洞：《劝学篇》，载苑书义等主编：《张之洞全集》（第十二册），河北人民出版社1998年版，第9722页。

国、存中学，若"不先以中学固其根柢，端其识趣，则强者为乱首，弱者为人奴，其祸更烈于不通西学者矣"（《劝学篇·循序》）。[①]"中学为体，西学为用"由此引出。而之所以要以中学为体，就是要强中国，更重要的是要存中学，而讲西学只是途径、是工具，不能本末倒置。在此基础上，他具体提出了关于学习学问的次序：

> 今日学者，必先通经以明我中国先圣、先师立教之旨；考史以识我中国历代之治乱、九州之风土；涉猎子集以通我中国之学术文章，然后择西学之可以补吾阙者用之、西政之可以起吾疾者取之，斯有其益而无其害。如养生者，先有谷气而后可饫庶羞；疗病者，先审脏腑而后可施药石。西学必先由中学，亦犹是矣。[②]（《劝学篇·循序》）

他还以外国学堂为例，说明外国的教育也是先学习本国的文字、历史、政治，如果中国之士不通中学，虽然有多种技能，但国家也不能用之。

> 外国各学堂每日必诵耶稣经，示宗教也；小学堂先习蜡丁文，示存古也；先熟本国地图，再览全球图，示有序也；学堂之书多陈述本国先君之德政，其公私乐章多赞扬本国之强盛，示爱国也。如中士而不通中学，此犹不知其姓之人，无辔之骑、无柁之舟，其西学愈深，其疾视中国亦愈甚，虽有博物多能之士，国

---

① 张之洞：《劝学篇》，载苑书义等主编：《张之洞全集》（第十二册），河北人民出版社1998年版，第9724页。

② 张之洞：《劝学篇》，载苑书义等主编：《张之洞全集》（第十二册），河北人民出版社1998年版，第9725页。

家亦安得而用之哉？① （《劝学篇·循序》）

第三，既要学中学，又要学西学，这对于学子而言，学习任务是非常繁重的。而过于繁重的学习任务和过多的学习内容，就会导致浮于表面或迫于形势而放弃中学。因此，张之洞作《守约》篇，明晰士子的学问及中体西用应如何在学堂的课程中予以落实。何谓守约？"治要而约取"②之意。张之洞认为，要保存中学，就必须要精选学习内容，并给出了中学各门学习的要求和次第。

表5.4　是《劝学篇·守约》中对中学各门学习内容的建议。③

年龄	学习内容	具体要求
15岁前	诵《孝经》"四书""五经"正文，随文解义，并读史略、天文、地理、歌括、图式诸书，及汉、唐、宋人明白晓畅文字有益于今日行文者。	

---

① 张之洞：《劝学篇》，载苑书义等主编：《张之洞全集》（第十二册），河北人民出版社1998年版，第9725页。

② 张之洞：《劝学篇》，载苑书义等主编：《张之洞全集》（第十二册），河北人民出版社1998年版，第9705页。

③ 此表根据以下论述整理"今欲存中学，必自守约始，守约必自破除门面始。爰举中学各门求约之法条列于后，损之又损。义主救世，以致用当务为贵，不以殚见洽闻为贤。十五岁以前，诵《孝经》"四书""五经"正文，随文解义，并读史略、天文、地理、歌括、图式诸书，及汉、唐、宋人明白晓畅文字有益于今日行文者。自十五岁始，以左方之法求之，统经、史、诸子、理学、政治、地理、小学各门，美质五年可通，中材十年可了，若有学堂专师，或依此纂成学堂专书，中材亦五年可了。而以其间兼习西文；过此以往，专力讲求时政，广究西法，其有好古研精、不骛功名之士、愿为专门之学者。此五年以后，博观深造，任自为之。然百人入学，必有三五人愿为专门者，是为以约存博，与子夏所谓"博学近思"、荀子所谓"以浅持博"亦有合焉。大抵有专门箸述之学，有学堂教人之学。专门之书，求博求精，无有底止，能者为之，不必人人为之也，学堂之书但贵举要切用，有限有程，人人能解，且限定人人必解者也，（西人天文、格致一切学术，皆分专门学堂，与普通学堂为两事）将来入官问世之人，皆通晓中学大略之人，书种既存，终有萌蘖滋长之日，吾学吾书，庶几其不亡乎。"（《劝学篇·守约》）张之洞：《劝学篇》，载苑书义等主编：《张之洞全集》（第十二册），河北人民出版社1998年版，第9726—9727页。

（续表）

年龄	学习内容	具体要求
15岁开始后约5年	以左方之法求之，统经、史、诸子、理学、政治、地理、小学各门。其间兼习西文。	经学，通大义。 史学，考治乱典制。 诸子，知取舍。 理学，看学案。 词章，读有实事者。 政治，书读近今者。以本朝为要，百年以内政事，50年以内奏议，尤为切用。 地理，考今日有用者。 算学，各随所习之事学之。 小学，但通大旨大例。即解"六书"之区分，通古今韵之隔阂，识古籀、篆之原委，知以声类求义类之枢纽，晓部首540字之义例。 如资性平弱并此亦畏难者，则先读《近思录》《东塾读书记》《御批通鉴辑览》《文献通考详节》，果能熟此四书，于中学亦有主宰矣。
20岁之后	专力讲求时政，广究西法。此5年以后，博观深造，任自为之。	

其中，对于小学的学习，当时亦有不少人认为是浪费时间，不如不学。但张之洞认为小学之学习：

> 得明师说之，十日粗通，一月大通，引申触类，存乎其人，何至有废时破道之患哉？若废小学不讲，或讲之故为烦难，致人厌弃，则经典之古义茫昧，仅存迂浅俗说，后起趋时之才士，必皆薄圣道为不足观，吾恐终有经籍道熄之一日也。[①]（《劝学篇·守约》）

从以上的阐述中亦可见张之洞对古文经学的立场以及对经典学习的担忧。

---

① 张之洞：《劝学篇》，载苑书义等主编：《张之洞全集》（第十二册），河北人民出版社1998年版，第9731—9732页。

在外篇中,张之洞则以《益智》开篇,说"智以救亡,学以益智"。故而外篇中就以如何通过"学"来开社会风气,为图富强奠定人才培养的基础展开了论述。他在其中的"设学"篇提出了办学堂之法,重点是阐述了学习内容应新旧兼学、政艺兼学,明确了中体西用观在教育中的具体运用:

> 新旧兼学。学"四书""五经"、中国史事、政书、地图为旧学;西政、西艺、西史为新学。旧学为体,新学为用,不使偏废。①(《劝学篇·设学》)

关于西政和西艺,他也提出了应:

> 政艺兼学。学校、地理、度支、赋税、武备、律例、劝工、通商,西政也;算、绘、矿、医、声、光、化、电,西艺也。才识远大而年长者,宜西政;心思精敏而年少者,宜西艺。小学堂先艺而后政,大、中学堂先政而后艺。西艺必专门,非十年不成;西政可兼通数事,三年可得要领。大抵救时之计、谋国之方,政尤急于艺。然将西政者,亦宜略考西艺之功用,始知西政之用意。②(《劝学篇·设学》)

从中即可见张之洞对新旧、中西之学的划分以及学习次第的见解。相较于内篇《守约》篇中对于学堂学习内容的阐述,设学篇则明确了新学的西政、西艺该如何区分和学习的问题。与此同时,他还不主张学习时文,

---

① 张之洞:《劝学篇》,载苑书义等主编:《张之洞全集》(第十二册),河北人民出版社1998年版,第9740—9741页。

② 张之洞:《劝学篇》,载苑书义等主编:《张之洞全集》(第十二册),河北人民出版社1998年版,第9740—9741页。

认为学习内容已经很多了，而新学本来都与相应的科目契合，其本身就是时文学习的内容，而学习了经书以及史事、地理、政治、算学等，也对作时文有益，学生都可在家学习，而不必在学堂再花费时间讲授了。

> 一曰不课时文。新学皆可以应科目，是与时文无异矣。况既习经书，又兼史事、地理、政治、算学，亦必于时文有益，诸生自可于家习之，何劳学堂讲授，以分其才思、夺其日力哉？朱子曰："上之人曾不思量，时文一件，学子自是着急，何用更要你教？"（《语类》卷一百九）诚哉言乎。①

《学制》篇中还介绍了外国各学校的制度，如学程、学期、大中小学堂的学习内容、学费等问题。他认为，东西洋各国的立学之法、用人之法大同小异，均应成为吾国参照的样式。②

总之，张之洞及其幕僚所作的《劝学篇》，对于学堂的课程内容再次予以了明晰，比之当时"兼习中西学"、"以四书五经为主，以史鉴、政治、艺学为辅"③的说法有了更加具体的建议，尤其是对于中学、西学分别应该学习什么内容的问题亦有了明确的建议。张之洞在改革中的文化意识和文化自觉也体现在了他对于课程内容选择和设置的建议方面；而在办学的制度形式上，他则主张可以多参照国外的样式。

2.《江楚会奏》第一折成为新政教育改革的思路蓝本

---

① 张之洞：《劝学篇》，载苑书义等主编：《张之洞全集》（第十二册），河北人民出版社1998年版，第9741页。

② 参见张之洞：《劝学篇》，载苑书义等主编：《张之洞全集》（第十二册），河北人民出版社1998年版，第9742—9743页。

③ 光绪二十七年八月初二（1901年9月14日）谕令各省、府、直隶州及各州、县分别将书院改设大、中、小学堂。璩鑫圭、唐良炎编：《中国近代教育史资料汇编·学制演变》，上海教育出版社1991年版，第5—6页。

前已述及，刘坤一和张之洞①在新政谕令颁布以后，应上谕要求，就新政改革撰写了《江楚会奏》（光绪二十七年五月二十七日，1901年7月12日）共三折。其中第一折，便是关于教育改革的建议。三折上奏的顺序按张之洞的提议，"行西法"为第一，如果行西法不被采纳，再上"整顿中法"的第二折，②从中可以看出此时张之洞对于中西法在当时情形下的判断和主张，他已较为迫切地提倡行西法，最终目标指向的还是"保教"。在给刘坤一的信中，他连用数句排比，力陈"非变西法"如何，及"必变西法"之必要性：

> 此时非变西法，不能化中国仇视各国之见；非变西法，不能化各国仇视中国之见；非变西法，不能化各国仇视朝廷之见。必变西法，人才乃能出，武备乃能修，教案乃能止息，商约乃能公平，矿务乃能开辟，内地洋人乃不横行，乱党乃能消散，圣教乃能久存。③

他在新政刚出台时，听闻有小枢传给其他督抚的消息，说复奏不要多言西法，因此他对此非常骇异和担心，为此致密信给军机大臣鹿传霖④打听消息，并力陈"必变西法"之重要性，同时希望通过鹿来影响其他几位

---

① 张之洞与刘坤一关系的变化及在庚子年间的东南互保事件上的合作以及《江楚会奏》三折形成的过程，可参见陆胤：《政教存续与文教转型：近代学术史上的张之洞学人圈》，北京大学出版社2015年版，第139—145页；戴海斌：《东南督抚与庚子事变》，博士学位论文，北京大学，2009年。

② 在张之洞给刘坤一及后来转给成都、广州、福州、云南、济南、安庆、武昌、苏州、杭州、长沙、贵阳、清江、上海等制台、抚台、漕台的这封信中，张之洞抒发了心中对于应先变西法之意。参见张之洞：《致江宁刘制台》（光绪二十七年二月十二日），载苑书义等主编：《张之洞全集》（第十册），河北人民出版社1998年版，第8533—8534页。

③ 张之洞：《致江宁刘制台》（光绪二十七年二月十二日），载苑书义等主编：《张之洞全集》（第十册），河北人民出版社1998年版，第8533—8534页。

④ 鹿传霖与张之洞关系密切，且鹿传霖是张之洞的姐夫，所以他也是张之洞在军机中枢的重要人物。

军机大臣和慈禧的态度。① 这时的张之洞对西法的态度与之前提"中体西用"论时又有了明显的变化。

《江楚会奏》最初的折稿商定为双方各自草拟，两江（刘坤一）的折稿由张謇、沈曾植、汤寿潜草拟，再由张之洞的幕僚郑孝胥、劳乃宣、梁鼎芬、黄绍箕参酌，张之洞定稿。② 张之洞开始力主变西法为第一折，在刘坤一及其幕僚沈曾植的劝说下，他采取了折中的态度，以变法人才、改革教育为第一折。刘坤一在给张之洞的回信中，也可以看出他对于新政复奏的谨慎态度，主张循序渐进：

> 中国积习太深，欲求变通，必须从容易处下手，循序渐进，坚定不摇，乃有实济，不至中辍。尊拟各条，极为精当，曷胜钦佩。第一义果能内外同心，结实做去，尚可办到。多联数省，较易动听。③

《江楚会奏》第一折就提出了4条教育改革的建议，一是设文武学堂，二是酌改文科，三是停罢武科，四是奖劝游学。在设文武学堂的论述中，详述了对于所设学堂应如何开设中西学课程的建议。如下表所示：

---

① 参见张之洞：《致西安鹿尚书》（光绪二十七年正月初九日），载苑书义等主编：《张之洞全集》（第十册），河北人民出版社1998年版，第8506—8507页。

② "张、沈、汤三君，群贤辐辏，谋议必极精详。金陵定稿后，拟即奏三君一同来鄂请教一切。此间有郑苏龛、劳玉初、梁节庵、黄仲韬四君，亦可参酌。"参见张之洞：《致江宁刘制台》（光绪二十七年二月十二日），载苑书义等主编：《张之洞全集》（第十册），河北人民出版社1998年版，第8534页。

③ 刘坤一：《刘制台来电》（光绪二十七年二月十四日子刻到），载苑书义等主编：《张之洞全集》（第十册），河北人民出版社1998年版，第8535页。

表 5.5　《江楚会奏》第一折关于学堂制度及课程设置的设想[1]

学堂分级及设立办法	学习内容
蒙学（8岁以上）：家塾义塾悉听其便，由绅董自办，官劝导而稽其数，每年报闻上司可也。	习识字，正语音，读蒙学歌诀诸书，"四书"必读，择读"五经"一二部
小学校（12岁以上）：绅董司之，官考察之。	习普通学，兼习"五经"，先讲解，后记诵。但解经书浅显义理，兼看中外简略地图，学粗浅算法至开立方止，学粗浅绘画法至画出地面平形止，习中国历代史事大略、本朝制度大略，习柔软体操，三年毕业。
高等小学校（15岁以上）：官司之，绅董佐之。	解经书较深之义理，学行文法，学为策论词章，看中外详细地图，学较深算法至代数几何止，学较深绘图法至画出地上平剖面、立剖面、水底平剖面止，习中国历史大事、外国政治学术大略，习器具体操，兼习外国一国语言文字之较浅者。设兵队操场，三年毕业。毕业后，本管知府考之，分数及格者给予凭照，作为附生，送入府学校，分数欠者留学。
中学校（18岁高等小学校毕业取为附生者）：府设	习普通学。温习经史地理，兼习策论词章，并习公牍书记文字。学精深算法至弧三角、航海驶船法；学精深绘画法至测算经纬度、行军图、目描远近斜度止；习中国历史、兵事，习外国历史、法律、格致等学，外国政治跳跃即附于律法之内；讲明农工商等学大略；习兵式体操，兼习外国一国语言文字之较深者。词章一门亦设教习，学生愿习与否均听其便。弁兵入学者专学策论，免习词章。三年毕业，学政考之，给予凭照，作为廪生，送入省城高等学校。

[1]　整理自璩鑫圭、唐良炎编：《中国近代教育史资料汇编·学制演变》，上海教育出版社1991年版，第12—13页。

（续表）

学堂分级及设立办法	学习内容
高等学校（省城设）	分为七专门： 一经学，中国经学文学皆属焉； 一史学，中外史学、中外地理学皆属焉； 一格致学，中外天文学、外国物理学、化学、电学、力学、光学皆属焉； 一政治学，中外政治学、外国律法学、财政学、交涉学皆属焉； 一兵学，外国站法学、军械学、经理学、军医学皆属焉； 一农学； 一工学，凡测算学、绘图学、道路、河渠、营垒、制造、军械、火药等事皆属焉。 人人皆须兼习一国语言文字。 医学从缓。 另设农、工、商、矿四专门学校各一区。入此四学者，中国经学文学，皆令温习。 专设一武备学校，择普通毕业之廪生愿习武者送入。"四书"、中国历史、策论，人人兼习。其余悉依外国教课之法，并专习一国语言文字。

相较于《劝学篇》，此折对学校制度有了初步的构想，明确了各类学校的学习年限、学习内容，以及如何考校、如何衔接等。并且对于学校制度与科举制度的匹配也进行了设定，不同层次学校毕业，对应"附生"，"廪生"，"优贡举人"，"进士"，以尝试解决学堂发展与科举制度之间的矛盾。但最终的目标则是要逐年递减科举之中额。"十年三科之后，旧额减尽，生员、举人、进士皆出于学堂矣"[1] 直至废除科举制度。

可见，此时张之洞等人就已经有了逐步废除科举的筹划。而在学习内容上则是更进一步地具体到各科学习到什么程度。如在蒙学阶段，以学习中学为主，学习内容为识字正音，读"四书"及择读"五经"。自小学校之后，虽仍强调中学之体，但西学的内容显然已成为主体部分。较为特别的一点是，提出"习普通学"。这一名称来自于张之洞的幕僚姚锡光等人考察日本后，书《东瀛学校举概》中所提，他将日本的学校分为"普

---

① 璩鑫圭、唐良炎编：《中国近代教育史资料汇编·学制演变》，上海教育出版社 1991 年版，第 15—16 页。

通""陆军""专门"三类。

> 普通各学校者，乃植为人之始基，开各学之门径，盖无地不
> 设，无人不学，故曰普通。①

类似于我们今日所谓的基础教育。而这个普通学，其实就是按西学的
分科方式进行的设置，但纳入了经史的内容。姚锡光本人注重对中学的学
习，曾在日记中反对自强学堂只教洋文：

> 无论何种学术，皆必有中学根柢，方能有用；今若去汉文而
> 专教洋文，恐流弊所极，将成洋行中洋奴才矣，否亦中国中之外
> 国人耳，何当于中国用处？则汉文必不可少，且汉文教习必须
> 极一时之选方可。②

到日本考察时，他也特别留意日本是如何保存传统教育内容在新的学
校体系中的位置。其实，这并非当时张之洞委派他出洋考察的重点，张之
洞是希望他考察政治学、法律学、武学等专门学的③，但他在日本看到了
学校关于汉学传统的保存和教育，因此强调普通学中的中学保存，这与他
的前期思想也是一致的。

"普通学"观念的引入，使经史、词章等中学内容在西学的分科体系

---

① 朱有瓛主编：《中国近代学制史料》（第二辑上册），华东师范大学出版社 1987 年版，第
27 页。

② 姚锡光：《姚锡光江鄂日记（外二种）》，中华书局 2010 年版，第 124—125 页。

③ "将日本政治学、法律学、武学、航海学、农学、工学、山林学、医学、矿学、电学、
铁道学、理化学、测量学、商业学各种学校选材授课之法，以及武备学分枪、炮、图绘、乘马各
种课程，或随时笔记，或购取章程赉归……"张之洞：《札委徐钧溥会同姚锡光等前往日本游历
详考各种学校章程》（光绪二十四年正月二十三日），载苑书义等主编：《张之洞全集》（第五册），
河北人民出版社 1998 年版，第 3561 页。

中找到了位置，即以"伦理""修身""汉文"等课程存在，但从占据以往教育内容的全部转变为其中的一两门课程。到了高等学校，七科之学的框架已初步建立，这又与壬寅学制中提出的大学堂的分科是基本一致的。

此折中还强调，这样的设学建议并非一味地学习西方制度，而是宗于三代之法而已：

> 今宗旨则不悖经书，学业则兼通文武，特以世变多日，故多设门类以教士，取其周知四国，博学无方，正与经传所载三代教士取人之法相合，看似无事非新，实则无法非旧。且经史词章，仍设专门，学人文人皆有自见之路。[①]

由此可见，此折中认为今日学堂教育的宗旨仍是不悖中学，只是扩充学习内容而已，新旧之间本身就是相通的。当然，这也可能是为更好地接引西方学校教育制度的一种说辞。

3. 张之洞与张百熙的关系及书信往来

张之洞与张百熙虽属同僚，但从为官经历来看，其实并无太多实质上的交集。从书信来往看，二者交流增多就是在百熙为管学大臣之后。张之洞经历戊戌、庚子之变后，影响力日盛，而且有着丰富的学政和湖北兴学的经历，因此张百熙在制定学堂章程的过程中，亦多次与张之洞通电，请教湖北之经验和章程。从更深层次来看，这一时期张之洞与张百熙之间的关系是彼此信任的，张百熙对张之洞在兴学上的经验尤为看重。对此有两点可以说明，一是张之洞与荣禄的关系在这一时期也较为密切，[②] 而张百

---

① 璩鑫圭、唐良炎编：《中国近代教育史资料汇编·学制演变》，上海教育出版社 1991 年版，第 17 页。

② 光绪二十六年（1900）四月，张之洞的重要幕僚王秉恩预备进京，办理银元局事务，张为此给荣禄写信，"从该信的内容来看，此一时期的张、荣关系已是比较密切"。参见茅海建：《张之洞的别敬、礼物与贡品》，《中华文史论丛》2012 年第 2 期。

熙与荣禄关系本来就较好，且与鹿传霖曾一同在两广兴学。通过军机处的纽带关系又将他们联系在了一起。二是光绪二十三年时张百熙在任国子监祭酒、南书房行走时，曾上奏保举杨锐①，而杨锐是张之洞的心腹之人。正是二者的关系，使得《钦定学堂章程》被否定后，张百熙实际上是主动建议邀请张之洞进京来共商章程再制定事宜的，而不是出于其他不得已的原因。

张百熙任管学大臣并受命制定学堂章程以来，他尤其重视湖北的经验，发电报咨访各地的学堂章程。张之洞在光绪二十八年正月三十日（1902 年 3 月 9 日）回电称：

> 湖北前设学堂书院，虽略仿西法，因风气未开，不能无所迁就。各堂未能画一，课本亦未成书，是以碍难奉复。拟俟赴东考察之员回鄂，详酌一妥章，再行奉达请教。②

但张之洞并未直接奉上湖北的章程或经验，而是想等总结了日本考察的经验之后，再来详细拟定章程，并建议张百熙在考察人员回国之前，暂勿奏上详细章程：

> 谕旨中有详细章程通行各省之谕，此时似可从容审酌。如须具奏通行，似宜稍参活笔，俟考察回华再定；或俯询各省，统惟卓裁。③

---

① 参见茅海建：《戊戌变法的另面："张之洞档案"阅读笔记》，上海古籍出版社 2014 年版，第 137 页。

② 张之洞：《致京张冶秋尚书》光绪二十八年正月三十日（1902 年 3 月 9 日）丑刻发，载璩鑫圭、唐良炎编：《中国近代教育史资料汇编·学制演变》，上海教育出版社 1991 年版，第 135—137 页。

③ 张之洞：《致京张冶秋尚书》光绪二十八年正月三十日（1902 年 3 月 9 日）丑刻发，载璩鑫圭、唐良炎编：《中国近代教育史资料汇编·学制演变》，上海教育出版社 1991 年版，第 136 页。

张之洞虽未奉上章程，但仍给予了七条重要的建议，其中涉及了学制、课程、教材等内容。此时，他再次提到了普通学，并以普通学为中等学堂，应习的普通门目有：伦理、历史、地理、物理、化学、算学、卫生、体操、方言。

> 速习普通。各国教育以小学堂为第一层根基，此时急不能待，则普通学为第二层根基，普通学即寻常中学也。外国文武官，下至农工商，无不习普通学者，但普通有深浅耳。普通门目，除伦理必应切讲力行外，历史、地理、物理、化学、算学、卫生、体操皆要。①

这一门门科目的划分，显然是受到了姚锡光等人从日本带回的日本学校课程设置的影响，并基本以西方格致之学的类目来进行开设的，经史之学亦变成了"伦理"课程中的一部分。

从戊戌年间的《劝学篇》，到新政初始的《江楚会奏》，再到此时给张百熙的建议，张之洞的课程设想也发生了变化（见表5.6）。《劝学篇》详述了中学学习的内容，在中学的基础上做加法，增加了西政及西艺；《江楚会奏》引入了"普通学"的概念，经史等内容则是小学堂的主要学习内容，但到中学堂，其学习就变为了"温习"，词章也不再专门设教，若有问题时再请教教习；在给张百熙的建议中，他更是以西学的框架体系来吸纳中学的内容，虽然仍强调中学的重要，但中学学习的内容均纳入了西学分科的某一科目之下。张之洞还强调，"近年言西学者，多只注重方言、算学两门，似非外国教育宗旨。"② 这其实是对之前在中小学堂引入西

---

① 张之洞：《致京张冶秋尚书》光绪二十八年正月三十日（1902年3月9日）丑刻发，载璩鑫圭、唐良炎编：《中国近代教育史资料汇编·学制演变》，上海教育出版社1991年版，第136页。

② 张之洞：《致京张冶秋尚书》光绪二十八年正月三十日（1902年3月9日）丑刻发，载璩鑫圭、唐良炎编：《中国近代教育史资料汇编·学制演变》，上海教育出版社1991年版，第136页。

学时的做法表示不满，暗指其不能仅引入方言和算学，还应有格致诸学。简言之，他此时已有了整体学习西学的想法，即从西艺之皮毛到西政之精深，而体现在学堂的学习中，就是课程体系的整体变革。

表5.6　张之洞关于课程设置设想的变化（以中学堂为例）

《劝学篇》 （1898年）	《江楚会奏》 （1901年）	给张百熙的建议 （1902年）
•经学 •史学 •诸子 •理学 •词章 •政治 •地理 •算学 •小学 •西政 •西艺	•温习经史地理 •兼习词章策论 •算法 •测绘 •中外历史 •外国法律 •兵式体操 •外国语	•伦理 •历史 •地理 •物理 •化学 •算学 •卫生 •体操 •方言

在这样的体系中，中学之体的位置又该如何确立？张之洞建议中国的文章不可废，经书宜分配于不同阶段习读。

> 课本书必不可少。"五经""四书"，小学堂必应全备。初等高等小学除"四书"人人必读外，只能习专经通大义，以免贪多欲速、食古不化之弊。入中学后再兼习"五经"，入专门学后再博考群经传注，诸家解说。[1]

课程设置"自高等小学至大学，皆宜专设一门……若不讲文章，经史

---

[1]　张之洞：《致京张冶秋尚书》光绪二十八年正月三十日（1902年3月9日）丑刻发，载璩鑫圭、唐良炎编：《中国近代教育史资料汇编·学制演变》，上海教育出版社1991年版，第136页。

不废而自废。"①但这门课程又应设置在何处呢？是"伦理"的一部分，还是"中国历史"的一部分呢？他却并未言明。

20多天后②，张之洞又两次致电张百熙，讨论教科书的编纂和审定工作。张之洞主张借鉴日本编纂课本的方法，自行编纂然后由文部省核定、批准使用。为此他认为宜放宽教材编纂的途径，各省均可自行编订，但宗旨必须相同，紧要的科目也应该相同，解说劝导的方法则不必尽同。③在后一封书信中，张之洞还与张百熙慨叹近来因赔款等事，江楚、鄂省内外兼顾、焦灼之心，对于补救时艰之艰难的担忧、操劳，还发出了"行当投劾而去"的叹息。④可见当时庚子国难后，国事之艰难、教育经费之短缺、新政推行之困惑。

此外，张之洞不仅建议张百熙派人到日本考察，他自己亦早就派出了罗振玉、姚锡光、陈毅、胡钧等多人到日本考察并学习日本的学制，考察的结果不仅影响了湖北的办学，也间接地影响了壬寅学制的制定。

三、袁世凯

袁世凯，河南项城人。两次应试未中，后投于淮军将领吴长庆幕中。1882年朝鲜突发事变，袁世凯随吴长庆进入朝鲜平乱，立下军功。甲午战后，开始用西法编练军队，后于光绪二十五年（1899年）出任山东巡抚，光绪二十七年（1901年）李鸿章去世后，他继任直隶总督兼北洋大

---

① 张之洞：《致京张冶秋尚书》光绪二十八年正月三十日（1902年3月9日）丑刻发，载璩鑫圭、唐良炎编：《中国近代教育史资料汇编·学制演变》，上海教育出版社1991年版，第136页。

② 张之洞：《致京张冶秋尚书》光绪二十八年二月十四日（1902年3月23日）亥刻发，张之洞：《致张野秋》光绪二十八年二月二十九日（1902年4月7日），载璩鑫圭、唐良炎编：《中国近代教育史资料汇编·学制演变》，上海教育出版社1991年版，第137—138页。

③ 张之洞：《致京张冶秋尚书》光绪二十八年二月十四日（1902年3月23日）亥刻发，载璩鑫圭、唐良炎编：《中国近代教育史资料汇编·学制演变》，上海教育出版社1991年版，第137页。

④ 张之洞：《致张野秋》光绪二十八年二月二十九日（1902年4月7日），载璩鑫圭、唐良炎编：《中国近代教育史资料汇编·学制演变》，上海教育出版社1991年版，第137—138页。

臣，开始主政北方，并加入督办政务处。但袁世凯进入政务处的时间晚于刘坤一、张之洞二人。刘、张是在光绪二十七年（1901年）三月督办政务处甫一成立时便名列其中，而袁世凯是在光绪二十七年十二月十日（1902年1月19日）才被命参与政务处。

袁世凯并非科举正途出身，而是依靠武力渐渐集聚权势，张之洞等人私下里对其颇为不屑。但袁极有危机意识，积极图强，从其以西法练兵就可看出。对于变革，他在未主政一方之前，就积极向光绪帝递陈变革想法。主要体现在甲午战后他所呈递的《遵奉面谕谨拟条陈事件缮折》，这一奏折反映了袁世凯的军事变革思想。

在新政时期，袁世凯对于清廷中枢的变法谕令，亦最先积极响应。从一条时间线就可以看出，光绪二十六年十二月初十日（1901年1月29日）新政颁布并在督抚中广征建议，因戊戌政变及庚子国变的影响，许多督抚都无法断定此次新政是不是慈禧真心要变法革新，因此都不愿贸然表态。袁世凯时任山东巡抚，光绪二十七年三月（1901年4月）他便上疏表示对新政变法的支持和建议。而张之洞、刘坤一等人还在反复打探中枢消息，直到光绪二十七年五月（1901年7月）才复奏。光绪二十七年八月初二（1901年9月14日）谕令改书院、设学堂，各地也是迟迟不动，只有袁世凯马上表示（光绪二十七年八月）："当即钦遵，通饬各属，一律举办；并筹资择地，先于省城改设大学堂，以为之倡"[1]。遂将其所办大学堂的办法、条规、课程、经费等情形具奏，因时间紧急、条件有限，就先开办大学堂，并在大学堂中设备斋、正斋、专斋三等。

---

① 袁世凯：《山东巡抚袁世凯：奏办山东大学堂折》光绪二十七年八月（1901年9月），载璩鑫圭、唐良炎编：《中国近代教育史资料汇编·学制演变》，上海教育出版社1991年版，第41页。

表 5.7　山东袁世凯办理学堂的章程①

类型	学习年限	课程设置
蒙养学堂（7—14岁幼童）	8年毕业	授以经、史与中、西初级之学。
备斋课程（相当于州、县应设的小学堂）	2年毕业	除温习中国经史掌故外，授以外国语言文字、史志、地舆、算数各种浅近之学。
正斋课程（相当于府、厅、直隶州应设的中学堂）	4年毕业	授以中、西普通学，分政、艺两门，政学一门分经、史、法三科，艺学一门分八科，除译学外，余皆为理之学。
专斋课程（相当于省城应设的大学）	2年至4年毕业	授以中、西专门之学，分十门，学者各专一门。

袁世凯所设备、正斋，其课程内容则严格按照光绪二十七年八月初二（1901年9月14日）"改书院、设学堂"的谕令，只是将中西学配置的"主辅说"改为了"体用说"，即"其备、正各斋教法，以'四书''五经'为体，以历代史鉴及中外政治、艺学为用"②。袁世凯还强调：

> 惟是中国经史精深广博，如与各国政治、艺学同时并习，既虑致功无序，泛涉不精；又恐髫龄子弟，血气未定，见异思迁，或至忽其根本，歧其趋向。③

他担心少年进入备斋学习后，因要兼习中西学，容易忽略中学之根，就特别设置蒙养学堂，专读经史，以固中学之根本。

---

① 根据以下资料整理。袁世凯：《山东巡抚袁世凯：奏办山东大学堂折》光绪二十七年八月（1901年9月），载璩鑫圭、唐良炎编：《中国近代教育史资料汇编·学制演变》，上海教育出版社1991年版，第41—60页。

② 袁世凯：《山东巡抚袁世凯：奏办山东大学堂折》光绪二十七年八月（1901年9月），载璩鑫圭、唐良炎编：《中国近代教育史资料汇编·学制演变》，上海教育出版社1991年版，第42页。

③ 袁世凯：《山东巡抚袁世凯：奏办山东大学堂折》光绪二十七年八月（1901年9月），载璩鑫圭、唐良炎编：《中国近代教育史资料汇编·学制演变》，上海教育出版社1991年版，第42页。

　　光绪二十七年十月十五日（1901 年 11 月 25 日）谕令要求政务处将袁世凯所奏的山东学堂事宜及试办章程通行各省仿照举办。在张百熙等人紧锣密鼓起草章程时，各地实际兴办学堂的榜样就是山东的章程。

　　至于张百熙与袁世凯的关系，虽各地都参照山东的办学办法，但张百熙并未有书信予袁世凯请教办学事宜。而袁世凯也对张百熙的用人颇有意见，可见其对张百熙任管学大臣是有微词的。但碍于荣禄的关系，他并未在章程制定之前表露出来，而是在壬寅年末，因日本留学生等事件，清廷中枢对张百熙有意见时，才表露出他的不满。

　　与南方的督抚相比，北方的督抚更倾向于与中央权力的合作而非竞争，无论是以前的李鸿章，还是此时的袁世凯，对中央谕令的认同和执行力都非常强，地方权力与中央权力之间的合作大于竞争，这也是袁世凯倾向于积极兴学的重要原因之一。[1]

　　再就学堂课程而言，袁世凯的做法与刘坤一、张之洞等人的建议也是相似的，即中学的学习主要集中在蒙学堂，到了小学堂还占有一席之地，至于到了中学堂之后，则以西学的分科体系为主，加上经史词章等温习内容。到学习专门学阶段，则类似于七科之学的分科方式，将中国传统学问归入于一到两门学科中专门学习，其余学习其他专门学的学生，则不用再学习中学。这样的保持"中学为体"课程设置思路也体现在《钦定学堂章程》中。

---

　　① "北方没有出现象南方那样与政府正式权力相抗衡的地方士绅精英势力，其政治权力结构的模式是中央政府和地方督抚以及县级以下的地方精英三者之间的权力同时扩大并交错重叠。与人们通常想象的不一样，三大权力中心之间更多的是合作，而不是竞争，其原因在于他们共同面临着来自共同敌人西方列强不断增强的压力。"［美］斯蒂芬．R.麦金龙：《中华帝国晚期的权利与政治：袁世凯在北京与天津(1901—1908)》，牛秋实、于英红译，天津人民出版社2013年版，第 277 页。

第三节　实践先行：各地奏办新式学堂

正如第二章所述，自洋务运动以来，清廷便允许举办新式学堂，同时鼓励学习西艺以自强救国。然当时所举办的学堂仅仅只是对彼时教育制度的一种补充。而洋务运动失败以后，维新变法的重要内容之一就是革新教育。虽然维新运动昙花一现，但在教育领域兴学的改革建议①，尤其是提出借鉴西方教育制度在中央和地方广兴学堂的政策建议实际上已经影响了清政府的决策层。因此维新运动期间光绪曾谕令各省开办学堂②，而且这些学堂的兴办也并未因戊戌政变而停止举办，各地大员实际已有兴学的举动，为后来新政时期的兴学亦奠定了基础。

新政谕令颁布后，清廷中枢采纳了各地督抚的建议，在教育改革上先颁布了"改书院、设学堂"的谕令，并大致说明了中西学配置的要求，要求各地先行动起来，鼓励在筹办中探索章程，并具奏各自兴办的情形，这些举措为全国章程的确立奠定了实践基础。

---

① 例如当时的刑部左侍郎李端棻在呈奏《请推广学校折》（1896 年 6 月 12 日）中建议建立三级学校制度，并各以三年为期"自京师以及各省府州县皆设学堂。府州县学，选民间俊秀子弟年十二至二十者入学……以三年为期。省学选诸生年二十五以下者入学……以三年为期。京师大学，选举贡监生年三十以下者入学……以三年为期"参见朱有瓛主编：《中国近代学制史料》（第一辑下册），华东师范大学出版社 1986 年版，第 485 页。还有康有为在《请开学校折》（1898 年 6 月）中提出了"请远法德国，近采日本，以定学制。乞下明诏，遍令省府县乡兴学。乡立小学，令民七岁以上皆入学。县立中学。其省府能立专门高等学、大学，各量其力，皆立图书仪器馆。"参见姜义华、张荣华编校：《康有为全集》（第四集），中国人民大学出版社 2007 年版，第 315—316 页。

② 1898 年 7 月 10 日光绪谕令"改书院为兼习中学西学之学校"。参见（清）朱寿朋编：《光绪朝东华录》（第四册），张静庐等校点，中华书局 1958 年版，第 4126 页。

表5.8　《钦定学堂章程》颁布前各地试办新式学堂的情况[1]

地方	时间	各地上奏试办学堂情况
山东	1901 年 9 月	山东巡抚袁世凯：奏办山东大学堂折
江苏	1902 年 1 月 13 日	江苏巡抚聂缉椝：遵改书院为学堂疏
全国	1902 年 2 月 13 日	官学大臣张百熙：奏筹办大学堂大概情形折
浙江	1902 年 2 月 14 日	浙江巡抚任道镕：遵旨改设学堂疏
河南	1902 年 3 月 17 日	河南巡抚林开謩：遵旨设立学堂谨陈筹备情形疏
两江	1902 年	两江总督刘坤一：奏办江南各省学堂大略情形折
直隶	1902 年 8 月 11 日	直隶总督袁世凯：奏办直隶师范学堂暨小学堂折（附章程）
直隶	1902 年 8 月 11 日	直隶总督袁世凯拟定中学堂暂行章程
贵州	1902 年 7 月 31 日	贵州巡抚邓华熙试办大学堂暂行章程
湖广	1902 年 10 月 31 日	湖广总督张之洞：筹定学堂规模次第兴办折（章程颁布之后，但未按章程来办）

　　地方兴办新式学堂的实践尝试，虽都言明谨遵"中体西用"的原则，但为了与过去之书院或学堂相区别，特别强调实学人才的培养，在课程设置上，中学堂引入西学分科设教的知识分类体系，大学堂则已按西学之专门学科进行分类设置。

　　除上一节已提到的袁世凯奏办山东大学堂、师范学院、小学堂的情形，还有刘坤一所奏江南兴办各学堂的情形、张之洞在湖广的实践较具代表性，也从侧面呈现出这两位地方大员对于中西学课程设置的看法。

一、江南各省学堂大略情形

　　刘坤一在 1902 年复奏了关于江南各省兴办学堂的情形，他在奏折一开始也提到朝廷关于办学的再三谕令[2]，他非常清楚朝廷锐意兴学、力尚治强的决心，但确实相比袁世凯而言，他对于新政要推行的改革更为谨慎，所以复奏较迟。两江本是教育重镇，已有的书院、新式学堂较多，且

---

　　①　根据以下文献整理。璩鑫圭、唐良炎编：《中国近代教育史资料汇编·学制演变》，上海教育出版社 1991 年版，第 41—69 页。

　　②　光绪二十七年八月初二（1901 年 9 月 14 日）谕令改书院、设学堂；光绪二十七年十月十五日（1901 年 11 月 25 日）责成各地督抚、学政实力统筹举办，仿照山东学堂章程举办；又于光绪二十八年的二月二日（1902 年 3 月 11 日）督促各省妥速筹划学堂并将开办情形详细具奏。

洋务运动以来兴办的专门学堂在两江地区也是较多的。所以复奏中江宁布政史、江安粮道、江南盐巡道都称：

> 伏查江南原设水师学堂、陆师学堂及格致书院，讲求中外诸学有年，并将学中学生派往东洋肄业，风气现已渐开。今将遍设学堂，实为迎机利导。惟学业有浅深，功夫有次第，必先由小学而入中学，由中学而入大学。而小学必须课本，课本尤资师范，此一定不易之理。①

可见，江南各省在新式学堂举办方面已有较多的实践基础，只是新政的教育改革，需要继续往基础教育（小学堂、中学堂）延伸，要扩大新式学堂在普通教育中的数量。从改革的举措来看，具体做法包括：一是设师范学堂，尤其强调授以算法、绘图等课程，作为将来小学堂的教习。这样小学堂不患无师。二是江楚会设编译书局，编译课本后送京师大学堂核定颁行。三是在改书院方面，将江南文正书院改设为小学堂，课程内容定位为"初级浅近之学"；钟山书院改设为中学堂，课程内容为"普通之学"。高等学堂修专门之学，要择地建造，规模必求宏敞，广育人才。四是专门强调了对各类学堂课程的要求：

> 不宜歧视中外而有偏重。中西并课，由浅入深。无论初级、普通、专门，总应恪遵谕旨，以"四书""五经"纲常大义为主，以历代史鉴、中外政学、艺学为辅，务使文行交修，讲求实用，仰副朝廷图治作人之至意。②

---

① 刘坤一：《奏办江南省各学堂大略情形折》光绪二十八年（1902年），载璩鑫圭、唐良炎编：《中国近代教育史资料汇编·学制演变》，上海教育出版社1991年版，第71页。

② 刘坤一：《奏办江南省各学堂大略情形折》光绪二十八年（1902年），载璩鑫圭、唐良炎编：《中国近代教育史资料汇编·学制演变》，上海教育出版社1991年版，第72页。

在复奏中,刘坤一还特别说明了改书院、设学堂最为困难的就是经费问题。说明自己已经在竭力筹措巨款办理学堂事务,还访延东洋品学并优之人来华教习。江南各省的办学情形,呈现了有一定办学基础的区域在进行的实践探索。一方面从学堂兴办来看,呈现了地方办学开始进行各级各类学校逐层设计推进的局面,不再只是点状的尝试,而是要形成一个以新式学堂为主体的学校体系。另一方面,从课程内容来看,虽强调不歧视中学、西学,要中西并课,但从实践来看,举办新式学堂主要还是强调西学教材的编写、西学教师的培养或延聘。

刘坤一汇报的大略情形,与袁世凯陆续上奏的举办师范学堂、小学堂、中学堂等折相比,要简略地多,袁世凯则将具体的学制安排、各级学堂应教授的课程等都一一详列出来。

二、河南设立学堂筹备情形

河南巡抚林开謩在光绪二十八年二月初八日(1902 年 3 月 17 日)复奏了河南设立学堂的情形。其中首先就提到了对于旧式书院的改革,在河南其实并不打算推行。奏折中提到:

> 省中旧有书院数处,皆地基狭隘,难于改设,且其中肄业诸生多恃区区膏火,以为治生向学之地,应请各仍其旧,以恤寒儒。①

这种对于旧式书院,仍依其旧的做法,可能也是部分地区在实践中的具体举措。河南是其中的一个代表。

---

① 林开謩:《遵旨设立学堂谨陈筹备情形疏(节录)》光绪二十八年二月初八日(1902 年 3 月 17 日),载璩鑫圭、唐良炎编:《中国近代教育史资料汇编·学制演变》,上海教育出版社 1991 年版,第 70 页。

那么，要执行光绪二十七年（1901 年）"改书院、设学堂"的上谕，河南采取的方式是另寻地基、另聘教习、另招学生来开设新式学堂：

> 择定开封游击署衙改设学堂，额定学生二百名，内附客籍五分之一，聘总教习一人，中教习十二人。①

至于教法和课程内容，则谨遵上谕的要求来开设。即以"四书""五经"纲常大义为主，以历代史鉴及中外政治、艺学为辅。培养人才的目标是心术端正、文行交修，要去除空疏浮薄的旧习。关于办学的章程则基本是按山东的章程进行办理。关于中西学的课程开设，林开謩特别强调了豫省地处中州、士风朴素的特点，因此关于西学的教习准备暂不聘用洋人，而是聘用华人之通西学者，以免士子、学生有疑虑。

河南的办学情形反映了内陆地区在执行"改书院、设学堂"这一政策时的心态和策略性的做法，这也是张百熙等在制定章程时需要考虑的情形，即对学堂制度的全部革新，需要充分考虑在不同地域施行的可行性。涉及到原有的书院、学塾、原来的课程内容、原来的学生，如何与新的学堂制度进行接续。

第四节　考察日本：中日关系对教育改革的影响

甲午战争以后，日本在中国的影响日盛。有日本学者将 1896 年至 1905 年这一时期（即中日甲午战争后到日俄战争之前）称为"日、中两

---

① 林开謩：《遵旨设立学堂谨陈筹备情形疏（节录）》光绪二十八年二月初八日（1902 年 3 月 17 日），载璩鑫圭、唐良炎编：《中国近代教育史资料汇编·学制演变》，上海教育出版社 1991 年版，第 70 页。

国的亲和时代，关系密切得使其他外国人妒忌"。① 加之到 1899—1900
年期间义和团的作乱，西方传教士的影响骤衰，历史学家柯文（Paul A.
Cohen）曾撰文指出主要原因有二：一是政治分裂事件的出现，使得老一
辈的改革者反对激进派和革命分子，导致大多数传教士及其他相关人等黯
然离去；二是更具决定性的原因，则是"要获得中国以外世界的讯息，还
有可供选择途径的（也是大多数中国人较易接受的途径）"突然出现。②
换言之，在这一时期，日本成为中国获取世界讯息的重要来源。而通过日
本学习西方也成为了一种更容易被接受和实践的方式。由此，日本的教育
制度成为新政时期中国教育改革学习和参照的主要对象也就进入了决策者
的视野之中。而且新政谕令中，认可了对西方制度的学习，这为教育制度
参照其他国家的做法提供了合法性。

　　那么清末的教育改革为何要从学习西欧转向取法日本呢？这其中不
仅有地缘上、文化上的原因，也有日本明治维新的成果及甲午战争带来的
影响。除此以外还有一点不可忽略，那就是在中日双方的关系中，不只是
中国单方面的积极学习，更重要的是日本对中国的外交策略也在发生转
变，日本开始从战争的策略走向了文化的策略，尤其是加大了对中国官员
的影响，即通过影响决策中心或智囊团的核心人物来影响清末新政改革的
方向和路径，这与当时中国留学东洋热潮的兴起以及考察日本明治维新改
革的方向等都是密切关联的。

---

① 参见［日］实藤惠秀：《中国人日本留学史稿》，Nik-kaGakkai 出版社，第 141 页。转引
自［美］任达：《新政革命与日本：中国，1898—1912》，李仲贤译，江苏人民出版社 2010 年版，
第 11 页。

② ［美］费正清、刘广京编：《剑桥中国晚清史（1800—1911 年）》（上卷），中国社会科学
院历史研究所编译室译，中国社会科学出版社 1993 年版，第 651 页。

一、日本加大对清廷官员的影响

甲午战争以后，日本政府转换了对中国的外交策略，即开始注重对中国文化的影响和辐射。其最初的目的是要改变李鸿章及清廷中枢亲俄的态度。[①] 后来，则试图通过帮助清廷的变法，把这种帮助与日本本身的战略利益联系在一起。如在政府层面，当时的驻华公使谷野文雄就积极吸纳中国学生到日本留学，并反复强调出于日本民族的利益，应给予中国变法以支持，从而使得日本的影响远播东亚。[②] 而当时的日本首相兼外相大隈重信也认为"日本从中国文化中获益，是负债者，现在应该报恩帮助中国改革和自强"，[③] 他对待中国的这种态度后来又被称为"大隈原则"。在民间则有关于中国的会社，聚集了一些新闻界和政治界的重要人物，其中较为有名的就是井上雅二组建的东亚会。东亚会与康有为、梁启超有着密切的联系，康、梁在戊戌变法中也积极推进翻译日本书籍、学习日本制度。

戊戌年间，日本还持续加强了对张之洞等南方封疆大吏的工作。张之洞从甲午的主战到转向与日本的联合，其重要的时间转折点就是在1897年德国占领胶澳之后，[④] 这其中当然有日本政府尤其是有军方背景的参谋本部对张之洞进行的重点攻关。[⑤] 日本陆军参谋本部在1897、1898年先

[①] "自李鸿章签订了《中俄密约》后，日本政府为了破坏或削弱中俄同盟关系，开展了一系列的对华外交攻势，培养和扶植亲日、联日势力。动作虽然不多，但效果十分明显。无论是主张激进改革的康有为及其党人，还是主张渐进改革的张之洞等官员，思想上都有很大的变化，可以说当时改革派大多倾向于联日。主张联俄的李鸿章和坚决反日的翁同龢在政治上的失势，又在客观上起了促进作用。"茅海建：《戊戌变法史事考》，生活·读书·新知三联书店2005年版，第562页。

[②] 参见［美］任达：《新政革命与日本：中国，1898—1912》，李仲贤译，江苏人民出版社2010年版，第32—33页。

[③] ［美］任达：《新政革命与日本：中国，1898—1912》，李仲贤译，江苏人民出版社2010年版，第34页。

[④] 戴海斌：《庚子事变时期张之洞的对日交涉》，《历史研究》2010年第4期。

[⑤] 参见陶德民：《戊戌变法前夜日本参谋本部的张之洞工作》，载王晓秋主编：《戊戌维新与近代中国的改革》，社会科学文献出版社2000年版，第403—420页。

后派出了神尾光臣、宇都宫太郎到湖北拜会张之洞，张之洞虽未接见，但是派出幕僚钱恂接待。后张之洞听取了钱恂的报告后，就向清廷中枢请旨联交，但没有得到允准，这可能也与维新派人士逃往日本有关。后来在与来华游说的日本军官的接触过程中，张之洞首次在电文中提到了"同文、同种、同教"等用语。①

到戊戌年间，"南京、武汉开始成为北京以外的政治重镇，凡日人访华，必以与两总督（张之洞、刘坤一）晤面交谈为幸事"②。张之洞此时也表现出对中日同盟等议题的兴趣。随后，在教育、实业、军事改革等诸多领域展开合作。有意思的是，他"虽有邀聘日本军事顾问的意向，却以日本政府驱逐逃亡海外维新派人士作为交换条件"③。他在《劝学篇》中也强调游学西洋不如游学东洋，不仅游学，还派出了幕僚、官员考察日本教育制度，并作为学习借鉴的资源。

在戊戌政变之后，因康有为、梁启超等人逃亡日本引起中日关系的变化，张之洞也曾抱怨"中东联络大局，全被康、梁搅坏，真可痛恨"④。但正是因为日本政府持续对张之洞等南方督抚的工作，才得以使日本影响中国的文化策略得以为继。庚子事变后，张之洞更是动用既有的各种渠道，在东南互保、战时交涉等重要关节积极借助日本的力量。⑤日本方面则认为"张之洞过去以来的行动大致遵循我参谋本部的方针"⑥。因此，张之洞在给张百熙的信中，第一条就是建议其派员考察日本，并强调"日本学

①　参见陆胤：《从"同文"到"国文"——戊戌前后张之洞系统对日本经验的迎拒》，《史林》2012年第6期。

②　［日］内藤湖南：《燕山楚水》，吴卫峰译，中华书局2007年版，第137页。

③　戴海斌：《庚子事变时期张之洞的对日交涉》，《历史研究》2010年第4期。

④　转引自戴海斌：《庚子事变时期张之洞的对日交涉》，《历史研究》2010年第4期。

⑤　参见戴海斌：《庚子事变时期张之洞的对日交涉》，《历史研究》2010年第4期。

⑥　近卫笃麿日记刊行会编：《近卫笃麿日记》第3，东京鹿岛研究所出版会1968年版，第201页。转引自戴海斌：《庚子事变时期张之洞的对日交涉》，《历史研究》2010年第4期。

制，尤为切用"①。

二、赴日考察团的成果

在张之洞派员赴日考察之前，其实就有不少官员、士绅开始搜集有关外国学制的资料，其中包括日本的学制资料，这在各类经世文编中均有体现。当戊戌变法后开始兴办学堂，当时的管学大臣孙家鼐及总理衙门也开始搜集东西洋各国的学校制度，而其重点就在日本。总理衙门在光绪二十四年八月初（八月六日政变前）还致函日本驻京公使，索取"日本大中小学堂现行章程"，后于八月二十三日将五本日本教育法规章程的资料送至总理衙门。②

派官员到日本考察学务也始于戊戌年间。光绪二十四年（1898 年）正月，张之洞派出了姚锡光、徐钧溥前往日本游历详考各种学堂章程，对于中西学的问题，姚锡光的结论是日本化裁西学而不是被西学所化。③ 光绪二十四年（1898 年）三月，浙江巡抚廖寿丰派候补知县张大镛一行赴日考察，这也是地方官员的委派。来自清廷中枢的赴日考察，则在光绪二十四年七月十四日（1898 年 8 月 30 日），由孙家鼐奏请派大学堂办事人员李盛铎、李家驹、寿富、杨士燮等四人赴日本考察学务，后因政变未能成行。④ 光绪二十四年七月三十日（1898 年 9 月 15 日），出使日本的

---

① 张之洞：《致京张冶秋尚书》光绪二十八年正月三十日（1902 年 3 月 9 日）丑刻发，载璩鑫圭、唐良炎编：《中国近代教育史资料汇编·学制演变》，上海教育出版社 1991 年版，第 136 页。

② 照录《教育法规类钞》一本；《东京帝国大学一览》一本；《东京帝国大学一览》英文一本；《京都帝国大学一览》一本；《近世日本教育概览》一本。总理各国事务衙门清档，01-06-001-06. 日使函送教育法规类钞，光绪二十四年八月二十三日。转引自苏云峰：《中国新教育的萌芽与成长（1860—1928）》，吴家莹整理，北京大学出版社 2007 年版，第 88 页。

③ 张之洞：《札委徐钧溥会同姚锡光等前往日本游历详考各种学校章程》（光绪二十四年正月二十三日），载苑书义等主编：《张之洞全集》（第五册），河北人民出版社 1998 年版，第 3561 页。

④ 参见郭廷以编著：《近代中国史事日志》（下册），中华书局 1987 年版，第 1018 页。

大臣裕庚也上奏"沥陈日本学堂情形"。[①] 新政开始后，赴日考察学校教育制度，并对学堂章程制定产生重要影响的主要来自两个方面：一是管学大臣张百熙派出的吴汝纶等人，二是地方大员张之洞等人派出的考察团。

张之洞、刘坤一不仅自己派员考察，还在《江楚会奏》中提出：

> 应请旨饬出使大臣李盛铎，切托日本文部参谋部陆军省代我筹计，酌拟大中小学各种速成教法，以应急需。[②]

即将原先因政变中断的考察任务接续上来，并建议管学大臣张百熙迅速派人考察日本学堂章程。张百熙接受了张之洞的建议，派出了吴汝纶，荣勋[③]、邵英等到日本考察。而且，在光绪二十八年正月奏筹办京师大学堂的折中，张百熙就明确提出了仿日本学制。[④] 上述吴汝纶对张百熙决策的影响在第四章中已有详述，其主要是通过与张百熙等人的书信往来介绍日本的学校情形。

而关于中西学的关系，在《东游丛录》中还记载了很多日本学者所谈教育的观点，吴汝纶的主张体现了中体西用的精神。例如吴汝纶访前文部大臣滨尾新，与之谈教育甚久，吴认为其所说多切要语。如其言：

> 吾两国本有文明，今所增者西国之文明，本国原有之文明皆精神上事，西国之文明皆制度上事，以吾精神，用彼制度，是用

---

① 参见郭廷以编著：《近代中国史事日志》（下册），中华书局 1987 年版，第 1022 页。

② 张之洞、刘坤一：《湖广总督张之洞、两江总督刘坤一：会奏变法自强第一疏（节录）》，载璩鑫圭、唐良炎编：《中国近代教育史资料汇编·学制演变》，上海教育出版社 1991 年版，第 16 页。

③ 军机大臣荣禄以荣勋、绍英随行。吴汝纶甚不悦，曾与荣勋龃龉。绍英为吴汝纶之弟子。

④ 光绪二十八年正月初六日（1902 年 2 月 13 日）管学大臣张百熙：奏筹办大学堂大概情形折。"先立一高等学堂，功课略仿日本之意。"璩鑫圭、唐良炎编：《中国近代教育史资料汇编·学制演变》，上海教育出版社 1991 年版，第 64 页。

彼之长而不为彼所用，不似波斯、埃及本无文教者比。今改西
学，其旧有之善者，自可留而不改，至普通国民教育，不可置为
后途，欲与列强争长，但有专门学无益也。①

在《东游丛录》中，吴汝纶还记载了日本七月份在熊本九州的新闻：

然观我国三十年来之进步，物质之文明，先由欧米注入，而
国民固有之粹美，与质健之精神，能活用之，以致今日之发达。
此中关系，最足为清人研究之价值者也。②

该新闻特别强调了中西合用的重要性。吴汝纶还给张百熙推荐了日本
的教育学家嘉纳治五郎：

今教育名家曰嘉纳治五郎，乘放假时来游吾国，盖欲献策政
府及尚书左右。某数与接谈，殆笃论君子也。尚书清暇时，想
可时时过访。李亦元、张小浦诸公，亦可数数过从，必能增益
所闻。③

他希望百熙、李希圣、张鹤龄等人能与之讨论。在吴汝纶回国之
前，壬寅学制已颁定，因此他的《东游丛录》的影响则主要体现在癸卯学

---

① 吴汝纶:《东游丛录》，载吴汝纶:《吴汝纶全集》(第三册)，施培毅、徐寿凯校点，黄山
书社 2002 年版，第 729 页。
② 吴汝纶:《东游丛录》，载吴汝纶:《吴汝纶全集》(第三册)，施培毅、徐寿凯校点，黄山
书社 2002 年版，第 753 页。
③ 吴汝纶:《与张尚书》，载吴汝纶:《吴汝纶全集》(第三册)，施培毅、徐寿凯校点，黄山
书社 2002 年版，第 395—396 页。

制中①。

对壬寅学制制定影响更大的，可能是来自于张之洞、刘坤一派出的这支队伍。光绪二十七年（1901年）九月，张之洞、刘坤一委托罗振玉、刘洪烈等人率其幕僚陈毅②、胡钧等人赴日本考察。罗振玉等人十一月成行，返回后著《扶桑两月记》详细记录考察的过程，并在其创办的《教育世界》③中编译介绍了当时日本教育的情形，包括体系、课程等。1902年，沈曾植曾给罗振玉写信谈及张百熙核心团队中的李希圣（李亦园）到访，说张百熙想与罗振玉一谈，请沈曾植代为转告。后来京师大学的赵从蕃也来见沈曾植，希望能会见罗振玉，沈兆祉前往上海，也带有拜会罗振玉的任务。沈曾植致信罗振玉：

> 李亦园前日来，言长沙尚书思与公一谈，弟允代致，而告以叔韫不能留，大学堂亦不可强留，亦园敬诺而去。赵仲宣来，询之，语意亦相同，第不知沈小宜回沪，曾相见否？大学堂曾发电相邀否，其意若诚，可来一游也？④

可见当时张百熙迫切地希望从刚刚赴日考察回来的罗振玉那里获取更多有关日本教育的信息。

纵观罗振玉对初等教育的看法，可以看出基本就是日本《小学校令》的翻版，而这一版本几乎一字不易地成为《钦定小学堂章程》的内容。⑤

---

① 关于吴汝纶的《日本学制大纲序》与《奏定学堂章程》比较。参见田正平、霍益萍：《游学日本热潮与清末教育》，载《文史》（第三十辑），中华书局1988年版，第66—67页。

② 陈毅也是后来《奏定学堂章程》的起草者。

③ 受张之洞、刘坤一的资助，创办于光绪二十七年三月，主要介绍日本教育制度，"自四月起，每月出书二册，每册约五十页。将来经费稍裕，则月出三册"。

④ 许全胜撰：《沈曾植年谱长编》，中华书局2007年版，第275页。

⑤ 参见田正平、霍益萍：《游学日本热潮与清末教育》，载《文史》（第三十辑），中华书局1988年版，第159—174页。

如关于课程设置的建议，罗振玉建议寻常小学校，设修身、读书、作文、算法、习字、体操、地理、历史八科；高等小学校设修身、读书、算术、作文、图画、地理、历史、习字、体操、理科十科；寻常中学校设读书、作文、伦理、外国语、数学、历史、地理、理科、图画、体操、习字等十一科。[①] 这一分科方式基本源自西学设科方式，中学内容则纳入到修身、读书、作文等科目中，可以说是以西学之设科而涵盖了中学传统的内容。

除了对学堂章程的制定产生直接影响以外，日本对新政时期教育改革的影响还反映在两个方面，一是教材。就当时来看，从日本翻译引进西方书籍的开始增多，张之洞等人也明确要求罗振玉访日时要搜集日本教材：

> 现与两江刘岘帅公同设局，访求日本教科书，拟酌采其意编纂之，此事甚不易，纂成后当咨送请教。[②]

这对学堂开办而言也是切实之需，否则西学之学习就无从着手。

二是人事。因庚子事变的影响以及张百熙等一系列人事的变动，西人在京师大学堂的地位不复以往。例如张之洞给张百熙的信中提出"向来学堂用洋员充总教习，往往多所干预，以揽我教育之权，不无流弊。"[③]京师大学不再用洋人为总教习，也解聘了很多西洋教习。日本教习开始成为主导，如日本文学博士服部宇之吉、法学博士岩谷孙藏及经济学教习杉荣三郎等30余名日本教习陆续受聘大学堂。这一更迭转换，也体现了影响新

---

① 罗振玉：《学制私议》光绪二十八年（1902 年），载朱有瓛主编：《中国近代学制史料》（第二辑上册），华东师范大学出版社 1987 年版，第 12—13 页。

② 张之洞：《致京张冶秋尚书》光绪二十八年正月三十日（1902 年 3 月 9 日）丑刻发，载璩鑫圭、唐良炎编：《中国近代教育史资料汇编·学制演变》，上海教育出版社 1991 年版，第 136 页。

③ 张之洞：《致京管理大学堂张尚书》光绪二十九年二月十一日（1903 年 3 月 9 日）寅刻发，载璩鑫圭、唐良炎编：《中国近代教育史资料汇编·学制演变》，上海教育出版社 1991 年版，第 139 页。

政时期教育改革的国际因素开始由欧美转向了日本。[①]

总之，从甲午战后到新政，清廷学习日本的背后有两大重要的理论依据，一是"同文""同种"，二是日本明治维新取得改革成功的经验。这让清廷看到了改革的路径和成功的可能。当时的日本刚刚在甲午战争中获胜，对于国民意识、国家观念尤为看重，他们也认为这是清廷战败的原因。[②] 因此，在接待中国考察团时，他们往往会强调这一点。而国民意识、国家观念的培养，有赖于对国家历史、文化的学习和认同。在吴汝纶、罗振玉等人接触的日本教育学家、校长等来看，大都强调通过中学的学习可以强化国家意识，而这也就是张之洞所谓"同文"的核心。换言之，这个"文"就是共同的、来源于中国的文化基础，在日本则被称为"汉学"的传统。另一方面，日本明治维新的教育改革中，也同样面临传统学问与新学的关系，就在清廷派出考察团的这一时期，日本知识界正盛行"国粹保存运动"，官方还颁布了《教育敕语》（1890 年）。因此，传统学问与新学在教育中的关系处理也是这一时期日本关注的问题。正因为明治维新取得成功，日本采用的保存传统学问的教育办法，在决策者看来就为"中体西用"观的落实提供了经验。

第五节　搁置争议：拟定政策并颁布

一、历经两次起草的快速决策过程

光绪二十八年七月十二日（1902 年 8 月 15 日），张百熙进呈《京师大学堂章程》《考选入学章程》《高等学堂章程》《中学堂章程》《小学堂章

---

① 参见郭卫东：《西方传教士与京师大学堂的人事纠葛》，《社会科学研究》2009 年第 1 期。

② 参见陆胤：《政教存续与文教转型：近代学术史上的张之洞学人圈》，北京大学出版社 2015 年版，第 150 页。

程》《蒙学堂章程》共6件，当日便有旨意回复，称：

> 批阅各项章程，尚属详备，即着照所拟办理；并颁行各省，着各该督抚按照规条，宽筹经费，实力奉行，总期造就真才，以备国家任使。①

此距其被任命管学大臣，着手办理学堂一切事宜，裁定学堂章程仅7个多月的时间，而距离清廷谕令各地改书院、兴办学堂则刚好满一年。从章程出台的时间来看，比张之洞等人预计的都要快，因为张之洞是希望张百熙在派人赴日本考察并反馈了详细意见后再作商定，虽然张之洞等人派出的人员已经返回，但张百熙自己派出的吴汝纶尚未回国，也没有带回完整的考察信息，而章程就已定稿。其中详细缘由，虽尚不得而知，但可能与各地办学无章可循、推进艰难，以及清廷中枢急于推进改革进程有关。

从章程起草的过程来看，在这7个月的时间中，来自督抚的建议、来自各地实践的状况，尤其是来自日本的考察报告都是张百熙起草团队参详的内容。但章程的起草则经历了两次过程。第一次是由张鹤龄起草，主要以其个人意见为主，后发现与情势不合，故未被采纳，个中原因与张鹤龄较为强调西学内容有关，在张鹤龄后来给汪康年的信件中他写道：

> 政府并有籤驳："语多不伦，既不谙教育情形，而又敢于立论。"盖荆棘从此滋生矣。刻下有编纂刻本之议，管学复以相委，大致与严又陵先生分纂中西，然事事以迁就出之，虽有圣者，亦难餍众人之责望。此学堂大概情形，聊为知己一述。②

---

① 张百熙：《张百熙进呈学堂章程折》光绪二十八年七月十二日（1902年8月15日），载璩鑫圭、唐良炎编：《中国近代教育史资料汇编·学制演变》，上海教育出版社1991年版，第234页。

② 上海图书馆编：《汪康年师友书札》（第二册），上海古籍出版社1986年版，第1818页。

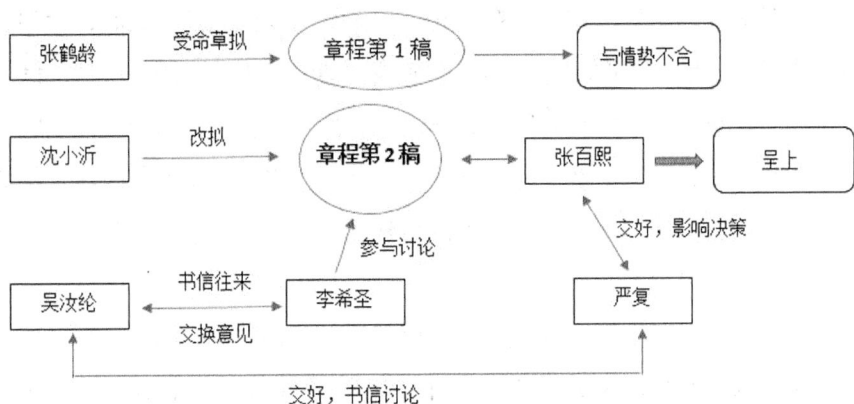

图 5.4　张百熙组建的章程起草团队

第二稿则由张百熙的心腹幕僚沈小沂起草，各方的意见通过李希圣、吴汝纶等人的参与讨论而进入最终的文本中，张百熙亦以此稿为基础呈上，后很快被清廷中枢认可并钦定颁布。

二、决策团队及决策过程的特点

从章程的起草到颁布的整个过程来看，还算顺利，并未遇到太大阻力。总体来看，这个决策团队具有以下特点：

一是目标、立场较为一致。这时清廷政权的中心也是发布新政《变法上谕》的核心团体，制定学制的决策者不仅是直接进行章程起草的管学大臣张百熙，同时还包括了军机处、政务处在内的中枢机构以及地方督抚的势力，他们共同构成了这一决策团体。也就是说他们内部已经达成变法改革的一致目标，这就决定了学堂章程的制定在基本方向上已无太大的争议，即以中学为体，西学为用，吸纳西学以图国家富强，保存中学以维护政权稳固、保种保教。虽然中间曾发生留日学生事件，导致清廷中枢对张百熙的用人颇有不满，但张百熙从中极力调和，确保了章程起草团队的工作。

二是满汉之争暂且搁置。在清廷中枢荣禄与慈禧也是一条心，他们基本代表了统治阶层的改革意愿和基本底线，即为了维护统治而维护中国传统学问。在章程起草的核心团队和影响决策的地方督抚势力中，汉人则占据了主导地位，保国以及文化传承的使命和意识强烈，满汉之间在"中体西用"的问题上巧妙地达成了平衡，虽然其中对于"中学为体"目标的认识是有一定差异的。

三是地方权力得到了充分的彰显，新政变法直接寻求地方督抚的意见，于是地方督抚亦成为推动变法的重要力量。皇权则通过让出部分教育权的方式，使得地方与中央之间的张力得以缓和。当然，章程可能存在的最大争议之处还是在于旧与新的调和，即传统科举制度如何与新的学制衔接，以及传统中学的"体"与西学的"用"又如何在课程中体现其权重的问题。但需要指出的是，无论如何争论，这些参与决策的人几乎都有着相似的教育背景，他们深受中国传统学问的熏陶，但又感受了西学的厉害，他们内心的焦虑和彷徨也体现在他们对教育内容的进一步改革与思考中。

第六章　中学与西学之争：《钦定学堂章程》课程政策的价值选择

光绪二十八年七月十二日（1902 年 8 月 15 日），张百熙进呈学堂章程六件，成为中国历史上第一个具有现代意义的学校教育制度。与中国古代传统教育相比，它是近代以来农业社会向工业社会转变、封建社会向资本主义社会转向过程中的第一次尝试。而这次尝试的背景则是国家将面临被殖民、被瓜分的外患，以及清廷严重腐败的内忧。因此改革的推动力量既有来自于清廷内部的自救和革新的觉悟，也有外部国际关系的渗透与影响。在总体教育改革的原则上，始终强调的是"中体西用"，即不自迷本始，仍以三纲五常为不变之源，但也不仅限于学西学之皮毛，而要化解"新旧之争"，其最终目标指向"强国利民"。[①]

这个全新学制的设计是对原有教育制度的挑战，因此张百熙在奏折中，首先阐述了新学校教育制度与中国传统教育制度之间的关系，并以此来论证新学制并非另起炉灶、完全破旧立新，而是基于传统教育制度的改良。他列举了《礼记》所记载的学校类型、次第、考校制度，唐宋以来的分科设学，认为都与外国之学校等级、外国学堂的分科、选科相似，只是自汉以后专重选举、隋设进士科以来，士皆注重于诗赋策论，学校名存

---

① 参见《变法上谕》光绪二十六年十二月初十日（1901 年 1 月 29 日），载（清）朱寿朋编：《光绪朝东华录》（第四册），张静庐等校点，中华书局 1958 年版，第 4601—4602 页。

而已。① 这样的观点亦非他独创，在此之前的康有为等人都是如此借古论今评判西洋之学制是合理的。②

虽说学校古已有之，但人才培养的目标及所学之内容，在这一新学制中确实发生了很大的变化，并以"钦定"的形式作为国家政策颁布和规范，这也是清末以来教育改革最大的变化。

第一节　立学宗旨与培养目标的价值取向

张百熙在奏折开篇，即阐述立此章程的目标是为富强求取人才。此时，人才培养的目标仍然是"致用"，而培养人才的目标则是为了国家的富强。

> 臣谨按：古今中外，学术不同，其所以致用之途则一，值智力并争之世，为富强致治之规，朝廷以更新之故而求人才，以求才之故而本学校。③

---

① 参见张百熙：《张百熙进呈学堂章程折》光绪二十八年七月十二日（1902 年 8 月 15 日），载璩鑫圭、唐良炎编：《中国近代教育史资料汇编·学制演变》，上海教育出版社 1991 年版，第 233—234 页。

② "吾国周时，国有大学、国学、小学之等，乡有党庠、周序、里塾之分，教法有诗书、礼乐、戈版、羽箭、言说、射御、书数、方名之繁，人自八岁至十五岁，皆入大小学。万国立学，莫我只先且备矣。"康有为：《康有为请开学校折》光绪二十四年五月（1898 年 6 月—7 月），载汤志钧、陈祖恩编：《中国近代教育史资料汇编·戊戌时期教育》，上海教育出版社 1993 年版，第 50—52 页。"臣闻古之学者，家塾党庠州序国学，其小成大成，率循序而计年，而春秋教以礼乐，冬夏教以诗书，盖有一定之课程。后世教法失传，西国学堂乃暗合其制。考其立法之善，在乎学术齐，课程一，教科之书，定于国家。无论公私学堂，教者学者颡若画一，故用力省，而成才速也。"吴郁生：《四川学政吴郁生奏请颁定学堂一定课程折》光绪二十八年四月十九日（1902 年 5 月 26 日），载朱有瓛主编：《中国近代学制史料》（第一辑下册），华东师范大学出版社 1986 年版，第 782—783 页。

③ 张百熙：《张百熙进呈学堂章程折》光绪二十八年七月十二日（1902 年 8 月 15 日），载璩鑫圭、唐良炎编：《中国近代教育史资料汇编·学制演变》，上海教育出版社 1991 年版，第 233 页。

自洋务运动以来，经世之才的含义从"通经致用之才"转向了"实学人才"，且实学人才的地位从最初作为人才类型的补充，到了甲午战后，则以实学人才作为全部教育的目标，即全部人才培养的总目标。换言之，中国的教育开始从以人的通达、明理等精神内涵的追求而逐渐转为了完全以经济发达、国家富强为目标的功利性转换，而这一转换即是伴随着西学课程从专门教育渗透到普通教育而实现的，并在《钦定学堂章程》中获得了合法的地位和全面的落实。

一、立学宗旨：以三纲五常约束实学人才

"建国君民，教学为先。"（《礼记·学记》）教育之于国家，有着极其重要的位置。而一国之立学宗旨则是关系到国家前途命运的基础。立学宗旨要解决两个问题，一是培养什么样的人？二是为谁培养人？《钦定京师大学堂章程》的第一章全学纲领中的第一、二、三节，就是对立学宗旨的阐述。其下的《钦定蒙学堂章程》《钦定小学堂章程》《钦定中学堂章程》《钦定高等学堂章程》皆以这三节内容为首要。

开宗明义第一节，即为：

> 京师大学堂之设，所以激发忠爱，开通智慧，振兴实业；谨遵此次谕旨，端正倾向，造就通才，为全学之纲领。①

首先，要培养的人是通才，这个通才和实学人才是何种关系呢？"通才"不是西学兴起后才有的说法，在儒家的典籍里说的就是依于德、游于艺、志于道的士君子。如康熙四十一年（1702 年）定命题规制时就明言

---

① 《钦定京师大学堂章程》光绪二十八年七月十二日（1902 年 8 月 15 日），载璩鑫圭、唐良炎编：《中国近代教育史资料汇编·学制演变》，上海教育出版社 1991 年版，第 235 页。

"五经取中务得通才"。① 此处所谓通才，就是基于经学的学习，即明于圣人之理，明大道，进而能应对无穷具体的事宜。但此章程所谓之通才，直接指向的是能振兴实业的人才，实际就是洋务运动以来所谓的实学人才。需要注意的是，虽然此处的通才就是指为振兴实业的实学人才，但是张百熙为何不直接采用戊戌变法中强调的"实学人才"，而改用"通才"呢？其原因可能在于作为全国性的教育纲领，张百熙意识到了它的重要性，若直接用"实学人才"，恐有偏颇，因为此时的"实学""实业"已不同于古典思想依托经学所阐发的经世的实学，而是具体指向了能快速发展国家军事、经济实力的学问。把教育的全部目的及教育活动仅指向于"实用人才"的培养是一种会引发争议的狭隘观点，所以在此用"通才"的概念更为稳妥。

其次，章程以"三纲五常"明确"通才"的德性要求。从表像上看，实学人才主要体现为掌握技艺才能，不具有政治属性的要求，因而章程特别强调要"激发忠爱""端正倾向"，即凸显其德性的目标、明确政治属性。如全学纲领第二节指出：

> 中国圣经垂训，以伦常道德为先；外国学堂于知（智）育体育之外，尤重德育，中外立教本有相同之理。今无论京外大小学堂，于修身伦理一门视他学科更宜注意，为培养人才之始基。②

伦常道德就是新政《变法上谕》中所说的"不易者三纲五常，昭然如日星之照世"。三纲五常是指人与人之间的关系受此约束，这也常被视为

---

① 《科举部·皇清》卷70，载陈梦雷编：《古今图书集成·经济汇编·选举典》。
② 《钦定京师大学堂章程》光绪二十八年七月十二日（1902年8月15日），载璩鑫圭、唐良炎编：《中国近代教育史资料汇编·学制演变》，上海教育出版社1991年版，第235页。

是儒家立学的宗旨，即明人伦。① 三纲五常的人伦关系起始于《论语》的"君君，臣臣，父父，子子"，其核心又是以父子关系为基础，以孝而达至忠。因此，清廷变法坚守这一儒家的立学宗旨，目的是以三纲五常的伦理来约束实学人才对国家的忠孝，以使教育最终服务于政治，清楚表明了所立学堂是为谁培养人才的问题。三纲五常的基本涵义在这里更加强调其维护清廷政治统治的目的，即把一种通过调节人与人关系的伦理纲常直接提升到了政治的高度，而对于更为重要的人与人之间的伦理道德关系却渐次淡化。全学纲领的第三节中，则是确立一条底线，若有明倡异说、违背名教纲常者，将被重办：

> 欧、美、日本所以立国，国各不同，中国政教风俗亦自有所以立国之本；所有学堂人等，自教习、总办、提调、学生诸人，有明倡异说、干犯国宪及与名教纲常显相违背者，查有实据，轻则斥退，重则究办。②

这也是张百熙与戊戌变法中康有为、梁启超等人所倡导的民权说划清界限。

以"三纲五常"作为人才培养根基的立学宗旨，体现了清廷为维护统治而对中学传统的继承。对士绅而言，还更加关注对华夏文化的传承与认同，于是这不仅构成了"中学为体"的政治基础和文化基础，也为章程获得社会的广泛认同打下思想上的基础。1904 年，《奏定学堂章程》颁布，更进一步强化了：

---

① "设为庠序学校以教之：庠者，养也；校者，教也；序者，射也。夏曰校，殷曰序，周曰庠，学则三代共之，皆所以明人伦也。"（《孟子》）

② 《钦定京师大学堂章程》光绪二十八年七月十二日（1902 年 8 月 15 日），载璩鑫圭、唐良炎编：《中国近代教育史资料汇编·学制演变》，上海教育出版社 1991 年版，第 235 页。

立学之宗旨，无论何等学堂，均以忠孝为本，以中国经史之学为基。①

1906 年，为重申教育宗旨之重要，新设立的学部还提出要明确全国之教育宗旨，上《奏请宣示教育宗旨折》，提出五项教育宗旨"忠君""尊孔""尚公""尚武""尚实"。忠君、尊孔即为中国政教之根本，习之以距异说；尚公、尚武、尚实则为中国最缺，亟待针砭以图振起。② 如此之立学宗旨一直延续到清王朝的覆灭。但这一宗旨因为与封建政权的统治紧密联系，对中学强调德性之本质并不是完全一致的，因而以此为核心的中学缺少了发展的生命力。

二、培养目标：道德、知识与身体的划分

在以"三纲五常"为基础的立学宗旨指导下，《钦定学堂章程》的蒙学堂、小学堂、中学堂章程的培养目标即围绕道德、知识与身体三个维度展开。这种分类方式，也来自于西方对教育目标及教育内容的表述。

《钦定京师大学堂章程》全学纲领的第二节就说"外国学堂于智育体育之外，尤重德育"。在《钦定蒙学堂章程》中，强调的就是知识与身体，在《钦定小学堂章程》中，其目标则还涵盖道德、知识及一切有益身体之事。"德""智""体"三育的形态在中央的政策中已经有所呈现，成为教育制度的重要组成部分，而其后的课程设置均以此为基础。

---

① 张百熙、荣庆、张之洞：《重订学堂章程折》光绪二十九年十一月二十六日（1904 年 1 月 13 日），载璩鑫圭、唐良炎编：《中国近代教育史资料汇编·学制演变》，上海教育出版社 1991 年版，第 289 页。
② 《学部奏请宣示教育宗旨折》光绪三十二年三月初一日（1906 年 3 月 25 日），载朱有瓛主编：《中国近代学制史料》（第二辑上册），华东师范大学出版社 1987 年版，第 151 页。

表6.1 《钦定学堂章程》中小学堂之培养目标

各级学堂章程	培养目标
《钦定蒙学堂章程》	蒙学堂之宗旨，在培养儿童使有浅近之知识，并调护其身体。[1]
《钦定小学堂章程》	小学堂之宗旨，在授以道德、知识及一切有益身体之事。[2]
《钦定中学堂章程》	中学堂之设，使诸生于高等小学卒业后而加深其程度，增添其科目，俾肄力于普通学之高深者，为高等专门之始基。[3]

注：1《钦定中学堂章程》光绪二十八年七月十二日（1902年8月15日），载璩鑫圭、唐良炎编：《中国近代教育史资料汇编·学制演变》，上海教育出版社1991年版，第281页。2《钦定中学堂章程》光绪二十八年七月十二日（1902年8月15日），载璩鑫圭、唐良炎编：《中国近代教育史资料汇编·学制演变》，上海教育出版社1991年版，第270页。3《钦定中学堂章程》光绪二十八年七月十二日（1902年8月15日），载璩鑫圭、唐良炎编：《中国近代教育史资料汇编·学制演变》，上海教育出版社1991年版，第263页。

这种目标分类方式并非张百熙等人的首次引介。自清末西学东渐以来，类似观点常出现在介绍国外的教育类文献中。如有学者研究认为，最早强调国民之德、智、体并重的可追溯至1895年严复给梁启超的信中诠释《原强》《救亡决论》写作意图时提到"发明富强之事，造端于民，以智、德、力三者为之根本。"[1]《原强》中重点介绍了斯宾塞的教育思想，并将其《教育论：智育、德育和体育》（*Education：Intellecthal, Moral and Physical*）一书翻译为《劝学篇》，意在与中国人论说教育与思想相对应。该书本是斯宾塞的4篇论文的合集，分别是《什么知识最有价值？》《智育》《德育》和《体育》。因而，近代有学者认为"把教育划分为智育、德育和体育，大抵以斯宾塞为始作俑者。"[2]

西方三育并举的思想并非肇始于斯宾塞，从亚里士多德到洛克都有类似的主张，是对教育目标分类的一种方式。但斯宾塞是集大成者，且是对中国近代教育影响较大者。[3] 在严复修改后的《原强》中，又称斯宾塞的教育理论以瀹智慧、练体力、厉德性三者为纲。进而言明今日之要政，在

---

① 严复：《严复全集》（卷八），福建教育出版社2014年版，第118页。

② 吴俊升：《德育原理》（1935年），福建教育出版社2011年版，第3页。

③ 参见张小丽：《"德育""智育""体育"概念在近代中国的形成考论》，《教育学报》2015年第6期。

于"鼓民力、开民智、新民德。"① 而在教育实践中，甲午战争后兴办的学堂，以泰西之分科设教，也以此三者为教育目标，如1897年盛宣怀创设的南洋公学，在编撰的《南洋公学蒙学课本二编编辑大意》中就说：

> 泰西教育之学，其旨万端，而以德育、智育、体育为三大纲。德育者，修身之事也；智育者，致知格物之事也；体育者，卫生之事也，蒙养之道，于斯为备。中土之所固有者，惟德育一门而已。②

这三者，即是国民之基本素质，也是普通教育培养之目标。《钦定学堂章程》受日本学制影响最大，德、智、体三育的说法可看作从日本传入中国。张之洞在后来关于湖北兴学的奏折中也证实了这一点：

> 考日本教育总义，以德育、智育、体育为三大端，洵可谓体用兼赅，先后有序，礼失求野，诚足为我前事之师。③

而在中国的传统学问中，正如南洋公学教材之编撰者所说，"中土之所固有者，惟德育一门而已。"④ 道德和知识本身是一体的，知识之学习、智慧之提升均为道德而作。"曾子三省，忠，信，习传。可见读书只是学习的一部分，而道德实践占其二。"⑤ 这与古希腊的"知识即美德"之说亦

---

① 参见韦巍：《清末民初"德智体"三育传统的生成》，《浙江学刊》2018年第2期。

② 朱有瓛主编：《中国近代学制史料》（第一辑下册），华东师范大学出版社1986年版，第539页。

③ 湖广总督张之洞：《筹定学堂规模次第兴办折》光绪二十八年十月初一日（1902年10月31日），载璩鑫圭、唐良炎编：《中国近代教育史资料汇编·学制演变》，上海教育出版社1991年版，第97页。

④ 朱有瓛主编：《中国近代学制史料》（第一辑下册），华东师范大学出版社1986年版，第539页。

⑤ 张文江记述：《潘雨廷先生谈话录》，复旦大学出版社2012年版，第3页。

相通。自近代自然科学兴起以来，知识脱身于道德，甚至凌驾于道德之上，这是知识观的古今之差异。如今，虽然教育者都反复强调以道德为根基，章程中也以伦常道德之教育为人才之始基，但事实上，具有客观、普遍、中立等属性的科学知识逐渐占据了道德的制高点。因为，知识与实学人才培养的目标直接相关。

关于身体之重视，源于对中国文武分科的反思。一直以来武科单设，使大多数士子在列强的士兵面前显得体质孱弱。张之洞、刘坤一在《江楚会奏》中，就强调文武学堂之设，在各级学堂都增设体操课程，并建议停罢武科。对身体素质之要求不再局限于一部分人，而上升为对国民素质的基本要求。

也有学者将德、智、体三育的划分视为古已有之。一种说法是吴俊升在《德育原理》（1935）中所说"考之我国载籍，智、德、体三育之分施，自古已然。贾谊《治安策》有云：'昔者周成王幼，在襁褓之中。召公为太保，周公为太傅，太公为太师。保，保其身体；傅，傅之德义；师，道之教训；三公之职也。'是三公之职，即在分掌国子之德、智、体三育，彰彰明甚。"[1] 还有将德、智、体三育与礼、乐、射、御、书、数六艺对比，主旨能合，但核心不同[2]。更为重要的是，斯宾塞的三育说，其实尤为强调的是智育，而中国"古圣最重德育。"[3] 斯宾塞《教育论》四篇论文的首篇，就是《什么知识最有价值？》，答案是科学知识。而他对三育的关系并未加以阐述，《德育》也只是论述了家长对子女的教育。这种观点来源于西方社会进化论的思想，与近代自然科学的发展及其给西方社会带来的经济与技术的革新密切相关。

中国引进了这种三育划分的思想，在救亡图存的背景下，自然会首重与实学人才培养直接相关的智育，并将智育的内容都指向了西学。就如后

---

[1] 吴俊升：《德育原理》（1935 年），福建教育出版社 2011 年版，第 3 页。

[2] 韦巍：《清末民初"德智体"三育传统的生成》，《浙江学刊》2018 年第 2 期。

[3] 黄绍箕、柳诒徵：《中国教育史》，福建教育出版社 2011 年版，第 6—10 页。

来的《奏定学堂章程》中的立学宗旨虽以忠孝为本，以经史为基，但"俾学生心术壹归于纯正，而后以西学瀹其智识，练其艺能。"①西学成为培养学生智识、技能的主要依托。

第二节　中学与西学在课程设置中的实际地位

从《钦定学堂章程》的立学宗旨和培养目标来看，其课程体系的构建应落实中学为体、西学为用的原则。但为了尽快培养出实学人才，凸显智育的重要就成为必然。由此在课程的设置上亦基本确立了以近代西方知识体系为基础的课程体系，即将中学之内容化解于西学课程体系之中的方案。这种课程配置的方案其实早已有之，如维新运动中新设的学堂基本都是按这一配置方案，但其影响范围毕竟只是新设学堂，并不是对全国教育的要求。戊戌变法则只强调了"兼习中西学"，并未规定具体内容和比例，到了《钦定学堂章程》就将其进一步具体化，并作为国家的教育政策在全国推行。

一、以"科学"构建的课程结构

新式学堂到底应该开设哪些课程？课程设置的依据又是什么？这对于决策者而言，主要来自于两方面的经验。如前所述，一是来自实践的经验。从早期的教会学校，到维新运动中新设的中小学堂，都提供了引进西学后课程设置的样板。而这些学堂基本都是按照西学的分科方式进行的课程设置。二是来自甲午战后对于日本经验的学习，姚锡光、罗振玉、吴汝

---

① 张百熙、荣庆、张之洞：《重订学堂章程折》光绪二十九年十一月二十六日（1904 年 1 月 13 日），载璩鑫圭、唐良炎编：《中国近代教育史资料汇编·学制演变》，上海教育出版社 1991 年版，第 289 页。

纶等人带回的日本学校课程设置方案，以及日本的教育学者对中国官员的直接影响，都决定了《钦定学堂章程》将通过日本来学习中西学知识在教育体系中的融合方式。

具体来看，蒙学堂学制4年，共开设修身、字课、习字、读经、史学、舆地、算学、体操8门课程。小学堂分寻常小学堂和高等小学堂，寻常小学堂学制3年，开设修身、读经、作文、习字、史学、舆地、算学、体操8门课程；高等小学堂开设11门课程，而在寻常小学堂的基础上再增设了理科、图画、读古文词（或外文、或实业科目）等3门课程。中等学堂学制4年，共开设12门课程，系将理科细分为物理、化学、博物，新增了外国文1门。（参见表6.2）

表6.2 《钦定学堂章程》的蒙学、小学堂、中学堂课程科目表

蒙学堂	修身	读经	字课	习字	史学	舆地	算学	体操					
寻常小学堂	修身	读经	作文	习字	史学	舆地	算学	体操					
高等小学堂	修身	读经	作文	习字	史学	舆地	算学	体操	古文词[1]	图画	理科		
中学堂	修身	读经	词章	\	中外史学	中外舆地	算学	体操	外国文	图画	物理	化学	博物

注：1.或将此门替换为"外文"或"实业科目"

中国传统知识体系的分类，不是以研究对象来划分的，从先秦学术流传下来的分类，更强调以学术旨趣进行划分并形成不同的"家学"。[1] 如中国传统学术分科的方式有孔门四科、道术之分等等，围绕典籍进行的划分也是分科的一种方式。"宋司马光提出的'十科举士[2]特别受晚清学界推崇，成为中国学人接受近代西方'分科设学'观念之基础。"[3] 若以科举考试的科目来统摄学校课程，则分类的方式也是四书、五经、词赋、策论

① 参见左玉河：《从四部之学到七科之学：学术分科与近代中国知识系统》，上海书店出版社2004年版，第20页。

② 行义纯固可为师表科、节操方正可备献纳科、智勇过人可备将帅科、公正聪明可备监司科、经术精通可备讲读科、学问该博可备顾问科、文章典丽可备著述科、善听狱讼尽公德实科、善治财赋公私俱便科、练习法令能断请谳科。（《宋史》志第一百一十三选举六）

③ 左玉河：《从四部之学到七科之学：学术分科与近代中国知识系统》，上海书店出版社2004年版，第33页。

之分。除指考试科目以外，宋元以后"分科"也指书院的讲授科目，逐渐就向近代意义上的学科靠近。

近代西方科学的发展则逐渐形成了以研究对象来划分的学科及学科门类。这种学科分类方式引入中国后，就构成了大学堂专门学的分类方式，由此影响到普通教育的课程设置。洋务运动以来，冯桂芬、郑观应等人都在试图将中学之分科与西学之分科进行比较和整合。张之洞、刘坤一在《江楚会奏》（第一折）中已意识到中学堂、小学堂中分科设教的意义和方法，他们将日本之普通学的分科方式运用到中小学堂的分科设教中。

> 其学校教法，大率少年者先入小学堂，先教以浅近文理、算法史事、格致之属。……小学成后选入中学，所学门类甚多，名曰普通学，如国教、格致、算学、地理、史事、绘图、体操、兵队操、本国行文法、外国言语、文字、行文法等事，皆须全习。①

张百熙在上呈学堂章程折时，也比附了西学的分科与中国古代的分科，意在强调西学分科的方法用于学堂章程的渊源及重要性。

> 其科目则唐有律学、算学、书学诸门，宋因唐制，而益以画学、医学，虽未及详备，亦与所谓法律、算学、习字、图画、医术各学科不甚相殊。自司马光有分科取士之说，朱子《学校贡举私议》，于诸经、子、史及时务皆分科限年，以齐其业。外国学

---

① 张之洞等：《变通政治人才为先遵旨筹议折》（光绪二十七年五月二十七日），载苑书义等主编：《张之洞全集》（第二册），河北人民出版社 1998 年版，第 1395 页。

堂有所谓分科、选科者，视之最重，意亦正同。①

而西学的这种分科体系，可以被视为科学知识的分科体系。这种科学知识体系就是自明末清初传入中国时被称为的"格致之学"，体现为将西学融合进经学的一种学问范畴。后来，在书目分类、教会学校的课程中亦运用了这一概念，其主要包含三层含义：一是学问的总体，二是自然科学与技术，三是物理学或物理和化学的合称。② 甲午战后，受日本"新汉语"涌入的影响，"格致之学"的意义缩减为指称自然科学，在新式学堂用"格致之学"时通常指代近代自然科学的分科，而"科学"则成为指称各个学科总汇的名称。有学者认为，这似乎表明由西方传教士构建的西学体系，正在更迭为日本式的"西学"。③

在《钦定中学堂章程》中，张百熙将中学课程称为"科学"，④ 可以直接理解为"学科""分科"的含义。"科学"在新式学堂的建设中常被用来指"教科"或"学科"。实际上，日本的"科学"虽有"分科设之学"的含义，但其与"分科设学"的"教科"还是有所不同，在清末的新学制中

---

① 张百熙：《张百熙进呈学堂章程折》光绪二十八年七月十二日（1902 年 8 月 15 日），载璩鑫圭、唐良炎编：《中国近代教育史资料汇编·学制演变》，上海教育出版社 1991 年版，第234 页。

② 参见桑兵：《近代中国的知识与制度转型》，经济科学出版社 2012 年版，第 41 页。

③ 参见萧一山编：《清代通史》中华书局 1986 年版，第 2043 页；桑兵：《近代中国的知识与制度转型》，经济科学出版社 2012 年版，第 42 页。

④ 《钦定中学堂章程》："中学课程门目表：修身第一，读经第二，算学第三，词章第四，中外史学第五，中外舆地第六，外国文第七，图画第八，博物第九，物理第十，化学第十一，体操第十二。以上各科学，均由中教习讲授……"朱有瓛主编：《中国近代学制史料》（第二辑上册），华东师范大学出版社 1987 年版，第 375 页。但是在璩鑫圭，唐良炎所编的《中国近代教育史资料汇编·学制演变》第 264 页中的《钦定中学堂章程》此段，却为"以上各学科……"又查舒新城编：《中国近代教育史资料》（中册），人民教育出版社 1981 年版，第 493 页，也写为"以上各科学……"

这种用法常常混淆。① 然正是这种将"科学"与"教科"(教育科目)、"分科设教"的混淆使用,体现的就是将西方近代科学本身所包含的以研究对象为划分标准建立起来的知识体系引入了中国教育系统的课程知识划分中。罗振玉考察日本后,在《学制私议》里的课程设置方式,就是保留了中国的儒教,但要改造其为"教科"形态。② 这种改造,是将中学之内容分解到西学的科学体系中。

因此,基于以往的实践经验、日本的经验以及西学东渐过程中对中西学分科方式渊源的勾连,《钦定学堂章程》的蒙学堂、小学堂、中学堂的课程设置,在原来中学修习科目(读经、习字、作文等)的基础上,增加了近代西学分科方式下形成的科目(算学、史学、舆地、物理、化学、博物),修身和体操则分别对应于德育之目标和体育之目标,道德教化与读经分离,身体之教育则增加入新的分科中。表面上看,这种分科设教的方式,是"中学+西学"的方式,即在中学的基础上做加法。但细看则可以发现,实际是以近代科学的分科方式来构建新的课程体系,而不是在做加法,实际上是在将中学纳入到西学知识的分科体系中。西学的范畴也从近代自然科学的分科(格致之学),扩展到了近代构建的整个西学知识体系的分类方式。由此经学被肢解为道德教化(修身)、史学、舆地,并融入到"科学"的知识体系中,所谓"经学臣服于科学"③ 说的就是这个过程。

二、中学与西学配置的比例

再来分析《钦定蒙学堂章程》《钦定小学堂章程》《钦定中学堂章程》

---

① 这种混淆使用源于 1901 年樊炳清编译《科学丛书》,该书是他所搜集的日本教科书的集结。该书广泛传播,使人们把教科书作为分科之学的用书,"科学"与"教科"开始混淆使用。参见桑兵:《近代中国的知识与制度转型》,经济科学出版社 2012 年版,第 43—44 页。

② 参见罗振玉:《学制私议》,载璩鑫圭、唐良炎编:《中国近代教育史资料汇编·学制演变》,上海教育出版社 1991 年版,第 155、158 页。

③ 艾尔曼:《从前现代的格致学到现代的科学》,《中国学术》2000 年第 2 期。

中有关中西学配置比例的问题，即从数量关系上看"中学之体、西学之用"的原则是否得到了落实。

从纵向的学堂等级划分来看，蒙学堂、寻常小学堂基本全部修习中学内容，且在普通教育的观念上进一步有了义务教育[1]的提法。罗振玉在《学制私议》关于教育宗旨之论述中，第一条就提的是"守教育普及之主义"[2]，建议将小学前4年定为义务教育。《钦定小学堂章程》中要求，待学堂设置齐备后，蒙学堂（4年）和寻常小学堂（3年）将为所有人必须修读的年限。新增的内容主要是算学和体操，从周（12天为一周期）课时量来看，8门课中，体操每周12课时，占周总课时量的16.67%，算学从蒙学堂的第3年开始修习，每周8课时，占周总课时量的11.11%。其余72.22%皆是中学的经史、词章等内容，主要是渗透于修身、读经、习字、写作等课程中。蒙学堂的修身课为孝弟忠信、礼义廉耻、敬长尊师、忠君爱国等内容，寻常小学堂则开始读《曲礼》、朱子《小学》。读经的内容，从蒙学堂到小学堂皆修习"四书"，以及"五经"中选取的《诗经》《礼记》《春秋》等。蒙学堂的第3年和第4年修身课周课时减少4课时，体操减少4课时，用于增加算学的课时。蒙学堂和小学堂的史学以中国之历史为主要学习内容，舆地虽也以中国本乡、本省、本府的地理情形为主，但有意思的是皆以近代西方关于宇宙的新知识为开端。如蒙学堂第一年舆地就学习"地球行星图"，寻常小学堂第一年舆地学习"地球大势"，都试图打破以中国为中心的世界观，让学生重新树立认识世界的地理学视角。（参见表6.3、表6.4）

此外，关于在蒙学堂及小学堂以12日为一周的这种时间设计，张百熙在他与瞿鸿禨的书信中道出了他的想法，他说在与荣禄讨论小学堂课程时，他本意是以10日为期，又见到山东袁世凯的章程是以"星期"来立

---

[1] 此处的"义务"主要是指"强制"的含义。

[2] 罗振玉：《学制私议》，载璩鑫圭、唐良炎编：《中国近代教育史资料汇编·学制演变》，上海教育出版社1991年版，第155页。

说，且已奉旨施行，所以所拟初稿之章程是以"星期"为课程日限。但与荣禄讨论后，又担心与礼拜之期相影射，就将课程都改为12日一周的功课。对于此时间制度，张百熙在信中请瞿鸿禨在次日入直军机时，与荣禄等军机大臣商议。[1] 最后上奏的章程，在蒙学堂和小学堂确实以12日为一周，而中学仍保留了"星期"之制。这恰是后来张之洞所反对的一点。

表6.3 《钦定蒙学堂章程》课程设置[2]

课程 (8门)	第一年		第二年		第三年		第四年	
	课程	周课时	课程	周课时	课程	周课时	课程	周课时
修身	孝弟忠信、礼义廉耻、敬长尊师、忠君爱国	12	孝弟忠信、礼义廉耻、敬长尊师、忠君爱国	12	孝弟忠信、礼义廉耻、敬长尊师、忠君爱国	8	孝弟忠信、礼义廉耻、敬长尊师、忠君爱国	8
字课	实字	12	静字，动字，动静字加于实字之上之方法	12	虚字	12	积字成句	12
习字	用所授字课教以写法	12	用所授字课教以写法	12	用所授字课教以写法	12	用所授字课教以写法	12
读经	《孝经》《论语》	12	《论语》《孟子》	12	《孟子》	12	《大学》《中庸》	12
史学	历代国号，帝王世系	6	历代帝王年数、建元	6	历代兴亡之大事	6	历代疆域及分割之情状，兼授地图	6
舆地	以地球行星图指授之	6	地球上洲岛方位，各洲国名	6	各省府厅州县名目方位	6	各省名山大川、方位情状，兼授地图	6
算学					数目之名	8	加减法	8
体操	整齐步伐	12	整齐步伐	12	整齐步伐	8	整齐步伐	8

---

[1] 参见黄薇整理：《张百熙、瞿鸿禨往来书札（上）》，载上海图书馆历史文献研究所编：《历史文献》（第十九辑），上海古籍出版社2015年版，第85页。

[2] 根据以下文献整理：《钦定蒙学堂章程》光绪二十八年七月十二日（1902年8月15日），载璩鑫圭、唐良炎编：《中国近代教育史资料汇编·学制演变》，上海教育出版社1991年版，第282—285页。

表6.4　《钦定小学堂章程》寻常小学堂课程设置[①]

课程 (8门)	寻常小学堂—分年学习内容					
	第一年		第二年		第三年	
	课程	周课时	课程	周课时	课程	周课时
修身	《曲礼》、朱子《小学》	12	《曲礼》、朱子《小学》	12	《曲礼》、朱子《小学》	12
读经	《诗经》	12	《诗经》《礼记》	12	《礼记》	12
作文	口语四五句使联属之	0	口语七八句使联属之	6	作记事文七八句	6
习字	今体楷书	11	今体楷书	6	楷书，兼习行书	6
史学	上古三代之大略	12	秦汉之大略	12	两晋南北朝大略	12
舆地	地球大势	8	本乡各境，本县各境	8	本府各境	4
算学	加减乘除	5	加减乘除繁数	4	加减乘除繁数	8
体操	柔体操	12	柔体操	12	柔体操	12

再看高等小学堂，其科目增加为11科。新增加的3门科目分别是理科、图画、读古文词。理科即狭义的格致学，自然科学的统称，在高等小学堂的3年中，所占课时比例逐年增多，从第一年的6课时，到第二年的8课时，到第三年的10课时。图画所学内容为简易单形画、实物模型画，是按西方的审美所教的图画。读古文词一科，本意是为中学传统的词章之学奠基，但章程中却特别说明"或加外国文而除去古文词"，即在各地方办学时，可视情形将古文词替换为外国文。

算学的课时也从8课时逐渐增加到10课时。修身科的课时则大大被削减，从寻常小学堂的12课时减到4课时。还需特别注意的是，高等小学堂的修身科，学习内容为性理通论、伦常大义，但并没有指明一定是从"四书"或"五经"中选取的教育内容，其实已有汇通中西之义，而不一定是中学的性理通论、伦常大义。西学中符合这一要求的，也可以成为高等小学堂修身课的学习内容。这一点在罗振玉的《教育赘言八则》中也有类似观点的表达，如他认为其他国家修身科中也许多隐合了我先哲遗训的

---

① 根据以下文献整理：《钦定小学堂章程》光绪二十八年七月十二日（1902年8月15日），载璩鑫圭、唐良炎编：《中国近代教育史资料汇编·学制演变》，上海教育出版社1991年版，第270—276页。

内容，且与儿童年龄相匹配，更为浅近，不像我们很高深的圣训，因此可以将其他国家修身学科的内容，列入我国修身科之中。[①]

此外，从高等小学堂开始，附设有简易实业学堂，即寻常小学毕业，就可升入高等小学堂或简易农、工、商实业学堂。也可以将高等小学堂的图画科替换为农工商等实业科的 1 门或 2 门。从中西学所占的课时比例来看，以高等小学堂的第 3 年为例，中学（含史学、舆地中的中学内容）的周课时占到了 55.55%，若将古文词替换为外国文，则比例下降为 50%。（参见表 6.5）

表 6.5　《钦定小学堂章程》高等小学堂课程设置[②]

课程 （11门）	高等小学堂—分年学习内容					
	第一年		第二年		第三年	
	课程	周课时	课程	周课时	课程	周课时
修身	性理通论、伦常大义	4	性理通论、伦常大义	4	性理通论、伦常大义	4
读经	《尔雅》《春秋左传》	12	《春秋左传》	12	《春秋左传》《公羊传》《谷梁传》	12
读古文词（或外国文）	记事之文	4	说理之文	4	词、赋、诗歌	4
作文	作记事文短篇	2	作日记、浅短书札	2	作说理文短篇	2
习字	楷书兼习行书	6	楷书、行书，兼习小篆	4	楷书、行书，兼习小篆	4
算学	度量衡及时刻之计算	8	分数、小数	10	比例	10
本国史学	唐、五代之大略	10	宋、辽、金、元之大略	8	明之大略	8
本国舆地	本省各境	8	本国各境	8	本国各境	6

---

① "其实今日各国教育最重德育，其修身诸书多隐合我先哲之遗训；但必相儿童之年龄为深浅之程度，不似我之以极高深之圣训，施之极幼稚之儿童耳……今宜从世界各国公用之学科，不加增损，而以先圣遗训别入中等以上之道德教育，而先刺取其精义为浅语，编高等小学国民读本，以授幼学……"罗振玉：《教育赘言八则》，载璩鑫圭、唐良炎编：《中国近代教育史资料汇编·学制演变》，上海教育出版社 1991 年版，第 153—154 页。

② 根据以下文献整理：《钦定小学堂章程》光绪二十八年七月十二日（1902 年 8 月 15 日），载璩鑫圭、唐良炎编：《中国近代教育史资料汇编·学制演变》，上海教育出版社 1991 年版，第 270—276 页。

（续表）

课程 （11门）	高等小学堂—分年学习内容					
	第一年		第二年		第三年	
	课程	周课时	课程	周课时	课程	周课时
理科	动、植物浅理	6	器具制造浅理	8	物理初级	10
图画	简易单形画	6	实物模型画	6	实物模型画	8
体操	柔体操兼器具操	6	柔体操兼器具操	6	柔体操兼器具操	4

中学堂在时间制度上也有较大的改革，不再以 12 日为一周，而是采用"星期"制，即一星期 7 天的时间制度。一星期学习 6 天，总课时为 37 至 38 课时。章程颁布后，对这一时间制度的设计，张之洞颇有微词，他认为张百熙可能是考虑中等学堂有洋教习的缘故，所以采用西洋历法，而他则坚持在湖北的学堂仿古人的十日休沐之法，以别于西俗教规，并建议张百熙的章程中要求学生利用星期日来专习中学：

> 尊章各学堂于每月房、虚、星、昴四日停课，谅因洋教习必于是日休息，故循西例，以示从同。湖北学堂，则另于每旬之末停课一日，谓之旬假，仿古人十日休沐之法，以别于西俗教规。而于此星期日如不间废，令学生专习中国文学，课以文辞书牍之属，并不放假，不致旷功。①

时间制度看似不是大事，但实则是大事，从某种意义上说，确立新的时间意味着确立新的规范。从中学堂开始，在时间安排上全部转向西方学堂的设计，意味着从这一个阶段开始，西学或西方的制度、思维方式开始占据主导。在课程内容上亦体现出这个特点。

中学堂的课程共为 12 门，相比高等小学堂，减少了习字科，将读古文词改为词章，增设了外国文，同时再将理科具体分解为博物、物理、化

---

① 张之洞:《致京管理大学堂张尚书》光绪二十九年二月十一日(1903 年 3 月 9 日)，载璩鑫圭、唐良炎编:《中国近代教育史资料汇编·学制演变》，上海教育出版社 1991 年版，第 138 页。

学三科。修身科的内容又回归到了中学典籍，整个中等学堂四年，皆以《论语》和《孝经》为学习内容。从课时量来看，如果按12日为一周计算，则与高等小学堂课时量保持一致，没有增减。读经一门课时相比高等小学堂则减少了一半，算学的课时增加了2课时。理科（博物、物理、化学）累计增加了4课时。史学科虽名为"中外史学"，实际内容却全部为西洋史学，舆地科除第一年仍教学本国各境，后面3年均为世界舆地。外国文所占课时量最大，每星期9课时，约占了周课时的24%，而修身科每星期仅2课时，读经科每星期仅3课时。从中西学所占的课时比例来看，以中等学堂的第4年为例，中学的周课时仅占了21.05%。（参见表6.6）

表6.6　《钦定中学堂章程》课程设置[1]

课程（12门）	分年学习内容				周课时
	第一年	第二年	第三年	第四年	37/38
修身	《论语》《孝经》	《论语》《孝经》	《论语》《孝经》	《论语》《孝经》	2
读经	《书经》	《周礼》	《仪礼》	《周易》	3
算学	平面几何直线	平面几何、面积、比例	立体几何、代数、加减乘除、分数	代数方程	6
词章	作记事文	作说理文	学章奏、传记诸体文	学词赋、诗歌诸体文	3
中外史学	外国上世史	外国中世史	外国近世史	外国史法沿革之大略	3
中外舆地	本国各境	亚洲各境	亚洲各境	欧美各境	3
外国文	读法、习字	读法、习字、讲解	讲解、文法、翻译	讲解、文法、翻译	9
图画	临写自然画	几何画	几何画	几何画	2
博物	动物状	植物状	生理学	矿物学	2
物理	物理分类学大概	物理分类学大概			2
化学			大意	试验	3
体操	器具操	器具操	器具操兼兵式	器具操兼兵式	2

---

[1]　根据以下文献整理：《钦定中学堂章程》光绪二十八年七月十二日（1902年8月15日），载璩鑫圭、唐良炎编：《中国近代教育史资料汇编·学制演变》，上海教育出版社1991年版，第263—266页。

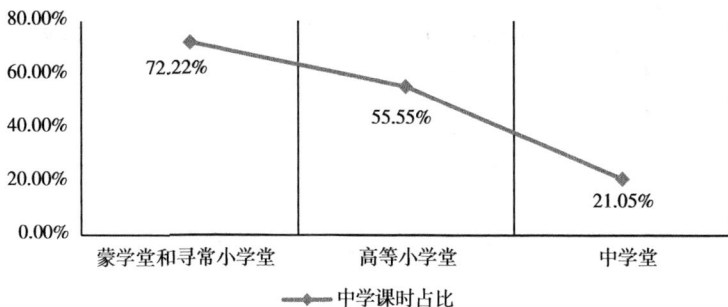

蒙学堂和寻常小学堂课程的中学所占比例（周课时数）¹：72.22%
高等小学堂课程的中学所占比例（周课时数）²：55.55%
中等学堂课程所占比例（周课时数）：21.05%

注：1.将舆地中的地球星行星图、地球大势也视为中学。
　　2.未将读古文词一科替换为外国文。若替换，则中学所占比例为50％。

图 6.1　钦定蒙学堂、小学堂、中学堂章程中的中学课程所占比例变化

此外，从《钦定考选入学章程》① 来看，也是以西学为主要考选内容选拔人才。如预备科考选考中文论著一篇，英文论著一篇，翻译两篇，中外历史 12 问，舆地及地文、地质 12 问，算术及代数各 6 问，几何及三角各 6 问，物理及化学、矿学各 6 问，名理及法律学各 6 问。几乎全部是为西学专门人才培养所列的考核科目。再看速成仕学馆，其培养的是仕学人员，考史论、舆地策、政法策、交涉策、算学策、物理策、外国文论，西学也占有一半之多。速成师范馆则要考修身伦理大义一篇，教育学大义一篇，中外史学 12 问，算学、比例、开方、代数 6 问，物理及化学 6 问，浅近英论一篇，日本文论一篇。西学占了大多数，可见在为日后的中小学堂的中西教习作储备。

总之，从钦定蒙学堂、小学堂、中学堂章程中所规定的课程来看，中学的知识结构已不复存在，代之以近代西学的科学知识体系，中学知识虽以读经、修身等科目的形态存在，但所占比例逐渐减少，中学为体主要是

---

① 《钦定考选入学章程》光绪二十八年七月十二日（1902 年 8 月 15 日），载璩鑫圭、唐良炎编：《中国近代教育史资料汇编·学制演变》，上海教育出版社 1991 年版，第 252—256 页。

在学生年幼阶段打一些基础，而到了中等学堂以后，几乎都以西学为主，中学之体难副其实。

第三节　中学与西学选择背后的价值取向

《钦定学堂章程》的颁布，试图建立一个全新的教育制度，并打破或取代原有的以科举引领学校的制度。简言之，原有的制度是以规定科举考试的内容来制约课程，新学制则逐渐剥离了二者之间的联系，把课程政策独立出来，专门予以规定。课程是教育决策者从人类的认识宝库与结晶中选取的精华部分，用以传承文明、塑造灵魂、培育后代。"选择"意味着价值理性在政策制定过程中发挥的重要作用。它决定了主体的何种需要能够得到满足，以及客体以何种方式来满足主体的需要。

自洋务运动以来，西学开始进入教育系统，中学与西学之间构成了被选择的两个知识体系。"不同类型的知识如何构成秩序整体？显然，并非所有的知识都处在平等的状态，对于人类生活而言，它们永远都存在着轻、重问题。这关涉着一种文化的最高价值是由何种知识类型来提供的问题。"[1]

洋务运动时期，教育体系中的中西学矛盾及冲突并不显著，因为那时只是增加了专门学堂，而不是改革所有的正统课程体系。维新运动至戊戌变法以后，新式课堂逐渐增多，从专门学校拓展到普通教育，但仍以新增为主，科举制度的正途也确保了中学的地位。戊戌变法虽明令改书院、设学堂，课程要求中西兼习，但尚未规定具体的修习内容和配置比例，各学堂也都是自行设定，且戊戌变法仅百日便夭折，所以真正产生影响和遇到矛盾是到了新政之后《钦定学堂章程》的颁布和《奏定学堂章程》的实施

---

① 陈赟：《中国精神、经学知识结构与中西文化之辨》，载童世骏主编：《西学在中国：五四运动 90 周年的思考》，生活·读书·新知三联书店 2010 年版，第 162 页。

才显现出来。

一、"中学为体"的坚守与陨落

从前文的分析中可见，钦定蒙学堂、小学堂、中学堂章程中所制定的课程方案，在结构上是以近代西学的科学知识体系为主，并把它转化成为学堂科目分科的基本依据；而在中西学的配置比例上，也是西学逐渐占据主导地位。那么新政所要坚持的"中学为体"又体现在哪里呢？

首先，中学在章程中的地位无疑是被放在最高位置的。从立学宗旨、培养目标中均可看出，德育的目标被排在首位，以伦常道德为先，对应新政上谕中的不易之"三纲五常"，并将修身伦理视为比其他学科更为重要的一门科目，以作为人才培育的基础。与此同时，课程内容虽以西学分科设教，但包含中学内容的"修身"科始终位列第一，读经的课程则从蒙学堂到中学堂一直都有，所读经书也涵盖了"四书""五经"。并以《孝经》《论语》为中学堂四年修身科的内容。其中《孝经》自唐被列为十三经以来，一直是重要的学习内容。在清代，亦以孝立国，强调由孝及忠，巩固君臣关系，以维护政权的稳定。小学堂与中学堂以五经为读经内容，五经的学习，除了奠基中学之体，还有为专门学习中学、保留研习中学的人才奠定基础之意。张之洞后来所办的存古学堂、保存国粹的倡议等，都旨在保种、保教。从中学内容安排的时间序列来看，决策者期望在儿童幼年打下中学之基础，因此蒙学堂、寻常小学堂的中学比例都占据主导，且在这两个学段均不建议用洋教习，到中等学堂则以西学内容占据主导。

表6.7　《钦定学堂章程》中的修身、读经课程的学习内容

各级学堂	修身	读经
蒙学堂	孝弟忠信、礼义廉耻、敬长尊师、忠君爱国	《孝经》《论语》《孟子》《大学》《中庸》
寻常小学堂	《曲礼》、朱子《小学》	《诗经》《礼记》
高等小学堂	性理通论、伦常大义	《尔雅》《春秋左传》《春秋公羊传》《春秋谷梁传》
中等学堂	《论语》《孝经》	《书经》《周礼》《仪礼》《周易》

那么从以上的分析中，是不是就可以得出"中学为体"的原则基本上得到了贯彻呢？前文已经述及，中学地位虽高，但却因为"中学"的知识结构已被西学所替代，在内容上也是损之又损，实际上已经难以奠定学生的中学底色。而西学知识所传递的对世界、对人伦的认识则正在冲击着中学的内容。从大学堂中经学所处的位置就可以看出，在《钦定京师大学堂章程》中，经学甚至都不是专门学科之一，而是被分解为文学科、政学科等，到了《奏定大学堂章程》才专立经学一门。经者，本为大道也、常道也，在近现代的西学分科中，经学被视为了文史哲的研究材料，而不再是生活所依傍的学问。换言之，它只是一种治学的对象而已。其学问品格之下降也导致了"中学为体"的地位实际上已经陨落。直至民国初年，壬子—癸丑学制颁布，中小学堂彻底废除了读经科目，从此"中学之体"在课程体系中难见踪影，中学的知识体系被西学完全替代。

二、知识结构转化背后的价值异化

教育体系中知识结构转化的背后实则是价值体系的转化。所谓价值，指的是"从主体的需要和客体能否满足及如何满足主体需要的角度，考察和评价各种物质的、社会的、精神的现象及人民的行为、阶级、社会的意义。"[①] 清末新政在回答"什么知识最有价值"的问题中，作出了选择。

对于当时的清廷而言，最需要的是政权的稳固和发展，具体又表现为以中学所倡导的人伦关系作为维护稳固政权的基础，同时又以西学的富强术来增强国家实力以御外敌。二者相比，国家富强的需求又位列第一。因为当时内部的问题大多是由外部因素所引发，因而，清廷最为迫切的需要

---

① 《中国大百科全书》(第十一卷)(第2版)，中国大百科全书出版社 2009 年版，第 244 页。这种从主体与客体关系的维度理解价值的含义在哲学领域有普遍的共识。对"价值"这一概念的理解，除了"关系说"，还有属性说、需要说、实体说。参见祁型雨：《超越利益之争——教育政策的价值研究》，高等教育出版社 2008 年版，第 1—5 页。

就是快速实现国之富强。而经世之学的内容也早已由中国典籍变成了西学知识（从西艺到西政），这时的中学在决策者眼中，已经不再具备经世之用。所谓以中学为体，亦仅仅是为了保留其对于人伦关系的认识，以保证臣民对君王的忠孝而已。

固然，除了政治上的需要，还有文明传承的需要。清廷为满人主政，其实本身就充斥着对华夷之辨的冲突与思考。对清廷而言，对华夏文化的学习和认同，本身就是他们维持政权的方式之一。但关于文化传承的使命感和需要，对于清廷中枢而言，也只是一种维护统治的需要，而不是本身出于对文化认同的内在需求；但对于清廷中的大多数汉人士绅而言，文化传承的使命感和需要又是他们竭力强调中学为体的重要原因。如张之洞、刘坤一、张百熙等参与决策的核心人物，他们既是官僚体系中的一员，也是受传统中学熏陶的士绅阶层，希望能传承文化。而且，清廷为了获取地方的支持，让渡给地方的权力日益增多，地方督抚权力增大，这也使得他们的意图能够体现于政策之中。但是，这种来自文化传承的需要其实并不迫切，在国家危亡面前，它并不显得特别重要，有时甚至是阻碍国家富强的障碍。由此，文化传承的任务也就不具有普遍性，而仅仅只是经学科或张之洞等人所设存古学堂的一种责任而已。

另一方面，因甲午战败，为迫切寻求国家与民族的出路，士绅官员对于西学的接纳程度也越来越高，其中斯宾塞的社会进化论以及由此阐发的文明进化论的观点被一些士绅所接收。他们希望通过西学的引入能促进中学的发展，换言之，西学中源只是一个引子，重要的是引导中学向更高级的文明前进，这其中就有了文化的先进与落后之分。在这种想要促进中华文化更先进的背景下，西学在满足国家、社会和文化需要方面就显得十分重要，中学之体变成了本身就需要变革的旧知识体系。

对应于个体的学习和发展需要，中学与西学均扮演着不同的角色。在农业社会的背景下，中学以人伦关系为主体，敬畏天地的知识体系看似被统治阶级利用来作为统治的工具，或仅仅是教化的工具，这种认识其实是有偏差的。我们还需要看到，传统中学与个体日用生活息息相关，这些经典文献是政治制度和日常生活的合法性依据，社会依此运转，老百姓以此为日常伦理道德的基础，如皮锡瑞所言"天子得之以治天下；士庶得之以治一身"。① "以《禹贡》治河，以《洪范》察变，以《春秋》决狱，以三百五篇当谏书，治一经得一经之益也。"② 而近代以来西学分科的知识则把原来很强的伦理、价值或生活层次的意涵逐渐摒除。③ 于是从表面看，西学的科目内容好像有利于富国强兵，但它却与民间百姓的日常生活联系不多。所以当《奏定学堂章程》实施的时候，其实在民间遇到了很大阻力。④ 一直到民国时期，这种状况都是存在的。例如陶行知在《中国教育统计概览》关于统计说明的序言中所估计的：当时私塾学生数至少与新式学堂的学生数相当。⑤ 可见即使到了 1923 年，新式学堂也并未在全国完全推开，在南京和广州尚且如此，内陆地区私塾更多。在这类私塾中，传统的课程内容和教学方法占据主导。说明新的课程内容并未与大多数人的日常生活建立起联系，传统中学课程还能为日常生活提供道德生活的规范。另一方面，当时科举制度其实还未废除，科举之内容仍然以中学为

---

① （清）皮锡瑞：《经学通论》，中华书局 1954 年版，第 1 页。

② （清）皮锡瑞：《经学历史》（第 2 版），周予同注解，中华书局 2008 年版，第 56 页。

③ 参见王汎森：《执拗的低音：一些历史思考方式的反思》，生活·读书·新知三联书店 2014 年版，第 10 页。

④ 新式学堂在城市和乡村呈现出不同的社会图景。在广大乡村，新式学堂一直处于边缘地位，民众对私塾的景仰和对古典文献的膜拜远远甚于新式学堂。这其中的原因恐怕有二：一则新式学堂的花费较私塾为多，且需缴纳学捐税，所授学科与民间生活联系无多，不适用于民间社会，出现了"水土不服"；二则新式学堂多依托于民间的寺院祠堂基址之上，并引发了持续几十年的"废庙兴学"运动，这与广大民众的信仰和价值产生了冲突。参见司洪昌：《嵌入村庄的学校：仁村教育的历史人类学探究》，教育科学出版社 2009 年版，第 128 页。

⑤ "关于旧日私塾，此项私塾国内仍然很多，但因缺乏可用的正确材料，此报告中未能编入。就南京一城而论，人口数几有 400000，而在城内的私塾不止 500，学生的总数约有 12000，比各学校所有学生数目之和还多。广州城也是如此，其城之面积大于南京不止二倍，此项私塾之数目超过 1000，学生数目约 20000 有余。愈到内地的地方，学校的数目愈见减少，而私塾的数目愈见增多。所以此项私塾的学生数至少也与学校的学生数相等。"中国教育改进社编：《中国教育统计概览》，上海商务印书馆 1924 年版，序言第 2 页。

体，因此个体出于考取功名的需要，对于中学的学习依然抱有热情。而被西学所吸引的，一类是处于上层的士绅群体，他们将个人命运与国家危亡联系地更紧密；还有一类则是处于边缘的知识分子，他们在西学之用中找到了在社会上获取地位与认同的阶梯。[①] 但更需要注意的是，这两类人恰恰是能够在一定程度上决定或影响决策的群体，他们对于西学的学习和认同又将影响政策，同时也会通过权威、媒体等途径，影响到更多的个体。

表 6.8　中学、西学对于国家和个体需要的满足

学问知识体系	政治需要（国家）	文化需要（国家、社会）	个体需要
中学	政权稳固（迫切）	文化传承（非迫切）	与日用生活息息相关
西学	富强以抵御外敌（迫切）	文明进化论占据优势	与当时之日用生活脱离

总之，《钦定学堂章程》的课程方案，虽充分肯定了中学的地位，但其仅出于对政权巩固的考虑，和不太迫切的文化传承的需求。而巩固政权的需求在迫切性上又不如外国列强环伺带来的国家富强之需求。因而，中学为体虽然重要，但显然不及西学之用的急迫性，由此就必然会带来学堂课程以西学为主的局面，或者说实际上课程知识的选择已由西学知识体系完全取代了中学的知识体系，所谓"中学为体"已然表现为课程中的西学为体。

当课程的中学知识体系转换为西学知识体系以后，它又必将反过来影响整个社会中的中西学关系，进而影响到整个国家和社会以及个人的价值观。如从国家目标来看，富强的目标已经成为首要目标甚至是全部目标，于是传统中学所强调的国家德性亦不再重要。再从个体目标来看，当经学修之于身的动力不再，知识与人的关系异化，知识与美德的关系剥离，而一旦知识成为工具，教育也成为了知识传授的工具时，教育就失去了与德性生活的紧密联系。中学本身的发展虽然与人和国家休戚相关，但到了清

---

① 参见罗志田：《近代中国社会权势的转移：知识分子的边缘化与边缘知识分子的兴起》，《开放时代》1999 年第 4 期。

末它却仅仅只是成为了一种知识的资源，而到了民国初年的壬子—癸丑学制之后，它更是降低为一种学术资源。①

一言以弊之，受近代西学知识体系的影响，中国传统的世界观、人性观、知识观和教育观实际上都受到了极大的冲击与挑战，更需警惕的则是，可能由此带来了国家认同、文化认同与自我认同的危机。

---

① 关于中国传统学问在清末民初从知识资源变成学术资源的讨论，"'知识资源'与'学术资源'的区分，是试图阐明对于传统资源迥然有别的两种立场，如果说'知识资源'是构成社会合法性的论证资源，那么视传统为文物材料，并不看重其在当下的全面有效状态，即是将传统作为'学术资源'，它不再构成合法性论证的基石。"参见章清：《传统：由"知识资源"到"学术资源"——简析 20 世纪中国文化传统的失落及其成因》，《中国社会科学》2000 年第 4 期。

结　语

　　1902 年《钦定学堂章程》颁布之后并未真正实施，便在一年多后宣告终结，代之以癸卯年末由张之洞主笔的《奏定学堂章程》。虽然张之洞在《钦定学堂章程》的决策过程中曾经给过具体的建议，但他显然对自己在湖北运行的一套学制系统更有信心。就在《钦定学堂章程》颁布后第二年（1903 年 3 月 9 日），张之洞说他才看到了章程的具体内容，并提出了对读经、时间制度安排等方面的不同建议①，并坚持要在湖北按原有的计划施行。即便是在当时的通信条件下，以及考虑到张之洞与清廷中枢的关系，他的这一说法也只能看作是一种托辞。但他的这一态度，却也证明了学堂章程在推进过程中的举步维艰，而清廷中枢因拒俄运动引发的对张百熙团队的警惕也波及到了对章程内容过于偏重西学的不满。

　　之后《奏定学堂章程》调整了决策团队，虽然增加了经学的学习内容，但仍保持以西学知识体系作为课程的基本结构。1905 年，"废科举兴学堂"更是使中学失去了生存的基本空间。随后学部成立，对章程内容也几经调整，但始终维持以西学知识体系为主，对中学的强调仅限于以忠孝之说巩固政权的目的。

　　1911 年辛亥革命之后，政治形势的变化又带来了整个政策场域的巨变，决策团队的构成以及他们的学术背景随之发生了急剧的变化。为了与清政府的各种制度文化决裂，彼时对于中小学堂课程知识的选择完全抛弃了经学的内容，而仅将其作为学术资源保留在大学的专门学科之中。这种

---

① 吴剑杰编著：《张之洞年谱长编》(下卷)，上海交通大学出版社 2009 年版，第 772—773 页。

与过去划清界限的竞争性政策的结果便是将中国的传统学问与清政府政权统治一起"打包扔掉",并由此基本奠定了后来课程知识选择的格局,其政策影响及一些负面作用甚至绵延至今。

一、去中学化背后的教育功利主义倾向

从教育目标来看,功利主义的教育目标被强化,国家富强成为经世之最高目标,在内忧外患的困境中,功利化的价值取向占据主导。传统中学中所蕴含的对道的理解和对德性的追求在教育中逐渐失去了地位;相比实用的科学知识,传统中学作为德性教育的内容也面临着知行分离的困境,甚至因为中学被强调为维护封建政权统治的工具而失去了其真正传承延续的生命力。

正是在这种教育的功利化、知识的实用化倾向指引下,即使100多年后的今天,我们的社会依然因为功利主义、利己主义的追求而面临一些道德教育的危机。当整个社会都在宣扬"知识就是力量",教育就是培养科学人才时,孩子们不仅开始失去了宝贵的童年,更多的学校、更多的家庭亦开始为追求所谓的升学率而把最重要的生命成长的命题抛却一旁。如果再从历史的回顾与梳理来看,那么清末民初这场"去中学"化的运动不啻就是现代社会的一些教育问题产生的源头。换言之,中国传统学问中对人的认识、对教育的理解,以及以德性为主的教育目标,也正是在那场以西学为用的转变中使教育逐渐远离了关于人性塑造的本质。

二、清末对课程知识选择的价值困境

在清末的大变局中,"师夷以制夷"虽是一种政治改革的策略,但同时应警惕西方列强惯用的文化侵占的策略。有学者指出,自洋务运动以来的种种事件都出自于强与弱的比较,从而整个社会亦以强弱、利害为

取舍。① 由此在这种弱势心态的驱使之下，对西方知识的吸纳也带有对自身文化的某种不自信，而这种不自信就是价值抉择困境的根源。

如在政策目标上，清廷进行教育制度改革的目的是指向实学人才的培养，而"实学"的内容则直接指向西学的内容，因为西学与国家富强紧密联系，即以"有用"作为首要评判标准。为了政权的巩固，清廷又强调中学为体，这似乎是对中国传统学问的认可和传承，但究其实质，却仍以"有用"为标准，对于中学仅将其"有用"的部分用于维系政权的统治权威。在上述目的论的影响下，其价值抉择的困境由此产生，首先二者都是在"有用"层面被认知，而真正的中华民族的本体是什么，则已被近代以来西学的强大功用所掩盖，更甚至被西方列强的枪炮所征服。其次，决策者眼中的中国传统学问的品质也被降低了，仅将其视为维持以忠孝为核心的人伦关系，并且只在当下"有用"的层面去加以利用。简言之，当时的决策者虽也想以中学为体，但这样的中国传统学问在那时已经失去了生命力，这是当时决策者在中西学选择中所面临的困境。而后世也进一步将中学与封建统治捆绑在一起，并完全将其视为糟粕而丢弃。对中国传统学问的否定和不自信由此而来。

三、反思"师夷以制夷"，重建文化自信

在这样的背景之下"师夷"是否能真正起到"制夷"的功效，这本身还值得质疑。在敌强我弱的情势之下，妄自菲薄地与自己的文化进行剥离和否定其实也是一种既无奈却又"有效"的做法，因为其目的只有一个：就是能够活下去，尽管它可能只是一种苟且的活而已。经世之学内容的转换实际上已经说明了这一点。简言之，在当时洋枪洋炮的威逼利诱之下，我们已经无法再从中国自身的文化中去发掘自强的资源，于是完全转向了

---

① 参见杨国强：《张之洞与晚清国运》，《东方早报》2009 年 7 月 9 日。

对西方文化的崇拜，而教育就在其中起到了首当其冲、推波助澜的作用。时过百年之后的今天，其实我们仍然面临着一个孰中孰西、孰是孰非的问题。是全盘西化还是固守中国传统文化，对此问题我们至今还需要思考和探索。故此，回顾与研究那段鲜活的历史，不仅是为了翻阅一下逝去的故纸堆，也更不是为了去作无病呻吟般的感叹，而是需要我们具有良知的人知耻而奋进，需要研究者重新认识"华夷之辨"的真正内涵与价值，同时更需要我们整个社会去思考、寻觅中华民族传统学问中立国立民的根基，这是一个民族文化自信的源泉，也是国家认同的基础。

四、确立中学在基础教育课程体系中的价值

现今，我国重视和强调中华传统文化的历史影响和重要意义，并赋予其新的时代内涵。我们在教育改革中也开始重视传统文化的内容，并已陆续发布了《关于实施中华优秀传统文化传承发展工程的意见》《中华经典诵读工程实施方案》《完善中华优秀传统文化教育指导纲要》等重要政策，在课程改革中亦强调要把中华优秀传统文化系统地融入课程和教材体系之中，这是推动文化复兴及建立文化自信的重要途径。但我们还需注意的是，在课程政策制定中，不应只是增加传统文化教育的内容，也不是仅仅只做"修补"或"锦上添花"的功夫，而是需要在课程改革的政策实践中，确立中学在基础教育课程体系中的价值，思考如何找回中国传统学问的知识体系与根基。并基于中国的传统文化、传统学问，判断当前课程改革的起点和目标是否符合教育的本质，是否承担起了传承与创新文化的职责。由此才能通过教育来发挥优秀传统文化对人民道德的滋养，对中华民族根和魂的传承与推广，从而赓续中华民族"自强不息"的特质，使中华优秀传统文化成为涵养社会主义核心价值观的重要源泉。

参考文献

一、档案、资料汇编

1. (清) 朱寿朋编:《光绪朝东华录》(第四册),张静庐等校点,中华书局 1958 年版。

2. 北京大学、中国第一历史档案馆编:《京师大学堂档案选编》,北京大学出版社 2001 年版。

3. 陈学恂主编:《中国近代教育大事记》,上海教育出版社 1981 年版。

4. 陈学恂主编:《中国近代教育史教学参考资料》(全三册),人民教育出版社 1986—1987 年版。

5. 郭廷以编著:《中华民国史事日志》(全四册),台北中央研究院近代史研究所 1979—1985 年版。

6.《国家图书馆藏历史档案文献丛刊·(民国)教育部文牍政令汇编》,全国图书馆文献缩微复制中心 2004 年。

7. 丁致聘编:《中国近七十年来教育记事》,国立编译馆编译,国立编译馆 1935 年版。

8. 羁安、王永华编:《清代经世文全编目录索引》(全四册),学苑出版社 2012 年版。

9. 李桂林、戚名秀、钱曼倩编:《中国近代教育史资料汇编·普通教育》,上海教育出版社 2007 年第 2 版。

10. 李慧君编:《20 世纪中国中小学课程标准·教学大纲汇编·课程(教学)计划卷》,人民教育出版社年 2001 版。

11. 刘锦藻撰:《清朝续文献通考》(全四册),商务印书馆 1955 年版。

12. 钱实甫编:《清代职官年表》(第四册),中华书局 1980 年版。

13.《清代(未刊)上谕奏疏公牍电文汇编》(全五十六册),全国图书馆文献缩微复制中心 2005 年。

14.《清史列传》(全二十册),王锺翰点校,中华书局 1987 年版。

15. 璩鑫圭、唐良炎编:《中国近代教育史资料汇编·学制演变》,上海教育出版社 1991 年版。

16. 全国图书馆文献缩微复制中心编:《清内府档案稿本癸卯学制》,全国图书馆文献缩微复制中心 2005 年。

17. 舒新城编:《近代中国教育史料》(全四册),中国人民大学出版社 2012 年版。

18. 舒新城编:《中国近代教育史资料》(全三册),人民教育出版社 1981 年版。

19. 宋恩荣、章咸主编:《中华民国教育法规选编:1912—1949》,江苏教育出版社 1990 年版。

20. 汤志钧、陈祖恩编:《中国近代教育史资料汇编·戊戌时期教育》,上海教育出版社 1993 年版。

21. 张玉法:《中华民国史稿》,台北联经出版事业股份有限公司 2001 年第 2 版。

22. 赵尔巽等撰:《清史稿》(全四十八册),中华书局 1976—1977 年版。

23. 中国第一历史档案馆编:《光绪宣统两朝上谕档》,广西师范大学出版社 1996 年版。

24. 中国第一历史档案馆编:《清代军机处电报档汇编》(全四十册),中国人民大学出版社 2005 年版。

25. 中国社会科学院近代史研究所、近代史资料编辑部编:《近代史资料》,中国社会科学出版社 1993 年版。

26. 中华民国教育部编:《第一次中国教育年鉴》,开明书局 1934 年版。

27.朱有瓛、戚名秀、钱曼倩、霍益萍编：《中国近代教育史资料汇编·教育行政机构及教育团体》，上海教育出版社1993年版。

28.朱有瓛主编：《中国近代学制史料》（共四辑），华东师范大学出版社1983—1993年版。

二、文集

29.岑春煊：《乐斋漫笔》，载荣孟源、章伯锋主编：《近代稗海》（第一辑），四川人民出版社1985年版。

30.陈夔龙：《梦蕉亭杂记》，陈南濂译注，世界知识出版社2007年版。

31.杜春和、耿来金、张秀清编：《荣禄存札》，齐鲁书社1986年版。

32.辜鸿铭：《张文襄幕府纪闻》，载黄兴涛等译编：《辜鸿铭文集》（上册），海南出版社1996年版。

33.胡思敬：《国闻备乘》，载荣孟源、章伯锋主编：《近代稗海》（第一辑），四川人民出版社1985年版。

34.姜义华、张荣华编校：《康有为全集》（全十二册），中国人民大学出版社2007年版。

35.李伯元：《南亭笔记》，薛正兴校点，江苏古籍出版社2000年版。

36.梁启超：《饮冰室合集》（全十二册），中华书局1989年版。

37.刘成禺：《世载堂杂忆》，辽宁教育出版社1997年版。

38.瞿鸿禨：《瞿鸿禨集》，谌东飚校点，湖南人民出版社2010年版。

39.荣庆：《荣庆日记》，谢兴尧整理点校注释，西北大学出版社1986年版。

40.上海图书馆编：《汪康年师友书札》（第二册），上海古籍出版社1986年版。

41.王文韶：《王文韶日记》（全二册），袁英光、胡逢祥整理，中华书局1989年版。

42. 吴剑杰编著：《张之洞年谱长编》（上下卷），上海交通大学出版社 2009 年版。

43. 吴汝纶：《桐城吴先生日记》（全二册），宋开玉整理，河北教育出版社 1999 年版。

44. 吴汝纶：《吴汝纶全集》（全四册），施培毅、徐寿凯校点，黄山书社 2002 年版。

45. 徐一士：《一士类稿·一士谭荟》，重庆出版社 1998 年版。

46. 叶昌炽：《缘督庐日记》，王立民校点，吉林文史出版社 2011 年版。

47. 袁世凯：《袁世凯未刊书信稿》（全三册），中华全国图书馆文献缩微复制中心 1998 年版。

48. 袁世凯：《袁世凯奏议》（全三册），廖一中、罗真容整理，天津古籍出版社 1987 年版。

49. 恽毓鼎：《恽毓鼎澄斋日记》，史晓风整理，浙江古籍出版社 2004 年版。

50. （清）张百熙：《张百熙集》，谭承耕、李龙如校点，岳麓书社 2008 年版。

51. 陈山榜编：《张之洞教育文存》，人民教育出版社 2008 年版。

52. 苑书义等主编：《张之洞全集》（全十二册），河北人民出版社 1998 年版。

53. 夏东元编：《郑观应集》（全二册），上海人民出版社 1982 年版。

三、中文著作

54. 白蕉：《袁世凯与中华民国》，中华书局 2007 年版。

55. 毕苑：《建造常识：教科书与近代中国文化转型》，福建教育出版社 2010 年版。

56. 曹而云：《白话文体与现代性》，上海三联书店 2006 年版。

57.曹运耕：《维新运动与两湖教育》，湖北教育出版社2003年版。

58.陈宝泉：《中国近代学制变迁史》（近代名家散佚学术著作丛刊），山西人民出版社2014年版。

59.陈来：《传统与现代——人文主义的视界》，生活·读书·新知三联书店2009年版。

60.陈侠：《近代中国小学课程演变史》（二十世纪中国教育名著丛编），福建教育出版社2007年版。

61.陈旭麓：《中国近代社会的新陈代谢》，上海人民出版社1992年版。

62.陈振明主编：《政策科学：公共政策分析导论》，中国人民大学出版社2003年第2版。

63.《中国近代学人象传》，台北文海出版社1985年版。

64.丁钢主编：《历史与现实之间：中国教育传统的理论探索》，广西师范大学出版社2009年版。

65.丁伟志、陈崧：《中西体用之间——晚清中西文化观述论》，中国社会科学出版社1995年版。

66.丁文江、赵丰田编：《梁启超年谱长编》，上海人民出版社2009年版。

67.杜成宪，丁钢主编：《20世纪中国教育的现代化研究》，上海教育出版社2004年版。

68.杜维运：《史学方法论》，北京大学出版社2006年版。

69.冯开文：《中国民国教育史》，人民出版社1994年版。

70.高全喜：《立宪时刻：论〈清帝逊位诏书〉》，广西师范大学出版社2011年版。

71.葛兆光：《七世纪至十九世纪中国的知识、思想与信仰》，复旦大学出版社2000年版。

72.龚启昌：《中学普通教学法》（二十世纪中国教育名著丛编），福建教育出版社2011年版。

73. 关晓红：《科举停废与近代中国社会》，社会科学文献出版社 2013 年版。

74. 关晓红：《晚清学部研究》，广东教育出版社 2000 年版。

75. 胡定荣：《课程改革的文化研究》，教育科学出版社 2005 年版。

76. 黄士嘉：《晚清教育政策演变史：1862—1911》，台北心理出版社股份有限公司 2006 年版。

77. 黄书光等：《文化差异与价值整合——百年中国基础教育改革进程中的思想激荡》，教育科学出版社 2011 年版。

78. 黄书光主编：《中国社会教化的传统与变革》，山东教育出版社 2005 年版。

79. 黄显华、霍秉坤：《寻找课程论和教科书设计的理论基础》，人民教育出版社 2002 年版。

80. 黄忠敬：《课程政策》，上海教育出版社 2010 年版。

81. 黄忠敬：《知识·权力·控制：基础教育课程文化研究》，复旦大学出版社 2003 年版。

82. 蒋建华：《知识·权力·课程——政策视野中的课程研究》，教育科学出版社 2010 年版。

83. 蒋廷黻：《中国近代史》，武汉出版社 2012 年版。

84. 金耀基：《从传统到现代》，中国人民大学出版社 1999 年版。

85. 课程教材研究所编：《20 世纪中国中小学课程标准·教学大纲汇编·课程（教学）计划卷》，人民教育出版社 2001 年版。

86. 李华兴主编：《民国教育史》，上海教育出版社 1997 年版。

87. 李剑农：《中国近百年政治史（1840—1926）》，复旦大学出版社 2007 年版。

88. 李细珠：《张之洞与清末新政研究》，上海书店出版社 2003 年版。

89. 梁启超：《中国历史研究法》，汤志钧导读，上海古籍出版社 2011 年版。

90. 梁漱溟：《东西文化及其哲学》，商务印书馆 2004 年版。

91. 林能士：《清季湖南的新政运动（1895—1898）》，台湾大学文学院 1972 年版。

92. 林荣日：《制度变迁中的权力博弈》，复旦大学出版社 2007 年版。

93. 刘大椿、吴向红：《新学苦旅》，广西师范大学出版社 2003 年版。

94. 刘复兴：《教育政策的价值分析》，教育科学出版社 2003 年版。

95. 刘秀生、杨雨清：《中国清代教育史》，人民出版社 1994 年版。

96. 陆胤：《政教存续与文教转型：近代学术史上的张之洞学人圈》，北京大学出版社 2015 年版。

97. 罗志田：《国家与学术：清季民初关于"国学"的思想论争》，生活·读书·新知三联书店 2003 年版。

98. 罗志田：《权势转移：近代中国的思想、学术与社会》，湖北人民出版社 1999 年版。

99. 吕达：《中国近代课程史论》，人民教育出版社 1994 年版。

100. 吕思勉：《历史研究法》，永祥印书馆 1945 年版。

101. 吕思勉：《吕著中国近代史》，华东师范大学出版社 1997 年版。

102. 马和民：《从"仁"到"人"：社会化危机及其出路》，北京师范大学出版社 2006 年版。

103. 茅海建：《戊戌变法的另面："张之洞档案"阅读笔记》，上海古籍出版社 2014 年版。

104. 茅海建：《戊戌变法史事考》，生活·读书·新知三联书店 2005 年版。

105. 茅海建：《戊戌变法史事考二集》，生活·读书·新知三联书店 2011 年版。

106. 钱曼倩、金林祥主编：《中国近代学制比较研究》，广东教育出版社 1996 年版。

107. 钱实甫：《北洋政府时期的政治制度》，中华书局 1984 年版。

108.清学部编:《初等小学教授细目》,学部图书局 1909 年石印版。

109.桑兵:《晚清学堂学生与社会变迁》,广西师范大学出版社 2007 年版。

110.盛朗西编:《小学课程沿革》(二十世纪中国教育名著丛编),福建教育出版社 2008 年版。

111.石中英:《知识转型与教育改革》,教育科学出版社 2001 年版。

112.石中英:《教育哲学导论》,北京师范大学出版社 2002 年版。

113.舒新城编:《近代中国教育思想史》(二十世纪中国教育名著丛编),福建教育出版社 2007 年版。

114.苏云峰:《张之洞与湖北教育改革》,台北"中央研究院"近代史研究所专刊(35)1976 年版。

115.孙培青、杜成宪主编:《中国教育史》,华东师范大学出版社 2009 年第 3 版。

116.谭彼岸:《晚清的白话文运动》,湖北人民出版社 1966 年版。

117.汤志钧:《乘桴新获:从戊戌到辛亥》,江苏古籍出版社 1990 年版。

118.汤志钧:《近代经学与政治》,中华书局 2000 年版。

119.唐德纲:《晚清七十年》,岳麓书社 1999 年版。

120.唐明邦主编:《中国近代启蒙思潮》,江西人民出版社 1993 年版。

121.田正平、陈胜:《中国教育早期现代化问题研究——以清末民初乡村教育冲突考察为中心》,浙江教育出版社 2009 年版。

122.田正平、程斯辉主编:《辛亥革命与中国近代教育》,浙江大学出版社 2012 年版。

123.田正平主编:《中国教育史研究·近代分卷》,华东师范大学出版社 2009 年版。

124.童世骏主编:《西学在中国:五四运动 90 周年的思考》,生活·读书·新知三联书店 2010 年版。

125. 汪晖:《现代中国思想的兴起》,生活·读书·新知三联书店 2008 年版。

126. 汪家熔:《民族魂——教科书的变迁》,商务印书馆 2008 年版。

127. 王德昭:《清代科举制度研究》,中华书局 1984 年版。

128. 王尔敏:《史学方法》,广西师范大学出版社 2005 年版。

129. 王尔敏:《晚清政治思想史论》,广西师范大学出版社 2005 年版。

130. 王尔敏:《中国近代思想史论》,社会科学文献出版社 2003 年版。

131. 王尔敏:《中国近代思想史论续集》,社会科学文献出版社 2005 年版。

132. 王汎森:《执拗的低音:一些历史思考方式的反思》,生活·读书·新知三联书店 2014 年版。

133. 王建军:《中国近代教科书发展研究》,广东教育出版社 1996 年版。

134. 王伦信:《清末民国时期中学教育研究》,华东师范大学出版社 2002 年版。

135. 吴刚:《知识演化与社会控制——中国教育知识史的比较社会学分析》,教育科学出版社 2002 年版。

136. 吴洪成:《中国学校教材史》,西南师范大学出版社 1998 年版。

137. 吴剑杰:《张之洞的升迁之路》,湖北人民出版社 2005 年版。

138. 吴康宁主编:《课程社会学研究》,江苏教育出版社 2004 年版。

139. 吴小鸥:《中国近代教科书的启蒙价值》,福建教育出版社 2011 年版。

140. 吴遵民主编:《基础教育决策论》,华东师范大学出版社 2006 年版。

141. 萧功秦:《危机中的变革:清末现代化进程中的激进与保守》,上海三联书店 1999 年版。

142. 谢少华:《权力下放与课程政策变革:澳大利亚经验与启示》,中山大学出版社 2002 年版。

143. 熊承涤:《中国古代学校教材研究》,人民教育出版社 1996 年版。

144. 熊明安主编:《中国近现代教学改革史》,重庆出版社 1999 年版。

145. 熊月之:《西学东渐与晚清社会》,上海人民出版社 1994 年版。

146. 熊子容编:《课程编制原理》(二十世纪中国教育名著丛编),福建教育出版社 2009 年版。

147. 徐矛:《中华民国政治制度史》,上海人民出版社 1992 年版。

148. 薛化元:《晚清"中体西用"思想论 (1861—1900)》,台北弘文馆出版社 1987 年版。

149. 杨国强:《衰世与西法:晚清中国的旧邦新命与社会脱榫》,中华书局 2014 年版。

150. 杨念群:《儒学地域化的近代形态》,生活·读书·新知三联书店 1997 年版。

151. 杨诗浩、韩荣芳编:《国外出版中国近现代史书目 (1949—1978)》,上海人民出版社 1980 年版。

152. 杨燕燕:《国外课程改革政策及其价值取向》,浙江大学出版社 2010 年版。

153. 杨智颖:《课程史研究观点与分析取径探析:以 Kiliebard 和 Goodson 为例》,高雄复文图书出版社 2008 年版。

154. 应星:《新教育场域的兴起:1895—1926》,生活·读书·新知三联书店 2017 年版。

155. 余音:《孙家鼐创办京师大学堂风云》,人民出版社 2010 年版。

156. 沈云龙:《近代史事与人物》,台北文海出版社 1978 年版。

157. 俞子夷、朱晸旸编:《新小学教材和教学法》(二十世纪中国教育名著丛编),福建教育出版社 2006 年版。

158. 袁振国主编:《教育政策学 (新世纪版)》,江苏教育出版社 2001 年版。

159.张宝明:《自由神话的终结——20 世纪启蒙阙失探解》,上海三联书店 2002 年版。

160.张德泽编著:《清代国家机关考略》,中国人民大学出版社 1981 年版。

161.张革非等编著:《中国近代史料学稿》,中国人民大学出版社 1990 年版。

162.张华腾:《北洋集团崛起研究:1895—1911》,中华书局 2009 年版。

163.张建文主编:《基础教育课程史论》,人民出版社 2011 年版。

164.张男星:《权力·理念·文化:俄罗斯现行课程政策研究》,教育科学出版社 2006 年版。

165.张小莉:《清末"新政"时期文化政策》,人民出版社 2010 年版。

166.张耀杰:《历史背后——政学两界的人和事》,广西师范大学出版社 2006 年版。

167.章永乐:《旧邦新造(1911—1917)》,北京大学出版社 2011 年版。

168.赵利栋:《新政、教育与地方社会的变迁——以 1904 年无锡毁学案为中心》,载《中国社会科学院近代史研究所青年学者论坛(2005 年卷)》,社会科学文献出版社 2006 年版。

169.赵廷为:《教材及教学法通论》(二十世纪中国教育名著丛编),福建教育出版社 2007 年版。

170.郑大华、邹小站主编:《西方思想在近代中国》,社会科学文献出版社 2005 年版。

171.郑大华、邹小站主编:《辛亥革命与清末民初思想》,社会科学文献出版社 2012 年版。

172.郑德新:《中国教育近代化的起步:以吴汝纶教育思想和实践为中心的考察》,安徽教育出版社 2008 年版。

173.郑国民:《从文言文教学到白话文教学:我国近现代语文教育的变革历程》,北京师范大学出版社 2000 年版。

174. 郑师渠：《晚清国粹学派——文化思想研究》，北京师范大学出版社 1993 年版。

175. 周勇：《江南名校的中国文化教育》，教育科学出版社 2008 年版。

176. 庄俞等编：《最近三十五年之中国教育》，商务印书馆（上海）1931 年版。

177. 庄泽宣：《如何使新教育中国化》，中华书局 1938 年版。

178. 左玉河：《从四部之学到七科之学：学术分科与近代中国知识系统》，上海书店出版社 2004 年版。

179. 左玉河：《中华文明·中国近代文明通论》，福建教育出版社 2010 年版。

四、中文期刊（辑刊）论文、学位论文

180. 陈华：《西方课程史的研究路径及内涵探析》，《全球教育展望》2012 年第 4 期。

181. 陈曼娜：《略论传统思维方式在近代的转换》，《哲学研究》1999 年第 8 期。

182. 崔志海：《国外清末新政研究专著述详》，《近代史研究》2003 年第 4 期。

183. 代建军：《课程制度创新》，《课程、教材、教法》2008 年第 4 期。

184. 戴海斌：《庚子事变时期张之洞的对日交涉》，《历史研究》2010 年第 4 期。

185. 丁钢：《传统文化在人文课程设置中的若干理论问题》，《教育研究》1993 年第 12 期。

186. 杜成宪：《中国传统课程特点刍议》，《河北师范大学学报（教育科学版)》2015 年第 1 期。

187. 杜成宪：《中国教育思想史研究散论》，《河北师范大学学报（教

育科学版)》2016 年第 2 期。

188.杜金亮：《论人的思维方式的现代转变》，《文史哲》1999 年第 5 期。

189.龚来国：《清"经世文编"研究——以编纂学为中心》，博士学位论文，复旦大学，2004 年。

190.郭晓明：《论中国课程知识供应制度的调整》，《华东师范大学学报（教育科学版)》，2005 年第 2 期。

191.郭元祥：《学校课程制度及其生成》，《教育研究》2007 年第 2 期。

192.何景春：《晚年吴汝纶略论》，《安徽史学》1996 年第 3 期。

193.胡东芳：《课程政策研究——对"课程共有"的理论探索》，博士学位论文，华东师范大学，2001 年。

194.胡东芳：《谁来决定我们的课程？——主要国家课程权力分配比较研究》，《外国教育研究》2005 年第 3 期。

195.蒋建华：《走向政策范式的课程研究》，《北京大学教育评论》2004 年第 1 期。

196.李占萍：《清末学校教育政策研究》，博士学位论文，河北大学，2009 年。

197.刘复兴：《论我国教育政策范式的转变》，《北京师范大学学报（社会科学版)》2004 年第 3 期。

198.刘建：《中国近代教育行政体制研究》，博士学位论文，南京师范大学，2008 年。

199.罗检秋：《国学与汉学——清末民初学术传承的再探讨》，《近代文化研究第一辑》，商务印书馆 2007 年版。

200.罗志田：《科举制度废除在乡村中的社会后果》，《中国社会科学》2006 年第 1 期。

201.罗志田：《清季保存国粹的朝野努力及其观念异同》，《近代史研究》2001 年第 2 期。

202.吕达：《论中国近代学校课程的中体西用模式及其历史意义》，《教育史研究》1989 年第 2 期。

203. 欧阳军喜：《五四新文化运动与儒学：误解及其它》，《历史研究》1999 年第 3 期。

204. 桑兵：《梁启超的东学、西学与新学》，《历史研究》2002 年第 6 期。

205. 苏国安：《南京国民政府时期学校教育政策研究》，博士学位论文，河北大学，2010 年。

206. 苏全有：《论清末参政阶层的政治参与——以赵启霖、江春霖、恽毓鼎等为视点》，《郑州大学学报（哲学社会科学版）》2010 年第 5 期。

207. 田正平、陈胜：《教育大变革下的士人心态——〈恽毓鼎澄斋日记〉阅读札记》，《教育研究》2009 年第 7 期。

208. 屠莉娅：《课程改革政策过程：概念化、审议、实施与评价——国际经验与本土案例》，博士学位论文，华东师范大学，2009 年。

209. 汪晖：《文化与政治的变奏——战争、革命与 1910 年代的"思想战"》，《中国社会科学》2009 年第 4 期。

210. 王晓阳：《教育社会学知识论发展——从斯宾塞到扬》，《教育研究》2021 年第 6 期。

211. 吴康宁：《价值定位与架构：课程目标的一种社会学释义》，《教育科学》2000 年第 4 期。

212. 夏永庚、黄彦文：《课程史研究的理论构想》，《全球教育展望》2013 年第 3 期。

213. 闫引堂：《教育政策社会学：一种新范式？》，《比较教育研究》2006 年第 1 期。

214. 叶澜：《重建课堂教学的价值观》，《教育研究》2002 年第 5 期。

215. 尹弘庵：《论课程变革的制度化——基于新制度主义的分析》，《高等教育研究》2009 年第 4 期。

216. 章清：《"采西学"：学科次第之论辩及其意义——略论晚清对"西学门径"的探讨》，《历史研究》2007 年第 3 期。

217.章清:《传统:由"知识资源"到"学术资源"——简析 20 世纪中国文化传统的失落及其成因》,《中国社会科学》2000 年第 4 期。

218.章清:《晚清西学"汇编"与本土回应》,《复旦学报(社会科学版)》2009 年第 6 期。

五、译著

219.[德] 马克斯·舍勒:《知识社会学问题》,艾彦译,译林出版社 2012 年版。

220.[加] 陈志让:《袁世凯传》,王纪卿译,湖南人民出版社 2013 年版。

221.[美] 迈克尔·W.阿普尔、L.克丽斯蒂安—史密斯主编:《教科书政治学》,侯定凯译,华东师范大学出版社 2005 年版。

222.[美] 迈克尔·W.阿普尔:《官方知识:保守时代的民主教育》,曲囡囡等译,华东师范大学出版社 2004 年版。

223.[美] 迈克尔·W.阿普尔等:《国家与知识政治》,黄忠敬等译,华东师范大学出版社 2007 年版。

224.[美] 迈克尔·W.阿普尔:《教育的"正确"之路》,黄忠敬等译,华东师范大学出版社 2008 年版。

225.[美] 迈克尔·W.阿普尔:《文化政治与教育》,阎光才等译,教育科学出版社 2005 年版。

226.[美] 迈克尔·W.阿普尔:《意识形态与课程》,黄忠敬译,华东师范大学出版社 2001 年版。

227.[美] 本杰明·艾尔曼:《经学·科举·文化史:艾尔曼自选集》,复旦大学文史研究院译,中华书局 2010 年版。

228.[美] 毕乃德:《洋务学堂》,曾钜生译,杭州大学出版社 1993 年版。

229.[美] 丹尼尔·坦纳、劳雷尔·坦纳:《学校课程史》,崔允漷等译,教育科学出版社 2006 年版。

230.[美] 杜赞奇:《文化、权力与国家:1900—1942 年的华北农村》,王福明译,江苏人民出版社 1994 年版。

231.[美] 费约翰:《唤醒中国:国民革命中的政治、文化与阶级》,李恭忠等译,生活·读书·新知三联书店 2004 年版。

232.[美] 费正清、刘广京编:《剑桥中国晚清史(1800—1911 年)》,中国社会科学院历史研究所编译室译,中国社会科学出版社 1993 年版。

233.[美] 勒文森:《梁启超与中国近代思想》,刘伟等译,四川人民出版社 1986 年版。

234.[美] 列文森:《儒教中国及其现代命运》,郑大华、任菁译,中国社会科学出版社 2000 年版。

235.[美] 罗兹曼主编:《中国的现代化》,国家社会科学基金"比较现代化"课题组译,江苏人民出版社 2010 年版。

236.[美] 任达:《新政革命与日本:中国,1898—1912》,李仲贤译,江苏人民出版社 2010 年版。

237.[美] 斯蒂芬.R.麦金龙:《中华帝国晚期的权利与政治:袁世凯在北京与天津(1901—1908)》,牛秋实、于英红译,天津人民出版社 2013 年版。

238.[美] 约瑟夫·劳斯:《知识与权力:走向科学的政治哲学》,盛晓明、邱惠、孟强译,北京大学出版社 2004 年版。

239.[日] 宗方小太郎:《辛壬日记·一九一二年中国之政党结社》,冯正宝译,中华书局 2007 年版。

240.[日] 近代中国研究委员会:《经世文编总目录》,台北文海出版社 1972 年版。

241.[英] 艾沃·F·古德森:《环境教育的诞生:英国学校课程社会史的个案研究》,贺晓星、仲鑫译,华东师范大学出版社 2001 年版。

242.[英] 麦克·F·D·扬主编:《知识与控制:教育社会学新探》,谢维和、朱旭东译,华东师范大学出版社 2002 年版。

243.[英] 斯蒂芬·鲍尔:《政治与教育政策制定:政策社会学探索》,王玉秋,孙益译,华东师范大学出版社 2011 年版。

六、外文论著与期刊论文

244.Ayers, William, *Chang Chi-tung and Educational Reform in China,* Cambridge:Harvard University Press,1971.

245.Stephen, Ball, The Sociological Implications of the Education Reform Act, *British Journal of Sociology of Education*,1990.(4).

246.Elman, Benjamin A., Alexander Woodsideed. *Education and Society in Late Imperial China,1600-1900.* Berkeley:University of California Press, c1994.

247.Elman, Benjamin A., *Cultural History of Civil Examinations in Late Imperial China*, Berkeley:University of California Press,2000.

248.Biggerstaff, Knight, *The Earliest Modern Government Schools in China*,Ithaca:Cornell University Press,1961.

249.Chang, Jen-chi. *Pre-communist China's Rural School and Community*, Boston:Christopher Pub. House,1960.

250.Brokaw, Cynthia J.& Chow, Kai-Wing eds. *Printing and Book Culture in Late Imperial China, Berkeley*:University of California Press,2005.

251.Bays, Daniel H., *China Enters the Twentieth Century*:*Chang Chi-tung and the Issues of a New Age,1895-1909*, Ann Arbor:University of Michigan Press,1978.

252.Franke, Wolfgang, *The Reform and Abolition of the Traditional Chinese Examination System*, Cambridge:Harvard University Press,1960.

253.Zhao, Gang, Reinventing China：Imperial Qing Ideology and the Rise of Modern Chinese National Identity in the Early Twentieth Century, *Modern China*，2006，32（1）.

254.Kliebard ，Herbert.M.，*The Struggle for the American Curriculum*，*1893-1958*，New York：RoutledgeFalmer，1986.

255.Hsu, Immanuel Chung-yueh. *The Rise of Modern China*，*6th Ed*，New York：Oxford University Press,2000.

256.Goodson，Ivor F.，*Studying Curriculum*：*Cases and Methods, Buckingham*：Open University Press, c1994.

257.Cohen, Paul A. *Between Tradition and Modernity*：*Wang T'ao and Reform in Late Ch'qing China*, Cambridge：Harvard University Press,1974.

258.Jackson, Philip W.，*Handbook of Research on Curriculum*：*a Project of the American Educational Research Association*. New York：Macmillan Publishing Company（part），1992.

259.Watt, John R.，*The District Magistrate in Late Imperial China*, New York：Columbia University Press,1972.

责任编辑：郭星儿

封面设计：源　源

图书在版编目（CIP）数据

清末基础教育课程政策决策研究：以《钦定学堂章程》为例 / 邓璐 著 . —北京：
　人民出版社，2022.5
ISBN 978－7－01－024793－9

I.①清…　II.①邓…　III.①教育制度－研究－中国－清后期　IV.① G529.52

中国版本图书馆 CIP 数据核字（2022）第 087525 号

清末基础教育课程政策决策研究

QINGMO JICHU JIAOYU KECHENG ZHEGNCE JUECE YANJIU

——以《钦定学堂章程》为例

邓　璐　著

人民出版社 出版发行

（100706　北京市东城区隆福寺街 99 号）

北京九州迅驰传媒文化有限公司印刷　新华书店经销

2022 年 5 月第 1 版　2022 年 5 月北京第 1 次印刷
开本：710 毫米 ×1000 毫米 1/16　印张：16.75
字数：232 千字

ISBN 978－7－01－024793－9　定价：38.00 元

邮购地址 100706　北京市东城区隆福寺街 99 号
人民东方图书销售中心　电话（010）65250042　65289539